Stirbt der Kapitalismus?

Immanuel Wallerstein, Randall Collins,
Michael Mann, Georgi Derluguian, Craig Calhoun

Stirbt der Kapitalismus?

Fünf Szenarien für das 21. Jahrhundert

Aus dem Englischen von Thomas Laugstien

Campus Verlag
Frankfurt/New York

Die Originalausgabe erschien im Jahr 2013 unter dem Titel *Does Capitalism Have a Future?*
bei Oxford University Press.

Bibliografische Information der Deutschen Nationalbibliothek:
Die Deutsche Nationalbibliothek verzeichnet diese Publikation in der Deutschen Nationalbibliografie. Detaillierte bibliografische Daten sind im Internet unter http://dnb.d-nb.de abrufbar.
ISBN 978-3-593-50176-5

Umschlaggestaltung: Guido Klütsch, Köln.
Satz: Campus Verlag, Frankfurt am Main.
Druck und Bindung: Beltz Bad Langensalza
Printed in Germany

Dieses Buch ist auch als E-Book erschienen.
www.campus.de

Inhalt

Die nächste große Wende

Gemeinsame Einleitung

Die kommenden Jahrzehnte werden überraschende Schocks und gewaltige Herausforderungen bringen. Manche werden ein neues Gesicht haben, andere ein altbekanntes. Viele werden ungeahnte politische Probleme und schwierige Entscheidungen beinhalten. Diese Zukunft kann schon recht bald beginnen und wird für alle, die heute jung sind, ihr Leben bestimmen. Das muss, wie wir behaupten, nicht unbedingt schlecht sein. In den vor uns liegenden Jahrzehnten werden sich auch Möglichkeiten ergeben, es anders als frühere Generationen zu machen. Aufgrund unserer soziologischen Kenntnis der Weltgeschichte wollen wir in diesem Buch erkunden und diskutieren, wie diese Herausforderungen und Möglichkeiten aller Wahrscheinlichkeit nach aussehen werden. Was uns im Grunde beunruhigt, ist die Tatsache, dass es mit dem Ende des Kalten Krieges vor fast drei Jahrzehnten unzeitgemäß – oder sogar anstößig – geworden ist, über die Zukunft der Welt und speziell des Kapitalismus zu sprechen.

Wir haben uns zu diesem ungewöhnlichen Buch zusammengefunden, weil sich etwas am Horizont abzeichnet – eine Strukturkrise weit größeren Ausmaßes als die jüngste Große Rezession, die sich rückblickend als das Vorspiel zu einer Periode noch tiefgreifenderer Störungen und Transformationen erweisen könnte. Immanuel Wallerstein erläutert die Gründe, die dafür sprechen, dass ein Zusammenbruch des kapitalistischen Systems bevorsteht. In den nächsten dreißig bis vierzig Jahren könnte es für die Kapitalisten, die sich – unter dem Druck der gesellschaftlichen und ökologischen Kosten wirtschaftlicher Tätigkeit – auf den globalen Märkten drängen, schlicht unmöglich werden, ihre üblichen Investitionsentscheidungen zu treffen. Der Kapitalismus war in den letzten fünfhundert Jahren die kosmopolitische, explizit hierarchische Weltmarktökonomie, in der die führenden Akteure durch ihre vorteilhafte Position in seinem geographischen Zentrum große und sichere Gewinne einfahren konnten. Diese historische Situation stößt, wie Wallerstein meint, an ihre Grenzen, und damit – trotz seiner Dynamik – das System des Kapitalismus. Er würde nach dieser Hypothese an der Frustration der Kapitalisten zugrunde gehen.

Randall Collins konzentriert sich auf einen spezielleren Vorgang, der die Zukunft des Kapitalismus bedroht: auf die politischen und sozialen Folgen für nicht weniger als zwei Drittel der gebildeten Mittelschichten, die in der westlichen Welt, aber auch weltweit, durch die neue Informationstechnologie strukturell arbeitslos werden. Wirtschaftsexperten entdecken neuerdings das Schrumpfen der Mittelschicht, begnügen sich aber mit dem vagen Ruf nach politischen Lösungen. Collins betrachtet nacheinander die fünf Auswege, die den Kapitalismus in der Vergangenheit vor den sozialen Kosten seines Innovationsdrangs gerettet haben. Keiner dieser bekannten Wege scheint die technologische Arbeitslosigkeit im Dienstleistungssektor und im öffentlichen Dienst in Zukunft auffangen zu können. Der Kapitalismus des 19. und 20. Jahrhunderts mechanisierte die Handarbeit, schuf aber einen Ausgleich durch die Zunahme von Mittelschichtpositionen. Heute drängt die Hochtechnologie des 21. Jahrhunderts die Mittelschichten ins Abseits. Das führt uns zu einer weiteren Hypothese: Könnte der Kapitalismus daran verenden, dass er den politischen und sozialen Rückhalt der Mittelschicht verliert?

Craig Calhoun stellt dagegen fest, dass ein reformierter Kapitalismus zu retten wäre. Er führt die von uns allen anerkannte Tatsache ins Feld, dass der Kapitalismus nicht nur eine Marktwirtschaft ist, sondern auch eine *politische* Ökonomie. Seine institutionellen Rahmenbedingungen würden von politischen Entscheidungen bestimmt. Strukturelle Widersprüche könnten in den komplexen Marktmechanismen zwar auftreten, es sei aber die Politik, in der sie behoben oder vernachlässigt werden – und wo sie auch außer Kontrolle geraten. Anders gesagt: Entweder werde es unter den Kapitalisten einen aufgeklärteren Teil geben, der die systemischen Kosten und Verantwortlichkeiten zur Kenntnis nimmt, oder sie würden sie weiter auf die Gesellschaft abwälzen, wie sie es seit dem

Verebben linker oder liberaler Herausforderungen vor einer Generation tun konnten. Wie grundlegend die Wende vom heutigen Kapitalismus zu einem gezügelten System sein wird, ist für Calhoun eine offene Frage. Sozialistische Zentralwirtschaft sei eine Möglichkeit, noch wahrscheinlicher ist für ihn eine chinesische (sprich staatskapitalistische) Lösung. Märkte könne es in Zukunft weiterhin geben, auch bei einem Rückgang spezifisch kapitalistischer Finanz- und Eigentumsformen. Der Kapitalismus könne überleben, werde aber einiges von seiner Fähigkeit einbüßen, die globale wirtschaftliche Integration voranzutreiben.

Michael Mann vertritt für die Probleme des Kapitalismus eine sozialdemokratische Lösung, beleuchtet aber auch tiefere Probleme, die aus den Multikausalitäten der Macht entspringen. Neben dem Kapitalismus gehören dazu Politik, militärische Geopolitik, Ideologie und die Vielfalt der Weltregionen. Diese Komplexität macht, wie er meint, die Zukunft des Kapitalismus unvorhersehbar. Die übergreifende Bedrohung, die vollends unkalkulierbar ist, sei die während des 21. Jahrhunderts sich weiter verschärfende Umweltkrise. Sie könne sich in Kämpfen um Wasser und Nahrung äußern und zu Verseuchung und massiven Migrationsströmen führen, mit der Gefahr totalitärer Reaktionen, sogar atomarer Kriege. Mann verbindet dies mit der Grundfrage dieses Buches: der Zukunft des Kapitalismus. Der Klimawandel ist nach seiner Analyse deshalb so unaufhaltsam, weil er von allen herrschenden, heute globalisierten Institutionen gefördert wird – vom Kapitalismus als ungezügeltem Profitstreben, von autonomen, auf ihre Souveränität pochenden Nationalstaaten und von individuellen Verbraucherrechten, auf denen die Legitimität moderner Staaten und Märke basiert. Eine Lösung der ökologischen Krise hätte also eine grundlegende institutionelle Veränderung der heutigen Lebensverhältnisse zur Folge.

All das sind strukturelle Projektionen, vergleichbar mit »Stresstests«, wie sie in der Technik oder auch, wie wir inzwischen wissen, bei Banken durchgeführt werden. Keiner von uns begründet seine Prognosen für den Kapitalismus auf Verdammungen oder Elogen. Wir haben unsere moralischen und politischen Überzeugungen, nehmen aber als historische Soziologen zur Kenntnis, dass das Schicksal menschlicher Gesellschaften – zumindest in den letzten zehntausend Jahren nach dem Jäger-und-

Sammler-Stadium – nicht davon abhing, was sie an Gutem oder Bösem hervorgebracht hatten. Unsere Diskussion dreht sich nicht darum, ob der Kapitalismus besser oder schlechter ist als andere Gesellschaftssysteme. Die Frage ist: Hat er eine Zukunft?

In der Frage klingt eine alte Vorhersage an. Der erwartete Zusammenbruch des Kapitalismus war grundlegend für die offizielle Ideologie der Sowjetunion, die selbst zusammengebrochen ist. Aber garantiert das den Fortbestand des Kapitalismus? Georgi Derluguian beleuchtet die wirkliche Stellung des sowjetischen Experiments im umfassenderen Bild der globalen Geopolitik, die am Ende zu seiner Selbstzerstörung geführt hat. Er erklärt auch, wie China dem Zusammenbruch des Kommunismus entging, um zum jüngsten kapitalistischen Wirtschaftswunder zu werden. Der Kommunismus war keine gangbare Alternative zum Kapitalismus. Die Art und Weise aber, wie der Sowjetblock nach 1989 in breiter Massenmobilisierung von unten und blinder Panik bei den Eliten ein plötzliches Ende nahm, könnte für die politische Zukunft des Kapitalismus eine wichtige Lehre beinhalten.

Untergangsszenarien sind nicht Gegenstand dieses Buches. Anders als Wirtschafts- oder Sicherheitsexperten, die aufgrund bestimmter Konstellationen mittels veränderter Variablen kurzfristige Zukunftsprojektionen erstellen, halten wir allzu konkrete Szenarien für nutzlos. Die Ereignisse sind zu zufällig und unvorhersehbar, weil sie auf vielfältigen menschlichen Willensentscheidungen und sich verändernden Umständen beruhen. Halbwegs kalkulierbar sind nur grundlegende strukturelle Entwicklungen. Zwei von uns, nämlich Collins und Wallerstein, die für den Kapitalismus keinen Ausweg mehr sehen, sagten auch schon in den 1970er Jahren das Ende des Sowjetkommunismus voraus. Aber niemand konnte den Zeitpunkt vorhersehen oder die Tatsache, dass es die ZK-Mitglieder selbst sein würden, die auf irrationale Weise ihre wirtschaftlichen Supermachtpositionen preisgaben. Dieser Ausgang war unvorhersehbar, weil es nicht auf diese Weise geschehen musste.

Wir finden Hoffnung gegen den Untergang gerade darin, wie sehr unsere Zukunft politisch unterbestimmt ist. Die Systemkrise lockert und sprengt die strukturellen Zwänge, die das Erbe früherer Probleme sind und institutionalisierte Entscheidungen vergangener Generationen darstellen. *Business as usual* wird unmöglich, und solche Momente eröffnen historische Scheidewege. Der Kapitalismus mit seiner produktiven Zerstörung älterer Technologien und Produktionsformen war auch eine Quelle von Ungleichheit und Umweltzerstörung. Die kapitalistische Strukturkrise kann eine Möglichkeit sein, die menschlichen Angelegenheiten auf eine Weise zu reorganisieren, die mehr soziale Gerechtigkeit schafft und für einen bewohnbareren Planeten sorgt.

Unser Hauptargument ist, dass historische Systeme über mal mehr, mal weniger destruktive Formen verfügen, zugrunde zu gehen und dabei eine andere Gestalt anzunehmen. Die Geschichte menschlicher Gesellschaften entwickelte sich durch revolutionäre Ausbrüche, expansive Entwicklungsmomente und lange, leidvolle Perioden von Stagnation oder sogar Regression. Auch wenn von niemandem gewollt, können letztere zu den möglichen Ausgängen der künftigen globalen Krise gehören. Die politischen und ökonomischen Strukturen des heutigen Kapitalismus könnten angesichts steigender Kosten und sozialer Zwänge schlicht ihre Dynamik verlieren. Strukturell könnte dies dazu führen, dass die Welt in defensive, nach innen repressive und xenophobe Blöcke zerfällt. Manche könnten darin den Kampf der Kulturen sehen, andere die Verwirklichung eines Orwellschen »1984« mithilfe modernster elektronischer Überwachungstechnik. Formen der Wiederherstellung einer gesellschaftlichen Ordnung innerhalb extremer Konfliktlagen könnten an den Faschismus erinnern, aber auch die Möglichkeit einer viel breiteren Demokratie umfassen. Das haben wir in diesem Buch vor allem betonen wollen.

In den letzten Jahrzehnten war es die herrschende Auffassung in der Politik und im sozialwissenschaftlichen Mainstream, dass man über einen strukturellen Wandel nicht nachdenken muss. Die Modelle der neoklassischen Ökonomie beruhen auf der Annahme einer sozialen Welt, die ihrem Wesen nach unveränderlich ist – wenn es zur Krise kommt, führen politische Maßnahmen und technische Innovationen stets zu einer Erneuerung des Kapitalismus. Das ist aber nur eine empirische Verallgemeinerung. Dass der Kapitalismus seit fünfhundert Jahren als System existiert, beweist nicht, dass er unbegrenzt weiter besteht. Die kulturphilosophische Kritik der diversen Postmodernismen, die in den 1980er Jahren – als die utopischen Hoffnungen von '68 der Ernüchterung wichen und mit der sichtbaren Krise des Sowjetkommunismus – als Gegenbewegung aufkamen, ging von derselben Grundannahme einer Beständigkeit des Kapitalismus aus, nicht ohne eine Prise existentieller Verzweiflung. Die kulturellen Postmodernisten waren deshalb außerstande, den strukturellen Realitäten ins Auge zu sehen. In unserem Schlusskapitel werden wir ausführlicher auf die heutige Weltlage mitsamt ihrem geistigen Klima zurückkommen.

Wir haben das Buch bewusst in einem zugänglichen Stil verfasst, weil wir unsere Argumente breiter zur Diskussion stellen wollen. Die Ausarbeitung unserer Thesen ist mit sämtlichen Fußnoten in unseren jeweiligen Monographien zu finden. Das Gebiet, auf dem wir einen Großteil unserer wissenschaftlichen Forschung betreiben, ist bekannt als Weltsystemanalyse oder makrohistorische Soziologie. Makrohistorische Soziologen untersuchen die Ursprünge des Kapitalismus und der modernen Gesellschaft, aber auch die Entwicklung alter Kulturen und Reiche. Durch die Erkenntnis gesellschaftlicher Langzeitstrukturen stellen sie fest, dass sich die Geschichte durch vielfältige Widersprüche und Konflikte entwickelt, die über längere Zeiträume unbeständige Konfigurationen sich überlagernder Strukturen ausbilden. Darin bestand zwischen uns hinreichende Übereinstimmung, um gemeinsam das erste und das letzte Kapitel zu verfassen, von denen dieses Buch eingerahmt wird. Wir haben aber auch unsere eigenen Theorien und Fachgebiete, und die daraus sich ergebenden Auffassungen kommen in den einzelnen Kapiteln zum Ausdruck. Dieses schmale Buch ist kein Manifest, das mit einer Stimme spricht. Es ist eine gleichberechtigte Diskussion, die auf der Grundlage unseres Wissens um die Vergangenheit und Gegenwart menschlicher Gesellschaften geführt wird. Es ist also eine Aufforderung, offen und ernsthaft danach zu fragen, was die nächste große Wende in der Weltgeschichte sein könnte.

Prophezeien wir letztlich eine Art Sozialismus? Die wohlüberlegte Antwort – anstelle einer oberflächlichen Polemik, die ideologisch begründet wäre –, muss zweiteilig sein. Erstens geht es nicht um Prophezeiungen, weil wir an den Regeln wissenschaftlicher Analyse festhalten. Das bedeutet an dieser Stelle, mit hinreichender Genauigkeit zu zeigen, warum sich etwas verändern kann und wie wir von einer historischen Si tuation zur anderen gelangen. Wird die Endstation ein Sozialismus sein? Unsere Denkwege reichen bis in die mittelfristige Zukunft der nächsten Jahrzehnte. Randall Collins fragt: Worauf deutet die drohende Auflösung der Mittelschichten hin, deren Funktion in der profitorientierten Marktorganisation wegrationalisiert wird? Die Folge könnte eine sozialistische Neuordnung von Produktion und Distribution sein – eine politische Ökonomie, die bewusst und kollektiv auf sinnvolle Beschäftigung für die Mehrheit der Bevölkerung angelegt wäre. Die strukturelle Ausweitung der Probleme des modernen Kapitalismus würde demnach den Sozialismus zum wahrscheinlichsten Kandidaten für seine Nachfolge machen. Doch die Lehren des 20. Jahrhunderts mit der Erfahrung kommunistischer und sozialdemokratischer Staaten sind nicht vergessen. Der Sozialismus hatte seine eigenen Probleme, vor allem durch die übermäßige Zentralisierung – mit den dadurch geschaffenen Möglichkeiten politischer Despotie – und durch das Abflauen der wirtschaftlichen Dynamik. Wenn die Krise des Kapitalismus im sozialistischen Sinne gelöst würde, dürften die Probleme, die der Sozialismus aufwirft, wieder ins Zentrum treten. Einen Vorgriff in die noch fernere Zukunft wagend, erklärt Collins, dass auch ein solcher Sozialismus nicht ewig bestehen würde und die Welt hin- und hergerissen sein wird zwischen kapitalistischen und sozialistischen Formen, die jeweils an ihren eigenen Mängeln zugrunde gehen.

In unterschiedlich optimistischen Projektionen sehen Craig Calhoun und Michael Mann die Möglichkeit eines Bunds von Nationalstaaten, die sich angesichts ökologischer und nuklearer Katastrophen zusammenraufen. Das kann, wie sie glauben, die weitere Lebenskraft des Kapitalismus in einer moderateren, sozialdemokratischen Version von Globalisierung sichern. Was auch immer nach dem Kapitalismus kommt, wird, wie Georgi Derluguian meint, nicht dem kommunistischen Modell gleichen. Die historischen Voraussetzungen der »Festung Sozialismus« im Sowjetstil sind glücklicherweise passé, zusammen mit den geopolitischen und ideologischen Konfrontationen des letzten Jahrhunderts. Immanuel Wallerstein hält es aber im Kern für unmöglich zu sagen, was den Kapitalismus ersetzen könnte. Die Alternativen seien ein nichtkapitalistisches System, das aber fortfährt, die hierarchischen und polarisierenden Züge des Kapitalismus zu tragen, oder ein relativ demokratisches und egalitäres. Möglicherweise würden aus dem Übergang mehrere Weltsysteme hervorgehen. Auch Calhoun meint, dass sich zur Bewältigung der äußeren Gefährdungen wie auch der inneren Risiken des Kapitalismus eher locker verbundene Systeme herausbilden könnten. Das widerspricht der verbreiteten Annahme, die Welt sei unwiderruflich global geworden. Aber auf welche Theorie, um es noch einmal zu sagen, kann diese ideologische Behauptung sich stützen?

Im 20. Jahrhundert hatten Denker und politische Führer aller Couleur unrecht mit ihrer ideologischen Überzeugung, dass es nur einen einzigen Weg in die Zukunft gebe, wie ihn leidenschaftliche Befürworter von Kapitalismus, Kommunismus oder Faschismus dann auch vertraten und durchsetzen wollten. Keiner von uns hängt der utopischen Auffassung an, der menschliche Wille könne Berge versetzen. Es lässt sich aber zeigen, dass der Aufbau unserer Gesellschaften eine Reihe verschiedener Formen annehmen kann. Das Ergebnis hängt wesentlich vom politischen Willen und von den Visionen ab, die sich im Zuge von großen, die grundlegenden Momente der Geschichte ausmachenden Krisen durchsetzen. Momente dieser Art bedeuteten in der Vergangenheit oft politische Zusammenbrüche und Revolutionen. Wir haben aber allesamt starke Zweifel daran, dass die Revolutionen der Vergangenheit, die innerhalb einzelner Staaten und mit oft erheblicher Gewalt stattfanden, ein Modell für die künftige Politik der kapitalistischen Krise auf globaler Ebene sind. Das lässt uns hoffen, dass sich die Dinge in Zukunft besser bewältigen lassen.

Der Kapitalismus ist kein materieller Ort, der sich wie ein Königspalast oder ein Finanzzentrum von einer revolutionären Menge oder von idealistischen Demonstranten besetzen lässt. Er ist auch kein bloßes Regelwerk »solider« Grundsätze, die nach den Vorgaben der Wirtschaftsleitartikel angewandt und korrigiert werden können. Es ist die alte Illusion vieler Liberaler und Marxisten, dass Kapitalismus nichts anderes als Lohnarbeit in einer Marktwirtschaft ist. Das war die Grundüberzeugung des 20. Jahrhunderts – auf allen Seiten. Wir haben es nun mit ihren verheerenden Folgen zu tun. Märkte und Lohnarbeit hat es lange vor dem Kapitalismus gegeben, und die gesellschaftliche Koordination durch Märkte wird ihn mit Sicherheit überleben. Der Kapitalismus ist, wie wir behaupten, nur eine bestimmte historische Konfiguration von Märkten und staatlichen Strukturen, in der das oberste Ziel und der Maßstab des Erfolgs der private Gewinn mit fast allen Mitteln ist. Eine andere, befriedigendere Organisation der Märkte und der Gesellschaft könnte aber möglich werden.

Gründe für diese Behauptung sind in diesem Buch und in unseren zahlreichen früheren Schriften zu finden. Begnügen wir uns vorerst mit einer historischen Fabel. Die Menschen haben seit jeher vom Fliegen geträumt, nicht weniger wie von sozialer Gerechtigkeit. Jahrtausendelang blieb es ein Traum. Dann kam die Zeit der Heißluftballons und Zeppeline. Ein Jahrhundert lang experimentierten die Menschen mit diesen Apparaturen. Die Ergebnisse waren, wie wir wissen, mäßig oder schlicht katastrophal. Doch gab es nun Ingenieure, Wissenschaftler und die soziale Grundlage, auf der ihre Erfindungskraft unterstützt und gefördert wurde. Der Durchbruch kam mit neuartigen Maschinen und Aluminiumflügeln. Heute können wir alle fliegen. Die Mehrheit zwängt sich für gewöhnlich in die preisgünstigen Sitzreihen, während nur Wagemutige das Hochgefühl, selbst zu fliegen, mit kleinen Maschinen oder Gleitschirmen erleben. Mit der Fliegerei kamen auch die Schrecken von Bombenangriffen und kreisenden Drohnen. Die Technik denkt, aber der Mensch lenkt. Alte Träume können wahr werden, nur kann uns das vor schwierige Entscheidungen stellen. Optimismus ist jedoch eine notwendige historische Bedingung, um emotionale Kräfte in einer Welt freizusetzen, die vor der Wahl zwischen gegensätzlichen Alternativen steht. Durchbrüche könnten möglich werden, wenn in das Nachdenken und Diskutieren über Alternativen genügend Unterstützung und öffentliche Aufmerksamkeit eingeht.

Die strukturelle Krise oder Warum der Kapitalismus sich nicht mehr rentieren könnte

Immanuel Wallerstein

Meine Untersuchung geht von zwei Voraussetzungen aus. Der Kapitalismus ist erstens ein System, und alle Systeme haben ein Leben. Sie bestehen nicht ewig. Und dass er ein System ist, besagt zweitens nicht, dass er während seines – wie ich glaube – rund fünfhundertjährigen Bestehens immer durch ein ganz bestimmtes System von Regeln funktioniert hat. Ich werde diese Regeln kurz darzustellen versuchen.

Systeme haben ein Leben. Ilya Prigogine hat es prägnant formuliert: »Wir haben ein Alter, unsere Zivilisation hat ein Alter, unsere Welt hat ein Alter …«[1] Das bedeutet, wie mir scheint, dass die Untersuchung aller Systeme, von den unendlich kleinen über die mittleren historischen Gesellschaftssysteme bis hin zu dem größten bekannten System (dem Universum), drei unterschiedliche Phasen zu analysieren hat: die ihrer Herausbildung, ihr Funktionieren während ihres »normalen« Lebens (die längste Phase) und die ihres Ablebens (die strukturelle Krise). In der vorliegenden Untersuchung der aktuellen Lage des modernen Weltsystems ist die Erklärung seiner Herausbildung nicht unser Thema. Doch die zwei anderen Lebensphasen – die Funktionsmechanismen des Kapitalismus während seines »normalen« Lebens und die Form seines Ablebens – sind für uns die entscheidenden Fragen.

Wenn wir verstanden haben, durch welche Regeln das moderne Weltsystem als ein kapitalistisches System funktionieren konnte, werden wir auch verstehen, warum es sich gegenwärtig im Endstadium der strukturellen Krise befindet. Wir können dann erklären, wie dieses Endstadi-

---

1 Ilya Prigogine, *The End of Certainty. Time, Chaos, and the New Laws of Nature*, New York 1997, S. 166.

um funktioniert hat und während der nächsten zwanzig bis vierzig Jahre funktionieren dürfte.

Was sind die bestimmenden Merkmale, die Grundvoraussetzungen des Kapitalismus als eines Systems, des modernen Weltsystems? Viele Analytiker sehen das Entscheidende in einer bestimmten Institution: dass es Lohnarbeit gibt. Oder Produktion zum Zweck des Austauschs und/oder Profits. Oder Klassenkampf zwischen Unternehmern, Kapitalisten oder der Bourgeoisie und Lohnarbeitern oder eigentumslosen Proletariern. Oder den »freien« Markt. Keine dieser Definitionen ist nach meiner Auffassung besonders wasserdicht.

Die Gründe sind einfach. Lohnarbeit hat es auf der ganzen Welt seit Jahrtausenden gegeben, nicht nur in der modernen Welt. Auch gibt es im modernen Weltsystem einen großen Anteil von Arbeit, der keine Lohnarbeit ist. Auf der ganzen Welt hat es seit Jahrtausenden Produktion zu Profitzwecken gegeben, sie war aber nie zuvor die vorherrschende Realität eines historischen Systems. Der »freie Markt« ist zwar das Mantra des modernen Weltsystems, seine Märkte waren aber nie frei von Staatseingriffen oder politischen Erwägungen und konnten es auch nicht sein. In der modernen Welt gibt es zwar Klassenkampf, er lässt sich aber nicht auf den Gegensatz von Bourgeoisie und Proletariat reduzieren.

Damit sich ein historisches System als ein kapitalistisches betrachten lässt, muss nach meiner Auffassung das beherrschende oder entscheidende Merkmal der beständige Drang nach unablässiger Kapitalakkumulation sein – die Akkumulation von Kapital zum Zwecke der Anhäufung von noch mehr Kapital. Damit dieses Merkmal vorherrschend wird, muss es Mechanismen geben, die alle Akteure bestrafen, deren Handeln anderen Werten oder Zielen gehorcht, so dass diese unangepassten Akteure früher oder später das Feld räumen oder zumindest in ihrer Fähigkeit, größere Mengen von Kapital anzuhäufen, empfindlich eingeschränkt sind. Die vielen Institutionen des modernen Weltsystems sind alle darauf angelegt – oder zumindest dazu gezwungen –, die unablässige Akkumulation des Kapitals zu fördern.

Der Vorrang der Akkumulation von Kapital zwecks Akkumulation von noch mehr Kapital scheint mir eine von Grund auf irrationale Zielsetzung zu sein. Dass sie irrational ist – nach meinem Verständnis von materieller oder wirklicher Rationalität (Webers »materiale Rationalität«) –, soll nicht heißen, dass sie kein historisches System aufrechterhalten kann (Webers »formale Rationalität«), zumindest für einen beträchtlichen Zeitraum. Das moderne Weltsystem hat rund fünfhundert Jahre bestanden und war im Sinne seines Leitprinzips, der unablässigen Kapitalakkumulation, ungeheuer erfolgreich. Doch die Zeit, in der es auf dieser Basis zu funktionieren vermochte, geht, wie wir zeigen werden, zu Ende.

Der Kapitalismus in seiner Phase des »normalen« Funktionierens

Wie hat der Kapitalismus in der Praxis funktioniert? Alle Systeme fluktuieren. Der Systemmechanismus weicht also ständig ab von seinem Gleichgewichtszustand. Die bekannteste Analogie dazu ist die Physiologie des menschlichen Körpers. Wir atmen ein und aus. Wir müssen ein- und ausatmen. Es gibt aber Mechanismen im menschlichen Körper, genauso wie im modernen Weltsystem, die das Funktionieren des Systems wieder ins Gleichgewicht bringen – natürlich in ein fließendes Gleichgewicht, aber doch in ein Gleichgewicht. Was wir als die Phase des »normalen« Funktionierens eines Systems betrachten, ist der Zeitraum, in der die Tendenz zur Wiederherstellung des Gleichgewichts größer ist als jede Tendenz, aus dem Gleichgewicht zu geraten.

Es gibt im modernen Weltsystem viele derartige Mechanismen. Die beiden wichtigsten – von denen die historische Entwicklung des Systems am stärksten bestimmt wird – nenne ich Kondratieff-Zyklen und Hegemoniezyklen. Sie funktionieren folgendermaßen.

Zunächst die Kondratieff-Zyklen: Um große Mengen von Kapital anhäufen zu können, müssen die Hersteller über ein Quasi-Monopol verfügen. Nur dann können sie ihre Produkte zu Preisen verkaufen, die deutlich über den Produktionskosten liegen. In wirklich wettbewerbsorientierten Systemen, mit einem freien Fluss der Produktionsfaktoren, wird jeder gewitzte Käufer Anbieter finden, die ihre Produkte für ein paar

Groschen Profit oder noch unter den Produktionskosten losschlagen. In einem reinen Wettbewerbssystem kann es keinen wirklichen Profit geben. Wirklicher Profit setzt Grenzen des freien Marktes voraus, also ein Quasi-Monopol.

Quasi-Monopole lassen sich aber nur unter zwei Voraussetzungen herstellen: (1) Das Produkt ist eine Neuerung, für die eine hinreichend große Zahl von Käufern existiert (oder mobilisiert werden kann), und (2) ein starker Staat oder mehrere sind dazu bereit, mittels der Staatsgewalt das Eintreten anderer Produzenten auf diesen Markt zu verhindern (oder zu begrenzen). Kurz, Quasi-Monopole kann es nur geben, wenn der Markt nicht »frei« ist von Staatseingriffen.

Wir haben solche quasi-monopolistischen Produkte als »führende Produkte« bezeichnet. Sie sind »führend«, weil sie für einen Großteil der Wirtschaftstätigkeit des Weltsystems bestimmend sind – rein als solche und durch ihre Vorwärts- und Rückwärtsverflechtungen. Wenn solche Quasi-Monopole hergestellt werden, führt dies in der gesamten Weltwirtschaft zu einem »Wachstum«; man spricht dann von Zeiten des »Wohlstands«. Diese Perioden sind normalerweise Zeiten der Vollbeschäftigung, nicht nur wegen des Personalbedarfs der Hersteller des Quasi-Monopols und ihrer Vorwärts- und Rückwärtsverflechtungen, auch wegen der Konsumausgaben der Beschäftigten. Obwohl es manchen Teilen des Weltsystems und manchen Gruppen darin besser als anderen geht, ist diese Wachstumsperiode die von John F. Kennedy beschworene Situation, in der »die ansteigende Flut alle Schiffchen schwimmen lässt«.

Der Staat kann vieles tun, um ein solches Quasi-Monopol herzustellen und aufrechtzuerhalten. Er kann es juristisch herstellen, durch Patente oder andere Maßnahmen zum Schutz »geistigen Eigentums«. Er kann die quasi-monopolistische Industrie unmittelbar fördern, besonders im Forschungs- und Entwicklungsbereich. Er kann ein wichtiger Abnehmer sein, oft zu überhöhten Preisen. Er kann seine geopolitische Macht einsetzen, um die Durchbrechung solcher Quasi-Monopole durch Hersteller aus anderen Ländern zu verhindern.

Die Vorteile eines Quasi-Monopols sind nicht von Dauer. Das systemische Problem besteht für die Hersteller darin, dass solche Quasi-Monopole mit der Zeit abbröckeln. Auch das hat einen einfachen Grund.

Wenn sie so profitabel sind, werden andere Produzenten natürlich alles tun, um auch auf diesen Markt zu kommen und davon zu profitieren. Es gibt dafür viele Wege. Wenn das Quasi-Monopol auf einer neuen Technologie beruht, die geheim gehalten wird, können sie versuchen, das Geheimnis zu stehlen oder das Produkt zu kopieren. Wenn sie aus dem Markt durch die geopolitische Schutzmacht dieses Quasi-Monopols herausgehalten werden, können sie dagegen eine andere geopolitische Macht mobilisieren. Sie können auch innerhalb des betreffenden Landes anti-monopolistische Stimmungen schüren.

Darüber hinaus gilt es für den Inhaber einer Quasi-Monopols vor allem Arbeitsunterbrechungen zu vermeiden. Sie bedeuten einen erheblichen Kapitalverlust, der irreparabel ist, wenn andere Produzenten innerhalb eines Oligopols nicht genauso von Arbeitsunterbrechungen betroffen sind. Das gibt den Arbeitern in ihrem unablässigen Kampf um bessere Bedingungen eine wichtige Waffe an die Hand. Die Hersteller kommen dann oft zu dem Ergebnis, dass Konzessionen für sie weniger kostspielig sind als Arbeitsniederlegungen. Mit der Zeit bedeutet dies aber einen schleichenden Anstieg der Lohnkosten, der die Gewinnspanne reduziert.

Auf die eine oder andere Weise können andere Hersteller das Quasi-Monopol führender Produkthersteller aushöhlen. Bisher dürfte dies durchschnittlich 25 bis 30 Jahre gedauert haben. Wie lange aber der Schutz der führenden Industrie auch gewährleistet sein mag, das Quasi-Monopol wird früher oder später durchbrochen. Und dieser Einbruch bedeutet, wie von den Herolden des Kapitalismus verkündet, niedrigere Preise. Die Preissenkung mag für die Käufer vorteilhaft sein, sie ist es natürlich nicht für die Verkäufer. Das einträgliche führende Produkt ist zu einem sehr viel weniger profitablen Konkurrenzprodukt auf dem Weltmarkt geworden.

Was können die Hersteller tun? Eine Möglichkeit ist, den Vorteil niedriger Transaktionskosten gegen geringere Produktionskosten einzutauschen. Das bedeutet normalerweise die Auslagerung von Produktionsstandorten aus dem »Zentrum« in andere Teile des Weltsystems, in denen die Arbeitskosten »historisch« niedriger liegen. Die Menschen an diesen neuen Standorten können dieses Eintreten in die weltwirtschaftliche Produktionskette als nationale »Entwicklung« begrüßen. In Wirklichkeit ist es als eine Herabtransferierung ehemals (aber nicht mehr) überprofitabler Industrien zu betrachten.

Standortverlagerung ist nur eine mögliche Reaktion. Die Hersteller in ehemals führenden Industrien können versuchen, Teile der Produktion in ihren Ursprungsländern zu halten, indem sie sich auf ein andernorts nicht so leicht nachahmbares Nischenprodukt spezialisieren. Sie können auch mit ihren Arbeitskräften eine niedrigere Entlohnung aushandeln (in all ihren verschiedenen Formen), indem sie mit der Auslagerung weiterer Produktionszweige und damit noch größerer Arbeitslosigkeit drohen. In der Regel wird die Fähigkeit der Arbeitnehmerschaft, ihre in der Periode des weltwirtschaftlichen Aufschwungs errungenen Besitzstände zu verteidigen, durch den zunehmenden Wettbewerb auf dem Weltmarkt ernsthaft in Frage gestellt.

Sie können auch ihr Gewinnstreben aus dem Bereich der Produktion (und sogar des Handels) auf den Finanzsektor verlegen. Wir sprechen heute von dieser »Finanzialisierung«, als sei sie eine Erfindung der 1970er Jahre. Tatsächlich ist sie eine altbewährte Praxis in allen Kondratieff-B-Phasen. Wie Braudel gezeigt hat, waren die wirklich erfolgreichen Kapitalisten immer Generalisten, die keine »Spezialisierung« auf Industrie, Handel oder Finanzen betrieben und sich je nachdem, wie es die Umstände verlangten, zwischen diesen Prozessen bewegten.

Wie macht man Geld im Finanzsektor? Das Grundprinzip ist, Geld zu verleihen und mit Zinsen zurückzufordern. Die Verschuldung zahlt sich für den Kreditgeber am stärksten aus, wenn der Kreditnehmer überschuldet ist und nur die Zinsen, aber nicht das Kapital zurückzahlen kann. Das verschafft ihm ein beständiges und beständig zunehmendes Einkommen, bis der Schuldner zahlungsunfähig (sprich pleite) ist.

Dieser Geldverleih schafft keinen wirklichen neuen Wert, nicht einmal neues Kapital. Er realloziert nur vorhandenes Kapital. Er setzt auch voraus, dass immer neue Kreditnehmer an die Stelle der Zahlungsunfähigen treten, um den Fluss von Kreditvergabe und Verschuldung in Gang zu halten. Diese Finanztransaktionen können sehr einträglich für die kreditgebende Seite sein.

Die Kette von Kreditnahme und -vergabe hat aber eine Kehrseite vom Standpunkt des »normalen« kapitalistischen Systembetriebs. Sie schwächt letztlich die zahlungskräftige Nachfrage für die Gesamtproduktion. Das ist für das System eine ökonomische und politische Gefahr, die eine Rückkehr zum Gleichgewicht verlangt – zu einer Situation, in der Kapital vor allem durch neue Produktion akkumuliert wird. Schumpeter hat gezeigt, wie dies ökonomisch bewerkstelligt wird. Eine bestimmte Erfindung wird in eine Innovation umfunktioniert und führt zur Entstehung eines neuen führenden Produkts, das die Weltwirtschaft wieder expandieren lässt.

Über die Politik dieser Umfunktionierung wurde viel diskutiert. Sie impliziert offenbar eine Stärkung der arbeitenden Klassen im Klassenkampf. Sie impliziert vielleicht auch die Bereitschaft von Teilen der Produzentenklassen, diese stärkere Position der Arbeitnehmer zu akzeptieren – einen Verzicht auf kurzfristige individuelle Gewinne im Interesse der langfristigen Gesamtprofite.

Dieses Auf- und Abschwingen des Kapitalismus ist nur möglich, weil er kein in einem bestimmten Staat verortetes System ist, sondern eingebunden in ein Weltsystem, das seiner Definition nach größer ist als jeder besondere Staat. Würden diese Prozesse in einem einzelnen Staat auftreten, dann würde die Inhaber der Staatsgewalt nichts an der Aneignung des Mehrwerts hindern, was für die Unternehmer den Anreiz zur Entwicklung neuer Produkte beseitigt (oder zumindest erheblich verringert). Würde es andererseits innerhalb des Marktes keine Staaten geben, dann gäbe es keine Möglichkeit zur Durchsetzung von Quasi-Monopolen. Nur durch die Ansiedlung der Kapitalisten in einer »Weltwirtschaft« – in der es eine Vielzahl von Staaten gibt – können sich Unternehmer der unablässigen Akkumulation von Kapital widmen.

Das erklärt die von uns so genannten Hegemoniezyklen, die erheblich länger sind als die Kondratieff-Zyklen. Mit weltwirtschaftlicher Hegemonie ist die Fähigkeit eines Staates gemeint, der Tätigkeit aller anderen bestimmte Regeln aufzuerlegen, so dass im Weltsystem eine relative Ordnung herrscht. Die Wichtigkeit einer »relativen« Ordnung hat Schumpeter betont. Störungen – zwischen- und innerstaatliche (Bürger-) Kriege, mafiose Schutzgeldsysteme, amtliche und institutionelle Korruption, grassierende Kleinkriminalität – sind allesamt profitabel für kleine Teile der Weltbevölkerung. Sie sind aber auch allesamt hinderlich für das globale Streben nach größtmöglicher Kapitalakkumulation. Tatsächlich zerstören sie einen Großteil der für die kapitalistische Akkumulation notwendigen Infrastruktur.

Die Durchsetzung einer relativen Ordnung durch eine Hegemonialmacht ist also vorteilhaft für das »normale« Funktionieren des kapitalistischen Gesamtsystems. Sie ist auch sehr vorteilhaft für die Hegemonialmacht selbst – für ihren Staat, ihre Unternehmer und ihre Bürger. Ob diese Vorteile für das Gesamtsystem (und für die Hegemonialmacht) auch anderen Staaten und ihren Unternehmen und Bürgern zugute kommen, darf man bezweifeln. Darin liegt der Konflikt und zugleich die Erklärung, warum sich Hegemonie so schwer und so selten erlangen und aufrechterhalten lässt.

Das Muster der Hegemoniezyklen sah bislang so aus, dass nach einem äußerst destruktiven »Dreißigjährigen Krieg« zwischen den zwei Mächten, die für das Vormachtstreben innerhalb des Weltsystems am besten aufgestellt waren, die eine die andere aus dem Feld schlug. An diesem Punkt genießt ein bestimmter Staat in allen drei Formen wirtschaftlicher Tätigkeit – in Produktion, Handel und Finanzwesen – gleichzeitige und gebündelte Marktvorteile. Durch seine Wirtschaftskraft und seinen Sieg im vorausgegangenen Kampf verfügt dieser Staat auch über einen beträchtlichen militärischen Vorteil. Und zur Krönung seiner globalen Position beansprucht er eine kulturelle Vorherrschaft, die auch die Leitversion der Geokultur umfasst (Gramscis Hegemoniebegriff).

Mit dieser gebündelten Überlegenheit in allen Bereichen des Weltsystems kann er in den meisten Fällen seine Ziele erreichen und seinen Willen durchsetzen. Wir können von einem geopolitischen Quasi-Machtmonopol sprechen. Anfangs sorgt diese Vorherrschaft tatsächlich im Weltsystem für relative Ordnung und Stabilität. Das Problem ist, dass geopolitische Quasi-Machtmonopole, genauso wie Quasi-Monopole führender Industriezweige, selbstliquidatorisch sind, und zwar aus verschiedenen Gründen.

Erstens gibt es in einer Situation relativer Stabilität immer eindeutige Verlierer. Sie beginnen in vielfältigen Formen zu meutern. Um sie in

Schach zu halten, hält die Hegemonialmacht repressive Maßnahmen für nötig, oft militärischer Art. Repressive Maßnahmen können unmittelbar durchaus erfolgreich sein. Nur hat der Einsatz von Gewalt zwei negative Konsequenzen. Der Militärschlag ist oft kein voller Erfolg und zeigt damit die Grenzen der hegemonialen Repressionsgewalt auf. Das ermutigt tendenziell weitere Demonstrationen der Aufmüpfigkeit.

Zweitens fordert die Aufstellung der Repressionsgewalt einen Preis für die Armeen und andere Institutionen der Hegemonialmacht. Die Kosten an Menschenleben (Tote, zerstörte Existenzen) werden immer größer. Und die finanziellen Kosten beginnen zu steigen. Langsam, aber sicher untergräbt dies den Rückhalt in der Bevölkerung, der zunehmend klar wird, wer die Gewinner sind (für gewöhnlich ein unverhältnismäßig kleiner Bevölkerungsteil der Hegemonialmacht) und wer die Verlierer (für gewöhnlich der weitaus größere Teil). Die Regierungsbehörden der Hegemonialmacht bekommen es nun bei ihrer Durchsetzung der Weltordnung mit innenpolitischen Zwängen zu tun.

Drittens beginnen andere Staaten, die in der Anfangsphase hegemonialer Vorherrschaft ins Hintertreffen gerieten, ihre Stärke zurückzuerlangen. Sie wollen nun eine größere geopolitische Rolle spielen. Das Weltsystem entwickelt sich von einer unangefochtenen Hegemonie zu einem Gleichgewicht der Mächte. Da es sich um einen zyklischen Prozess handelt, streben nun andere zunehmend nach der Rolle der Hegemonialmacht. Das ist aber ein komplizierter und langwieriger Prozess, so dass Hegemoniezyklen sehr viel länger sind als Kondratieff-Zyklen.[2] Aus all diesen Gründen erlebt die Hegemonialmacht einen langsamen Niedergang.

Noch ein letztes Element ist in dieser Beschreibung der Entwicklungsprozesse des modernen Weltsystems zu betonen. Kondratieff-Zyklen und Hegemoniezyklen sind Zyklen. Sie sind aber nie wirkliche Kreisläufe, im Sinne einer Rückkehr zum Ausgangspunkt. Das liegt daran, dass die A-Phasen beider Zyklen einen Zuwachs beinhalten – an realem Wert, an

---

2 Ich erkläre diesen Prozess in dem Abschnitt »The Concept of Hegemony in a World-Economy« im Vorwort zur Neuausgabe von *The Modern World-System*, Bd. II: *Mercantilism and the Consolidation of the European World-Economy, 1600–1750*, Berkeley 2011, S. xxii–xxvii.

geographischer Reichweite, an Kommodifizierung. Dieser Zuwachs wird in der B-Phase nicht vollständig zunichte gemacht. Die Rückkehr zum Gleichgewicht, die die B-Phase darstellt, ist allenfalls eine partielle Regression des Systems, die eher als »Stagnation« zu bezeichnen wäre, nicht als vollständige Rückkehr zu den früheren Systempositionen, nach gleich welchen Kriterien.

Wir könnten dies als einen Sperrklinkeneffekt darstellen – zwei Schritte vorwärts, einer zurück. Die Zyklen des historischen Systems erzeugen also ein fließendes Gleichgewicht, das sich in einem säkularen Aufwärtstrend seiner Hauptkurven ausdrückt. Wenn wir dies in einer Graphik abbilden, in der die y-Achse oder Ordinate die Prozentsätze eines Phänomens und die x-Achse oder Abszisse die Zeit misst, bekommen wir Kurven, die sich langsam auf eine Asymptote zubewegen (100% von dem, was auf der y-Achse gemessen wird). Da das System sich diesen Asymptoten annähert, entfernt es sich immer weiter vom Gleichgewicht, weil die Asymptote nie überschritten wird. Wenn diese Kurven ungefähr die 80-Prozent-Marke erreichen, beginnt das System zu flattern, es wird »chaotisch« und bifurkiert. Es ist also an eine Wegscheide gelangt, an den Beginn seiner strukturellen Krise. Wir können nun konkret zu zeigen versuchen, wie sich dies in unserem historischen System ereignet hat.

Das moderne Weltsystem 1945 bis etwa 1970

Der letzte große Kampf um Hegemonie fand zwischen Deutschland und den Vereinigten Staaten statt, ein Kampf, der etwa 1873 begonnen und in den Jahren 1914 bis 1945 zu einem »Dreißigjährigen Krieg« geführt hat. Mit Deutschlands »bedingungsloser Kapitulation« im Jahre 1945 waren die USA der klare und anerkannte Sieger in diesem Kampf.

Wirtschaftlich gingen die Vereinigten Staaten aus dem, was wir den Zweiten Weltkrieg nennen, ungeheuer gestärkt hervor. Schon vor Kriegsbeginn war ihre Wirtschaftskraft und Wettbewerbsfähigkeit sehr stark gewesen. Durch den Krieg wurde sie in zweifacher Hinsicht weiter verstärkt. Einerseits hatten alle anderen Industriemächte des Weltsystems –

von Großbritannien über Europa bis hin zur Sowjetunion und Japan – gewaltige Schäden in ihrer materiellen Infrastruktur zu verzeichnen. Zudem litten die meisten von ihnen in der unmittelbaren Nachkriegszeit an gravierenden Versorgungsengpässen durch die kriegsbedingte Zerstörung ihrer Agrarproduktion. Ganz anders die USA, die von materieller Zerstörung verschont blieben und ihre industrielle und landwirtschaftliche Basis während des Krieges noch ausbauen konnten. Nicht nur die besiegten Achsenmächte, auch ihre eigenen Alliierten suchten nun unmittelbare Unterstützung und Hilfe für den Wiederaufbau bei den Vereinigten Staaten.

Wie groß der anfängliche Vorteil war, lässt sich ganz einfach beziffern. In den zehn bis fünfzehn Jahren nach 1945 konnten die USA ihre Produkte in allen anderen Industrieländern zu niedrigeren Kosten (einschließlich Transportkosten) absetzen als die einheimischen Hersteller.

Der einzige Bereich, in dem sie keinen übermäßigen Vorteil besaßen, war der militärische. Die Sowjetunion verfügte über eine starke Militärmacht, ihre Truppen besetzten große Teile Ostmitteleuropas und Nordostasiens (in China die Mandschurei und die Innere Mongolei, die Nordhälfte Koreas, in Japan die Südhälfte Sachalins und die Kurilen). Zwar besaßen die USA schon 1945 Atomwaffen, aber auch dieser Vorteil ging 1949 verloren.

Wollten die Vereinigten Staaten also die Rolle der Hegemonialmacht übernehmen, mussten sie sich mit der Sowjetunion arrangieren und deren militärische Macht neutralisieren. Das war besonders ab dem Zeitpunkt geboten, als sie durch innenpolitischen Druck zu einem relativ zügigen Abzug ihrer weltweit stationierten Landstreitkräfte gezwungen waren.

Meine Behauptung ist, dass dies durch einen stillschweigenden »Deal« bewerkstelligt wurde, den wir mit dem Namen Jalta verbinden. Er bestand, wie mir scheint, aus drei Komponenten. Die erste war die faktische Aufteilung der Welt in zwei Einflusszonen, die mehr oder weniger entlang den Stationierungslinien der Streitkräfte beider Länder bei Kriegsende erfolgte. Es gab also einen sowjetischen Block, der von der Oder-Neiße-Linie in Mitteleuropa bis zum 38. Breitengrad in Korea reichte (und der ab 1949, nach dem endgültigen Sieg der chinesischen

Rotarmisten über die Kuomintang, auch das chinesische Festland einschloss). Was die Vereinigten Staaten und die Sowjetunion faktisch vereinbarten, war das vorrangige (und praktisch ausschließliche) Recht beider Seiten, über die Angelegenheiten in ihrer jeweiligen Einflusssphäre selbst zu entscheiden. Ein Grundelement dieses ungeschriebenen Vertrags war, dass diese Grenzlinien nicht militärisch (oder auch nur politisch) verändert werden durften. Nach 1949 wurde dieses Abkommen durch die Doktrin der »beiderseitig garantierten Vernichtung« zementiert, die darauf beruhte, dass jede Seite über die nötige atomare Schlagkraft verfügte, um im Falle eines Angriffs die andere vernichten zu können.

Der zweite Teil des stillschweigenden Abkommens war die faktische wirtschaftliche Entkopplung der beiden Zonen. Die Vereinigten Staaten leisteten keine Hilfe beim Wiederaufbau des sowjetischen Blocks. Ihre Hilfsprogramme blieben auf ihre eigene Zone beschränkt – auf den Marshallplan in Westeuropa und entsprechende Hilfen in Ostasien für Japan, später für Südkorea und Taiwan. Amerikanische Hilfsprogramme für die Verbündeten waren keine uneigennützige Philanthropie. Die USA brauchten Abnehmer für ihre boomende Wirtschaft, und der Wiederaufbau machte diese Verbündeten zu guten Kunden und verlässlichen Satelliten. Die Sowjetunion entwickelte wiederum ihre eigenen regionalen Wirtschaftsstrukturen und befestigte damit die Autarkie ihrer Einflusszone.

Der dritte Bestandteil des »Deals« war, zu bestreiten, dass es einen solchen gab. Jede Seite verkündete lautstark in ihrer jeweiligen Diktion, dass sie sich mit der anderen in einer totalen ideologischen Auseinandersetzung befände. Wir sprachen deshalb vom »Kalten Krieg«. Man beachte aber, dass er bis zum Schluss eben ein »kalter« blieb. Die laute Rhetorik diente in Wirklichkeit nicht dem Zweck, die andere Seite zu verändern, jedenfalls nicht vor dem sehr fernen Zeitpunkt ihres vorausgesagten Zusammenbruchs. Insofern versuchte keine Seite, den Krieg unmittelbar zu »gewinnen«. Jede suchte vielmehr ihre Satelliten (euphemistisch »Verbündete« genannt) auf eine strikte politische Linie festzulegen, die von den beiden Supermächten diktiert wurde. Keine Seite durfte je in nennenswertem Maße rebellische Kräfte innerhalb des anderen Lagers unterstützen – dies hätte zu einer Aufkündigung der ursprünglichen Festschreibung des militärischen Status quo geführt.

Sobald der militärische Status quo eingefroren war, konnten die Vereinigten Staaten darangehen, ihre umfassende politisch-kulturelle Dominanz innerhalb des Weltsystems weiter auszubauen. Das geschah mithilfe der Mehrheitsverhältnisse in den Vereinten Nationen und anderen transnationalen Institutionen. Einzige Ausnahme war das für militärische Angelegenheiten zuständige Kontrollgremium – der UN-Sicherheitsrat, in dem das jeweilige Vetorecht beider Seiten den militärischen Status quo garantierte.

Dieses Arrangement funktionierte zunächst sehr gut. Dann begann die Selbstauflösungstendenz eines geopolitischen Quasi-Monopols ihren Tribut zu fordern. Die zwei wichtigsten geopolitischen Veränderungen in den zwei Jahrzehnten nach 1945 waren die Revolten in der Dritten Welt und der wirtschaftliche Wiederaufschwung in Westeuropa und Japan.

Die Länder der damaligen »Dritten Welt« (die wir heute den Süden nennen) hatten innerhalb des geopolitischen Status quo, den die beiden Supermächte der Welt aufzwingen wollten, nicht viel zu gewinnen. Manche begannen das Arrangement in Frage zu stellen. Die chinesische Kommunistische Partei verweigerte sich einer von der Sowjetunion verlangten Zusammenarbeit mit der Kuomintang. Sie besiegte stattdessen die Kuomintang und übernahm selbst die Macht. Die Vietminh und die Vietcong gingen ihren eigenen Weg und besiegten nacheinander Franzosen und Amerikaner. Fidel Castro und seine Guerillas eroberten die Macht und warfen 1962 fast das globale Arrangement über den Haufen. Die Algerier errangen ihre Unabhängigkeit zum (zumindest anfänglichen) Leidwesen der Französischen Kommunistischen Partei. Und Nasser übernahm die Kontrolle über den Suezkanal.

Weder die Vereinigten Staaten noch die Sowjetunion waren besonders glücklich mit dieser Unordnung. Beide stellten sich in ähnlicher Form darauf ein. Anfangs bestand jede Seite auf dem Zwang, im Kalten Krieg Stellung zu beziehen, weil es mit den Worten des damaligen US-Außenministers Dulles »keine Neutralen gibt«. Später hielten es beide für geboten, von ihrer harten Linie abzugehen und um die auf Neutralität bedachten Staaten zu werben. In diesem Prozess »verlor« die Sowjetunion China. Und die Vereinigten Staaten zahlten für ihren Vietnamkrieg einen hohen wirtschaftlichen und politischen Preis.

Die zweite Veränderung – von der die USA stärker betroffen waren als die Sowjetunion – ist in den politischen Folgen des wirtschaftlichen Wiederaufschwungs in der Mitte der damaligen, ungeheuer expansiven Kondratieff-A-Phase zu sehen. Anfang der 1960er Jahre waren die USA nicht mehr dazu imstande, in Deutschland oder Japan ihre Autos oder andere Produkte billiger als die einheimischen Hersteller zu verkaufen. Ganz im Gegenteil: Deutsche und japanische Autos eroberten zunehmend den amerikanischen Markt.

Die neue wirtschaftliche Stärke verwandelte die einstigen Satelliten in ernsthafte Konkurrenten auf dem Weltmarkt. Ende der 1960er Jahre besaßen die Vereinigten Staaten gegenüber ihren wichtigsten Verbündeten keinen nennenswerten wirtschaftlichen Vorsprung in der weltweiten Produktion oder auch nur im Welthandel. Die Basis der geopolitischen Hegemonie begann zu bröckeln.

Nach 1945 erlebte das moderne Weltsystem den bei weitem größten Aufschwung in der Kapitalakkumulation seit seiner Herausbildung während des langen 16. Jahrhunderts. Nach 1945 erlebte es auch mit der Periode der US-Hegemonie die weitaus größte geopolitische Machtexpansion. Beide Zyklen verliefen parallel und erreichten mehr oder weniger gleichzeitig den Punkt der Selbstauflösung. Auf die größten Aufschwünge folgen die größten Abschwünge. Das Weltsystem hatte sich in diesem Prozess vom historischen Systemgleichgewicht weit entfernt. Seine Wiederherstellungsmechanismen hatten sich irreparabel überdehnt. Es trat nun in seine strukturelle Krise ein.

Die strukturelle Krise von etwa 1970 bis ?

Zwei entscheidende Entwicklungen trugen zu dieser Strukturkrise bei. Die erste hatte mit den langfristigen säkularen Trends der Weltwirtschaft zu tun, die es für Kapitalisten äußerst schwierig machten, unablässig Kapital anzuhäufen. Die zweite hing mit dem für die politische Stabilität des Weltsystems bedrohlichen Ende der Dominanz liberaler Zentristen in der Geokultur zusammen. Wir wollen sie nacheinander betrachten.

Strukturelle Langzeittrends

Wie kann man in einem kapitalistischen System unablässig Kapital akkumulieren? Die grundlegende, wenn auch nicht einzige Methode bedient sich der Produktion, indem der Unternehmer die Differenz zwischen den Herstellungskosten der Ware und ihrem Verkaufspreis einbehält. Je geringer die Kosten und je höher der Preis, desto höher der reinvestierbare Gewinn.

Wie lässt sich die Differenz zwischen Kosten und Verkaufspreis maximieren? Dafür ist zweierlei nötig. Zur Maximierung des Verkaufspreises muss es ein Quasi-Monopol geben, womit wir uns schon beschäftigt haben. Die Frage ist nun, wie sich gleichzeitig die Kosten minimieren lassen. Wir wollen damit beginnen, dass es in jedem Produktionsprozess drei Arten von Gemeinkosten gibt: Personalkosten, Betriebsmittelkosten und Steuerabgaben.

Es gibt drei unterschiedliche Ebenen des Personals, das der Hersteller/Eigentümer bezahlen muss: un- oder angelernte Arbeitskräfte, mittlere Fach- oder Führungskräfte und leitende Angestellte. Die Kosten der geringer qualifizierten Arbeitskräfte steigen in den A-Phasen an, weil sie durch gewerkschaftliche Kampfmaßnahmen tarifliche Forderungen stellen. Die Unternehmer machen dann während der A-Phasen Konzessionen, weil Arbeitsniederlegungen oder Bummelstreiks kostspieliger sein können als Lohnerhöhungen. Am Ende werden aber diese Kosten für die Arbeitgeber zu hoch, besonders in den führenden Industrien.

Die Lösung war für die Arbeitgeber während der B-Periode traditionell die Standortverlagerung, also die Auslagerung der Produktion in Länder mit »historisch« niedrigerem Lohnniveau. Dort werden die Arbeiter angeworben aus (zumeist ländlichen) Regionen, in denen ihr Realeinkommen noch unter den Löhnen in den neuen (zumeist städtischen) Produktionsstätten liegt. Arbeitnehmer und Arbeitgeber scheinen also gleichermaßen zu profitieren. Nach einer gewissen Zeit aber werden sich die verpflanzten Arbeiter ihrer neuen Lage stärker bewusst. Sie erkennen, wie niedrig das Niveau ihrer Löhne im Weltmaßstab ist und beteiligen sich an gewerkschaftlichen Kampfmaßnahmen. Früher oder später kommt der Arbeitgeber dann zu dem Schluss, dass die Kosten schon wieder zu hoch sind, und die Karawane zieht weiter.

Standortverlegungen sind teuer, aber wirtschaftlich. Global gesehen handelt es sich allerdings um einen Sperrklinkeneffekt. Die Einsparungen können die steigenden Kosten nie kompensieren. Nach fünfhundert Jahren hat dieser wiederholte Prozess praktisch alle noch lohnenden Standorte abgegrast. Das lässt sich beziffern durch den Grad der Deruralisierung des Weltsystems, der in den letzten fünfzig Jahren sichtbar zugenommen hat und rapide voranschreitet.

Der Kostenanstieg bei Fachkräften ergibt sich aus zwei Motiven. Erstens wird durch die zunehmende Größe der Produktionsbetriebe mehr mittleres Führungspersonal nötig. Und zweitens wird den politischen Gefahren, die aus der gewerkschaftlichen Organisation des geringer qualifizierten Personals entstehen, durch die Schaffung einer größeren mittleren Ebene begegnet, die politisch als Bündnispartner der Führungsebene fungieren kann – aber auch als ein Modell der Aufstiegsmobilität für die ungelernte Mehrheit, um deren politische Mobilisierung zu schwächen. Ihre Gehälter steigern erheblich die Personalkosten.

Der Kostenanstieg bei höheren Führungskräften ergibt sich unmittelbar aus der zunehmenden Komplexität der Unternehmensstrukturen – der bekannten Trennung von Besitz und Leitung. Das gibt Topmanagern die Möglichkeit, immer größere Umsatzanteile als Rente abzuzweigen und dadurch den Anteil zu reduzieren, der als Gewinn an die »Besitzer« (Aktionäre) oder als Investitionskapital an das Unternehmen geht. Dieser Kostenanstieg hat in den letzten Jahrzehnten spektakuläre Ausmaße angenommen.

Die Betriebsmittelkosten zogen aus ähnlichen Gründen an. Kapitalisten sind bestrebt, möglichst viele Kosten zu externalisieren. Das ist eine vornehme Umschreibung dafür, dass sie die von ihnen eingesetzten Produktionsfaktoren nur teilweise bezahlen. Die drei wichtigsten externalisierten Kostenanteile sind die Entsorgung toxischer Abfälle, die Wiederaufbereitung von Rohstoffen und die Herstellung der nötigen Transport- und Kommunikationswege. Fast in der gesamten Geschichte des modernen Weltsystems war es gängige Praxis, diese Kosten zu externalisieren. Die staatlichen Behörden sahen darin kaum ein Problem.

In den letzten Jahrzehnten hat sich diese politische Wetterlage grundlegend verändert. Der Klimawandel ist in aller Munde, mit der entsprechenden Nachfrage nach »Bio«-Produkten, und die »Normalität« der Externalisierung ist zu einer Kindheitserinnerung verblasst. Die neue politische Diskussion um Giftmüllentsorgung hat einen einfachen Grund. Die Welt hat nicht mehr genügend öffentlichen Freiraum für Mülldeponien. Das ist vergleichbar mit der Deruralisierung der weltweiten Arbeitskraft, dem Knappwerden potentieller Niedriglohnarbeiter. Die Folgen für die Volksgesundheit sind beträchtlich und liegen auf der Hand. Das Resultat war das Anwachsen sozialer Bewegungen mit Forderungen nach verbessertem Umweltschutz.

Zweitens ist das öffentliche Interesse an erneuerbaren Ressourcen – eine weitere neue politische Realität – zum großen Teil Folge der weltweiten Bevölkerungsexplosion. Die Welt hat plötzlich eine Verknappung aller möglichen Güter entdeckt – von Energiequellen, Wasser, Wäldern, Fisch oder Fleisch –, die sich schon jetzt oder in Bälde bemerkbar macht. Es wird darum gestritten, wem was gehört, wer wieviel verbraucht, wofür die Ressourcen verwendet werden und wer am Ende die Rechnung bezahlt.

Drittens benötigt der Kapitalismus als System eine beträchtliche Infrastruktur. Produkte für den Weltmarkt müssen transportiert werden. Kommunikation ist entscheidend für den Handel und die Geschäfte. Die Transport- und Kommunikationswege sind heute weitaus effizienter und sehr, sehr viel schneller. Das bedeutete aber auch erheblich gestiegene Kosten. Wer bezahlt dafür? In der Vergangenheit haben gerade diejenigen Hersteller, die von der Infrastruktur den größten Gebrauch machten, nur einen kleinen Teil der Rechnung bezahlt. Den Rest übernahm die Allgemeinheit.

Heute werden politische Forderungen laut, die Staaten sollten sich direkt um Dinge wie Entgiftung oder Wiederaufbereitung und um den Ausbau der Infrastruktur kümmern. Das bedeutet erhebliche Steuererhöhungen. Außerdem darf es nicht sein, dass die Ursachen der Missstände außer Betracht bleiben. Das bedeutet, dass der Staat stärker auf Internalisierung der Kosten durch die Unternehmer dringt. Beides hat zu Steuererhöhungen geführt und, mehr noch: Die Maßnahmen zur Internalisierung dieser Kosten beschneiden empfindlich die Gewinnspannen – was von den Unternehmern immer wieder beklagt wird.

Und schließlich hat die Besteuerung in jedweder Form in der Geschichte des modernen Weltsystems zugenommen. All die unterschiedlichen Verwaltungsebenen brauchen Steuereinnahmen, um ihr Personal und die von ihnen erwarteten umfangreicheren Leistungen zu bezahlen. Umfangreicher ist auch das geworden, was man als private Steuererhebung bezeichnen könnte – durch korrupte Beamte und durch räuberische Erpressung im Rahmen des organisierten Verbrechens. Private Abgaben sind für den Unternehmer genauso wie staatliche ein Kostenfaktor. Da der Umfang staatlicher Behörden besonders in den letzten fünfzig Jahren ungeheuer zugenommen hat, wollten immer mehr Leute bestochen werden. Und durch die weltweite Zunahme der Wirtschaftstätigkeit gab es auch immer größeren Raum für mafiose Geschäfte.

Die nach wie vor wichtigste Ursache von Steuererhöhungen ergab sich aus den politischen Kämpfen systemkritischer Bewegungen. Ihre Forderungen führten in den letzten zweihundert Jahren zu einer Demokratisierung der Weltpolitik. Das Programm der Volksbewegungen bestand vor allem in der Einforderung dreier grundlegender Bürgerrechte – auf Bildung, Gesundheitsfürsorge und lebenslange Einkünfte. Die Forderungen in jedem Bereich haben sich während der letzten zweihundert Jahre beständig ausgeweitet, und zwar in Bezug auf das Niveau der Leistungen – und damit auf ihre Kosten – und auf die geographische Ausdehnung der Adressatenkreise. Diese Ausgaben sind das, was wir »den Sozialstaat« nennen – eine Form, die heute weltweit zum politischen Leben fast aller Länder gehört, auch wenn das Niveau der Leistungen je nach ihrem Wohlstand unterschiedlich sein kann.

Wir können dies dahingehend zusammenfassen, dass die drei grundlegenden Produktionskosten beständig gestiegen sind und sich ihrer jeweiligen Asymptote so sehr angenähert haben, dass sich das System nicht mehr durch die vielfältigen, fünfhundert Jahre lang wirksamen Mechanismen ins Gleichgewicht bringen lässt. Die Möglichkeiten unablässiger Kapitalakkumulation gehen zu Ende.

Ein geokultureller Wandel

Die Profitklemme war für die kapitalistischen Produzenten verbunden mit einem gewaltigen kulturellen Wandel – dem Ende der Vorherrschaft eines zentristischen Liberalismus in der Geokultur. Darin liegt die Bedeutung der Weltrevolution von 1968 und ihrer Folgen. Die Geschichte dieser Weltrevolution ist zum großen Teil die der systemkritischen Bewegungen innerhalb des modernen Weltsystems – ihrer Entstehung, ihrer Politik, ihrer Geschichte bis 1968 und ihrer Bedeutung für das politische Funktionieren des Weltsystems.

Während des 19. Jahrhunderts bestand die Alte Linke, wie sie in der Weltrevolution von 1968 genannt wurde, vor allem aus den zwei Spielarten der globalen sozialen Bewegung, den Kommunisten und den Sozialdemokraten. Hinzu kamen die nationalen Befreiungsbewegungen. Diese Bewegungen wuchsen langsam und mühsam, vor allem im letzten Drittel des 19. und in der ersten Hälfte des 20. Jahrhunderts. Lange waren sie schwach und politisch eher marginal. Dann aber, in der Periode von 1945 bis 1968, wurden sie relativ rasch äußerst stark, erneut in fast allen Teilen des Weltsystems.

Es klingt erstaunlich, dass sie diese Stärke ausgerechnet in der Periode des außerordentlichen Aufschwungs der Kondratieff-A-Phase und des gleichzeitigen Höhepunkts der US-Hegemonie erlangten. Ich halte das aber für keinen Zufall. Man erinnere sich an das Interesse der Kapitalisten, dass es in der Hochkonjunktur keine Produktionsunterbrechungen (Streiks, Dienst nach Vorschrift, Sabotage) geben darf, besonders in den profitabelsten Bereichen, den führenden Industrien. Da der damalige Aufschwung hochprofitabel war, waren sie bereit zu erheblichen Lohnzugeständnissen, die ihnen kostengünstiger erschienen als die aus solchen Unterbrechungen resultierenden Gewinneinbußen. Natürlich bedeutete dies mittelfristig höhere Produktionskosten, die zu einem wichtigen Faktor für das Einbrechen der Quasi-Monopole gegen Ende der 1960er

Jahre wurden. Die meisten Unternehmer kalkulierten aber wie gewohnt mit kurzfristigen Profiten und dachten keine drei oder vier Jahre voraus.

Die Hegemonialmacht kalkulierte ihre Interessen ganz ähnlich. Ihr primäres Interesse war die Aufrechterhaltung geopolitischer Stabilität. Repressive Maßnahmen gegen die systemkritischen Bewegungen waren auf der Weltbühne sehr kostspielig. Wenn möglich – und es war nicht immer möglich – favorisierten die Vereinigten Staaten eine ausgehandelte »Entkolonisierung« mit einem Regime, das eine »gemäßigte« Politik erwarten ließ. Das hatte zur Folge, dass in großen Teilen Asiens, Afrikas und der Karibik nationalistische oder nationale Befreiungsbewegungen ans Ruder kamen.

In den internen Richtungskämpfen der Bewegungen des späten 19. Jahrhunderts – zwischen Marxisten und Anarchisten in den sozialen Bewegungen der Industrieländer, zwischen politischem und kulturellem Nationalismus in den kolonialen Befreiungsbewegungen – plädierten die Marxisten und die politischen Nationalisten für die sogenannte Strategie der zwei Schritte: zuerst Übernahme der Staatsmacht, dann Veränderung der Welt. Um 1945 hatten beide sich in den Strategiedebatten klar durchgesetzt und kontrollierten die stärksten Organisationen.[3]

Die relativ permissive Haltung der Großkonzerne und der Hegemonialmacht hatte zur Folge, dass die altlinken Bewegungen Mitte der 1960er Jahre fast überall ihr historisches Ziel, die Übernahme der Staatsmacht, erreicht hatten. Kommunistische Parteien regierten bereits in einem Drittel der Welt, dem damaligen sozialistischen Block. Sozialdemokratische Parteien regierten nun alternierend im Großteil eines weiteren

---

3 Es ist richtig, dass die »Marxisten« mit der Russischen Revolution in zwei Lager zerfielen – in Sozialdemokraten (die 2. Internationale) und Kommunisten (die 3. Internationale). Ihre Differenzen betrafen aber nicht die Strategie der zwei Schritte, sondern die Art und Weise, wie der erste Schritt – der Übernahme der Macht – vollzogen werden soll. Auch nannten sich die Sozialdemokraten nach 1968 nicht mehr Marxisten, während die Kommunisten als »Marxisten-Leninisten« firmierten. Für die Jugend – den Großteil der Teilnehmer an der globalen 68er-Revolution – war dieser für die Alte Linke so wichtige Streit der beiden Internationalen ziemlich uninteressant, weil sie von beiden Spielarten der altlinken sozialen Bewegungen keine hohe Meinung hatte.

Drittels – der paneuropäischen Welt.[4] 1968 waren auch in fast allen kolonialen Ländern die nationalistischen und nationalen Befreiungsbewegungen an die Macht gekommen.[5]

So »gemäßigt« auch viele dieser Bewegungen, sobald sie an der Macht waren, auftreten sollten, das Weltsystem wurde damals von einem allgemeinen Triumphalismus durchdröhnt. Sie alle glaubten und verkündeten lautstark, dass die Zukunft ihnen gehöre, die Geschichte auf ihrer Seite stünde. Und die Mächtigen innerhalb des modernen Weltsystems hatten die Befürchtung, dass diese Verkündungen zutreffen könnten. Sie machten sich auf das Schlimmste gefasst. Die Teilnehmer an der Weltrevolution von 1968 aber sahen es anders. Sie sahen in der Machtübernahme der Alten Linken keinen Triumph, sondern einen Betrug. Sie erklärten sinngemäß: Ihr seid vielleicht an der Macht (erster Schritt), habt aber die Welt nicht verändert (zweiter Schritt).

Wenn man die Rhetorik der weltweiten 68er-Revolution aufmerksam verfolgte und über die lokalen Bezüge hinwegsah (die natürlich von Land zu Land unterschiedlich waren), dann gab es in den Analysen derer, die an diesen vielfältigen Erhebungen – ganz gleich, ob im sozialistischen Block, in der paneuropäischen Welt oder in der Dritten Welt – beteiligt waren, drei beherrschende Themen.

Das erste betraf die hegemoniale Macht. Die Vereinigten Staaten wurden nicht als Garant der Weltordnung betrachtet, sondern als imperialistische Vormacht – aber als eine, die sich übernommen hatte und deshalb angeschlagen war. Der Vietnamkrieg befand sich auf seinem Höhepunkt, und die Tet-Offensive vom Februar 1968 wurde als die Totenglocke für die amerikanische Militäroperation wahrgenommen. Damit nicht genug: Die 68er-Revolutionäre bezichtigten auch die Sowjetunion der Komplizenschaft mit der US-Hegemonie.

---

4 Man erinnere sich, dass damals der Hauptziel der sozialdemokratischen Parteien – der Sozialstaat – von ihren konservativen Gegenparteien akzeptiert war; man stritt sich nur um die Details. Ich betrachte auch die amerikanischen New-Deal-Liberalen als Sozialdemokraten, die sich aber in den Vereinigten Staaten aus historisch-politischen Gründen nicht so bezeichnen wollten.

5 Die meisten lateinamerikanischen Länder waren schon in der ersten Hälfte des 19. Jahrhunderts formell unabhängig geworden. Populistische Bewegungen demonstrierten aber dort eine ähnliche Stärke wie die nationalen Befreiungsbewegungen in der noch formell kolonialen Welt.

Der Kalte Krieg war für sie eine hohle Fassade. Die geopolitische Realität war stattdessen der Deal von Jalta zur Zementierung des Status quo. Dieser Verdacht war seit 1956 stärker geworden. 1956 war das Jahr der Suez-Krise und des ungarischen Aufstands – bei dem keine der beiden Supermächte die Rhetorik des Kalten Krieges bediente. Es war auch das Jahr der »Geheimrede« Chruschtschows vor dem 20. Parteitag der KPdSU, mit der die Rhetorik des Stalinismus und große Teile seiner Politik verurteilt wurden. Das führte bei den früheren Gläubigen zu breiter Ernüchterung.

Das zweite Thema war die Alte Linke, die allenthalben unter Beschuss stand, weil sie bei ihrer Machtübernahme ihr Versprechen (den zweiten Schritt) nicht erfüllt hatte. Da ihr die Welt nicht verändert habt, erklärten die Aktivisten, brauchen wir eine neue Strategie und neue Bewegungen. Viele sahen das Vorbild in der chinesischen Kulturrevolution mit ihrem Aufruf, die Partei- und Regierungsspitzen von »kapitalistischen Abweichlern« zu säubern.

Das dritte Thema betraf das, was man die vergessenen Gruppen nennen könnte – all jene, die unterdrückt werden aufgrund ihrer Rasse, ihres Geschlechts, ihrer Herkunft, ihrer Sexualität oder aller möglicher Formen des Andersseins. Die Bewegungen der Alten Linken waren hierarchisch gewesen. Sie erklärten, dass es in jedem Land nur eine einzige »revolutionäre« Bewegung geben könne. Eine bestimmte Form des Kampfes sei vorrangig – in den Industrieländern (dem Norden) der Klassenkampf, in der übrigen Welt (dem Süden) der nationale Kampf. Nach dieser Logik musste jede Gruppe, die ihre eigene Strategie verfolgte, den vordringlichen Kampf verwässern, war also objektiv konterrevolutionär. All diese Gruppen hatten sich in die Parteihierarchie einzugliedern und den Strategieentscheidungen der Parteispitze unterzuordnen.

Die 68er waren nicht mehr dazu bereit, die Forderungen all dieser Gruppen nach Gleichbehandlung auf eine hypothetische Zukunft nach dem »Sieg« im hauptsächlichen Kampf zu vertagen. Diese Forderungen waren für sie vordringlich, die dadurch bekämpfte Unterdrückung genauso wichtig wie die der vermeintlich vorrangigen Gruppe. Die vergessenen Gruppen umfassten vor allem Frauen, rassische, ethnische oder religiöse Minderheiten, Menschen mit sexuellen Diversitäten und Umwelt- oder Friedensbewegte. Die Liste der vergessenen Gruppen ist unabschließbar, sie wurden immer zahlreicher und militanter. Ein prominentes Beispiel waren damals in den Vereinigten Staaten die Black Panthers.

Die Weltrevolution von 1968 (die faktisch in den Jahren 1966 bis 1970 stattfand) führte zu keiner politischen Veränderung des Weltsystems. In den meisten Ländern wurde die Bewegung unterdrückt, viele ihrer Teilnehmer verloren in späteren Jahren ihren jugendlichen Enthusiasmus. Sie hinterließ aber ein nachhaltiges Erbe. Die zentristischen Liberalen waren nicht mehr dazu imstande, ihre Version der Geokultur als die einzig legitime zu behaupten. Vertreter wirklich konservativer ebenso wie linksradikaler Ideologien traten wieder selbständig in Erscheinung und fingen an, eigene organisatorisch-politische Strategien zu verfolgen.

Die Folgen dieses kulturell-politischen Wandels für das Funktionieren des modernen Weltsystems waren gewaltig. Da er in einer kritischen Situation auftrat, was die Fähigkeit unablässiger Kapitalakkumulation betraf, war die politische Stabilität des Weltsystems nicht mehr durch die Vorherrschaft eines zentristischen Liberalismus garantiert, der allen eine bessere Zukunft versprach, wenn man nur auf das politische Geschick derer vertraute, die sie letztendlich herbeiführen sollten.

Das nachfolgende Chaos

Die Weltrevolution von 1968 war ein ungeheurer politischer Erfolg. Die Weltrevolution von 1968 war auch ein ungeheurer politischer Misserfolg. Sie schien sich über den ganzen Globus zu verbreiten, war aber schon Mitte der 1970er Jahre fast überall ausgebrannt. Was wurde durch dieses Strohfeuer erreicht? Genau besehen nicht wenig. Der zentristische Liberalismus war als herrschende Ideologie des Weltsystems, als faktisch einzig legitime Ideologie entthront. Auch waren die Bewegungen der Alten Linken als Triebkräfte einer grundlegenden Veränderung ausgeschaltet. Doch der unmittelbare Triumphalismus der 68er-Revolutionäre, befreit von der Dominanz des zentristischen Liberalismus, erwies sich als oberflächlich und unnachhaltig.

Auch die globale Rechte war nun von jeder zentristisch-liberalen Bindung befreit. Sie nutzte die weltwirtschaftliche Stagnation und den Zusammenbruch der Alten Linken (und ihrer Regierungen) für eine Gegenoffensive, die wir als »neoliberale« (in Wirklichkeit durch und durch konservative) Globalisierung bezeichnen. Das Hauptziel war, alle während der Kondratieff-A-Periode erlangten Errungenschaften der unteren Schichten wieder einzukassieren. Die globale Rechte wollte die Produktionskosten senken, alle Formen des Sozialstaats abbauen und den amerikanischen Machtverlust innerhalb des Weltsystems stoppen. Ihre Offensive erreichte ihren Höhepunkt 1989. Das Ende der Sowjetherrschaft über die osteuropäischen Satellitenstaaten und die Auflösung der Sowjetunion selbst im Jahre 1991 ließ die globale Rechte triumphieren.

Die Offensive der globalen Rechten war ein voller Erfolg. Die Offensive der globalen Rechten war auch ein kompletter Misserfolg. Mit Beginn der weltwirtschaftlichen Stagnation in den 1970er Jahren (der Kondratieff-B-Phase) verlagerten kapitalistische Großproduzenten erhebliche Teile der Produktion in »Entwicklungs«-Regionen. So sehr aber die einheimische Mittelschicht dieser Länder davon profitierte, das Ausmaß der Kapitalakkumulation war, global gesehen, keineswegs so berauschend. Es entsprach nicht dem, was diese Unternehmen in der Periode von 1945 bis 1970 zu akkumulieren vermochten.

Um den globalen Mehrwert weiter im großen Stil aneignen zu können, mussten sich die Kapitalisten auf den Finanzsektor verlegen – was man die »Finanzialisierung« des Weltsystems nannte. Wie oben bemerkt, ist eine solche Finanzialisierung seit fünfhundert Jahren ein zyklisch wiederkehrender Grundzug des Weltsystems.

Was die Kapitalakkumulation seit den 1970er Jahren in Gang hielt, war die Abwendung von der Gewinnerzielung durch wirtschaftliche Produktion hin zur Gewinnerzielung durch Finanzgeschäfte, sprich Spekulation. Der Grundmechanismus der Spekulation ist die Förderung des Konsums durch Verschuldung (was natürlich in jeder Kondratieff-B-Phase geschieht). Das Neue war aber das Ausmaß der Spekulationstätigkeit und die Raffinesse der neuen Finanzinstrumente. Auf die größte A-Phasen-Expansion in der Geschichte der kapitalistischen Weltwirtschaft folgte die größte Spekulationsmanie.

Es ist nicht schwer, die sukzessiven Verschuldungsoffensiven nachzuverfolgen, die jedesmal zu einer Blase führten, bevor diese platzte. Die erste größere waren die von der OPEC herbeigeführten Ölpreissteigerungen in den Jahren 1973 und 1979. Sie wurden nicht etwa von den radikalen OPEC-Staaten betrieben, sondern von Saudi-Arabien und dem Iran (unter dem Schah-Regime), den zwei engsten US-Verbündeten. Es gab lange Grund zu der Annahme, dass die Vereinigten Staaten ihre Maßnahmen unterstützten.

Die finanziellen Folgen der steigenden Ölpreise waren jedenfalls klar. Eine Geldschwemme ergoss sich in die Tresore der OPEC-Länder. Das hatte eine zweifach negative Auswirkung auf die nicht-ölexportierenden Staaten des Südens und des sozialistischen Blocks. Sie mussten für ihr Öl und für alle darauf basierenden Produkte teurer bezahlen, und durch die Rezession in Nordamerika und Westeuropa gingen ihre Exporteinnahmen zurück. Die Zahlungsbilanzprobleme dieser Länder führten zu Unruhen in der Bevölkerung.

Die OPEC-Länder konnten den gesamten Einkommenszuwachs nicht unmittelbar verwenden und deponierten den Rest bei westlichen Banken. Die Banken offerierten den Ländern des Südens und des sozialistischen Blocks Kredite zur Behebung ihrer Zahlungsbilanzprobleme. Sie wurden von fast allen gern angenommen. Es fiel diesen Ländern aber schwer, ihre Kredite zurückzuzahlen. Das führte schließlich zu der sogenannten Schuldenkrise. Sie wurde durch die Zahlungsunfähigkeit Mexikos im Jahre 1982 publik, begann aber schon 1980 mit der Beinahe-Zahlungsunfähigkeit Polens. Die von der polnischen Regierung durchgesetzten Sparmaßnahmen zur Bedienung der Schulden waren der Auslöser für Solidarność.

Die nächste Gruppe von Schuldnern war die Reihe der Großkonzerne, die, beginnend in den 1980er Jahren, zur Behebung ihrer Liquiditätsprobleme die berühmten Junk Bonds (Schrottanleihen) ausgaben. Das führte zu räuberischen Übernahmen durch Investoren, die den materiellen Wert der Unternehmen zu Geld machten. Die 1990er Jahre erlebten den Beginn einer extensiven Privatverschuldung, besonders im Norden, die durch Kreditkarten und später Immobilienanleihen entstand. Die erste Dekade des 21. Jahrhunderts erlebte den kräftigen Anstieg der öffentlichen Verschuldung in den Vereinigten Staaten, resultierend aus der Verbindung von gewaltigen Kriegskosten und einer massiven Verminderung des Steueraufkommens. Mit dem Zusammenbruch des amerikanischen Immobilienmarkts im Jahr 2007 nahm die Weltpresse und die Weltpolitik öffentlich Notiz von einer »Krise«, von den Bemühungen zur »Rettung« der Banken und, im Falle der USA, zum Drucken von Geld. Dem folgte der sich ausweitende Kreislauf der Staatsverschuldungen, mit dem allgemeinen Zwang zu Austeritätsmaßnahmen, die zum Abbau der Schulden gleichzeitig die zahlungskräftige Nachfrage reduzierten.

Die erste Dekade des 21. Jahrhunderts erlebte auch die geographische Verlagerung der Kapitalinvestition. Der Aufstieg der sogenannten Schwellenländer, besonders der BRICS (Brasilien, Russland, Indien, China und Südafrika), gehört zu den Formen eines langsamen Umbaus der Hierarchie des modernen Weltsystems, der sich immer wieder beobachten ließ. Das setzt allerdings voraus, dass es innerhalb des Systems Raum für neue führende Industrien gibt, was durch die allgemeine Profitklemme kontraindiziert wird. Der Aufstieg der BRICS vergrößerte stattdessen die Zahl der Teilhaber am globalen Mehrwertkuchen. Die Möglichkeiten unablässiger Kapitalakkumulation werden dadurch nicht ausgeweitet, sondern verringert, und es verstärkt die Strukturkrise des Weltsystems, statt ihr entgegenzuwirken. Noch dazu wird durch die heute so verbreiteten Austeritätsmaßnahmen die Abnehmerbasis für die Exporte der BRICS reduziert.

Das wahrscheinlichste finanzielle Resultat der wirtschaftlichen Turbulenzen wird das Ende des US-Dollar als globaler Leitwährung sein, gefolgt nicht etwa von einer anderen Währung in gleicher Funktion, sondern von einem globalen Währungspluralismus mit der Möglichkeit flexibler Wechselkurse – ein weiterer Anlass, die Finanzierung neuer wirtschaftlicher Produktionstätigkeit einzufrieren.

Gleichzeitig wurde der Verfall der US-Hegemonie irreparabel nach dem Rückschlag, der in den Jahren 2001 bis 2006 von der Administration des Präsidenten George W. Bush durch das politisch-militärische Fiasko des neokonservativen Programms eines unilateralen militärischen Machismus verursacht wurde. Das Ergebnis war eine multipolare Welt, in der acht bis zehn Machtzentren stark genug sind, um mit anderen Zentren relativ autonom zu verhandeln. Es gibt aber nun zu viele Machtzentren. Eine Folge ist der ständige Versuch geopolitischer Realignments, weil jedes dieser Zentren seinen größtmöglichen Vorteil sucht. Markt- und Währungsschwankungen werden damit verstärkt durch wechselnde Machtbündnisse.

Das Grundlegende ist die Unvorhersehbarkeit, auf nicht nur mittlere, sondern sehr lange Sicht. Sozialpsychologische Konsequenz dieser Unwägbarkeit war Verwirrung, Ärger, Politikerschelte und vor allem akute Angst. Diese Angst führt zur Suche nach politischen Alternativen, die vorher undenkbar waren. Die Medien nennen es Populismus, aber dieses Schlagwort ist entschieden zu einfach. Manche lenken die Angst auf irrationale Sündenböcke. Andere wenden sich unreflektiert tief eingefleischten Vorstellungen zu, mit denen sie sich die Mechanismen des modernen Weltsystems erklären. Das zeigt sich in den Vereinigten Staaten am Gegensatz von Tea-Party-Bewegung und Occupy Wall Street.

Das Hauptproblem jeder Regierung in aller Welt – von den USA bis nach China, von Frankreich bis Russland oder Brasilien, von den schwächeren Regierungen auf der Weltbühne ganz zu schweigen – ist heute die Abwendung eines Aufstands von Beschäftigungslosen im Verbund mit den Mittelschichten, die um ihre Ersparnisse und Renten bangen. Eine Reaktion bestand darin, dass alle Regierungen protektionistisch wurden (was sie zugleich vehement dementierten). Ein Grund für diesen protektionistischen Schub ist der Wunsch, mit allen Mitteln und um gleich welchen Preis an kurzfristiges Geld zu kommen. Weil Protektionismus kein Mittel gegen die Arbeitslosigkeit ist, werden sie auch zunehmend repressiv.

Diese Verbindung von Austerität, Repression und der Suche nach kurzfristigem Geld verschlimmert noch die globale Situation. Das System blockiert sich dadurch immer mehr selbst. Stillstand wiederum führt zu immer wilderen Fluktuationen, so dass kurzfristige Vorhersagen – wirtschaftlicher wie auch politischer Art – immer unsicherer werden. Das verschärft wiederum die Ängste und Verirrungen in der Bevölkerung. Es ist ein Teufelskreis.

Der politische Kampf um das Nachfolgesystem

Die Frage, vor der die Welt heute steht, ist nicht, wie die Regierungen den Kapitalismus so reformieren können, dass er wieder imstande wäre zur unablässigen Kapitalakkumulation. Das ist nicht mehr möglich. Die Frage ist also, was dieses System ersetzen wird. Und das ist eine Frage sowohl für das eine Prozent wie auch für die 99 Prozent, um es in der seit 2011 üblichen Sprache zu sagen. Natürlich wird nicht jeder dem zustimmen oder es so formulieren. Die meisten nehmen immer noch an, dass das System nach den alten Regeln, vielleicht nach deren Verbesserung, weiterbestehen wird. Das ist nicht falsch. In der jetzigen Situation wird allerdings die Strukturkrise durch die Anwendung der alten Regeln verschärft.

Es gibt aber Akteure, die sich dieser Strukturkrise durchaus bewusst sind. Sie sind sich bewusst, dass wir das jetzige System zwar nicht aufrechterhalten, wohl aber darüber entscheiden können, welchen Weg die Welt einschlägt, welches neue System sie entwickeln wird. Ob wir es zur Kenntnis nehmen oder auch nicht, wir leben bereits im Kampf um das Nachfolgesystem. Auch wenn Komplexitätsstudien das Ergebnis einer solchen »Bifurkation« für unvorhersehbar halten, sind die Möglichkeiten, zwischen denen die Welt sich entscheiden wird, durchaus klar. Sie lassen sich in groben Zügen beschreiben.

Ein neues stabiles System könnte eines sein, das die Grundzüge des jetzigen aufrechterhält: Hierarchie, Ausbeutung und Polarisierung. Der Kapitalismus ist bei weitem nicht das einzige System, das solche Züge tragen kann, und das neue könnte weit schlimmer sein. Die logische Alternative ist ein System, das relativ demokratisch und egalitär ist. Ein solches System hat es noch nie gegeben, es ist eine bloße Möglichkeit. Natürlich kann niemand von uns in allen institutionellen Details beschreiben, wie die eine oder andere Alternative aussehen wird. Ihre Gestalt formt sich aus, wenn das neue System ins Leben tritt.

Ich habe die beiden Möglichkeiten symbolisch den »Geist von Davos« und den »Geist von Porto Alegre« genannt. Die Namen sind als solche unwichtig. Was wir untersuchen müssen, sind die möglichen organisatorischen Strategien der beiden Seiten in diesem Kampf, der mehr oder weniger in den 1970er Jahren begann und aller Wahrscheinlichkeit nach bis etwa 2040 oder 2050 andauern wird.

Die politischen Kämpfe in einer Strukturkrise haben zwei Grundmerkmale. Erstens hat sich die Situation gegenüber dem »normalen« Funktionieren eines historischen Systems von Grund auf gewandelt. Während des »normalen« Lebens gibt es einen starken Druck zur Rückkehr ins Gleichgewicht. Das ist das »Normale« daran. In einer Strukturkrise sind aber die Schwankungen groß und konstant, und das System entfernt sich immer weiter vom Gleichgewicht. Darin besteht die strukturelle Krise. In »normalen« Zeiten können deshalb »Revolutionen« noch so radikal sein, ihre Wirkung ist begrenzt. In einer Strukturkrise hingegen haben kleine gesellschaftliche Mobilisierungen sehr große Wirkungen. Das ist der sogenannte Schmetterlingseffekt, bei dem der freie Wille sich über den Determinismus hinwegsetzt.

Das zweite politisch signifikante Merkmal einer Strukturkrise ist, dass sich kein alternativer »Geist« so organisieren lässt, dass eine kleine Gruppe ihre Aktionen vollständig bestimmen kann. Es gibt alle möglichen Akteure, die unterschiedliche Interessen vertreten, verschiedene kurzfristige Taktiken propagieren. Zwischen ihnen lässt sich eine Abstimmung schwer herstellen. Auch müssen die Aktivisten auf jeder Seite die nötige Energie aufwenden, um die stets größere Gruppe potentieller Anhänger von ihren Aktionen zu überzeugen. Nicht nur das System ist chaotisch, auch der Kampf um das Nachfolgesystem.

Was wir bisher erkennen können, sind die Strategien, die sich in der Praxis herausgeschält haben. Das Lager des »Geistes von Davos« ist tief gespalten. Eine Gruppe befürwortet unmittelbare und langfristige Repression und hat ihre Mittel in den Aufbau einer bewaffneten Organisation gesteckt, um Opposition zu zerschlagen. Es gibt aber auch eine andere Gruppe, die Repression auf lange Sicht für unwirksam hält. Sie befürwortet die Lampedusa-Strategie, alles zu verändern, damit alles beim Alten bleibt. Man spricht von Meritokratie, grünem Kapitalismus, mehr Gerechtigkeit, mehr Vielfalt und einem offenen Ohr für die Rebellischen – alles im Geiste der Abwendung eines Systems, das auf mehr Demokratie und Gleichheit beruht.

Das Lager des »Geistes von Porto Alegre« ist genauso gespalten. Es gibt diejenigen, deren Strategie für die Übergangsperiode ihr Bild von der zu schaffenden Welt widerspiegelt. Diese Form nennt sich auch »Horizontalismus«. In der Praxis geht es um möglichst viel Diskussion und um einen Konsens, der Menschen unterschiedlicher Herkunft und mit unterschiedlichen unmittelbaren Interessen eint. Es ist das Bemühen, eine funktionale Dezentralisierung der Bewegung und der Welt herzustellen. Diese Gruppe betont auch die vielbeschworene »Zivilisationskrise«. Gemeint ist eine Ablehnung des Grundaxioms wirtschaftlichen Wachstums zugunsten eines vernünftigen Gleichgewichts gesellschaftlicher Ziele, die zu mehr Demokratie und Gleichheit führen.

Dagegen formiert sich die Gruppe derer, für die eine vertikale Organisation im Kampf um politische Macht eine unabdingbare Voraussetzung ist, wenn man sich nicht zum Scheitern verurteilen will. Diese Gruppe betont auch die Notwendigkeit eines kurzfristigen ökonomischen Wachstums in den heute »unterentwickelten« Weltregionen, um die nötigen Mittel für eine Umverteilung zu haben.

Das Bild ist also weniger das eines bloßen Kampfs zweier Seiten, sondern das eines politischen Felds, in dem vier Gruppen agieren. Das macht es für alle verwirrend. Die Verwirrung ist eine zugleich intellektuelle, moralische und politische. Und das verstärkt die Ungewissheit des Ausgangs.

Diese Ungewissheit vergrößert schließlich auch die kurzfristigen Probleme des bestehenden Systems. Sie ist gleichermaßen erregend (durch das Gefühl, dass Handeln etwas verändern kann) und lähmend (durch den Eindruck, dass wir doch nichts bewegen, weil die kurzfristigen Folgen so unsicher sind). Das gilt sowohl für die Nutznießer des bestehenden Systems (die Kapitalisten) als auch für die breiten Unterschichten.

Das moderne Weltsystem, in dem wir leben, kann also, um es zusammenzufassen, nicht weiterbestehen, weil es sich vom Gleichgewicht zu weit entfernt hat und den Kapitalisten nicht mehr die Möglichkeit gibt, unablässig Kapital anzuhäufen. Auch haben die Unterschichten den Glauben verloren, dass die Geschichte auf ihrer Seite steht und die Welt ihren Enkeln gehört. Wir leben in einer Strukturkrise, in der es einen Kampf um das Nachfolgesystem gibt. Auch wenn der Ausgang nicht vorhersehbar ist, können wir sicher sein, dass in den kommenden Jahrzehnten die eine oder die andere Seite gewinnt und dass ein neues, einigermaßen stabiles Weltsystem hergestellt wird (oder ein Komplex von Weltsystemen). Was wir tun können, ist, die historischen Optionen zu analysieren, unsere moralische Entscheidung zu treffen, worin der bessere Ausgang besteht, und politisch die bestmöglichen Strategien abzuwägen, um dorthin zu gelangen.

Die Geschichte steht auf niemandes Seite. Wir können falsch einschätzen, was zu tun ist. Da der Ausgang seinem Wesen nach, und nicht nur dem Anschein nach, unvorhersehbar ist, haben wir bestenfalls eine 50-prozentige Chance auf das Weltsystem, das uns lieber ist. Aber 50 Prozent ist nicht wenig.

Das Ende der Mittelschichtarbeit: Keine weiteren Auswege

Randall Collins

Ein altes Strukturproblem des Kapitalismus tritt heute in den Vordergrund – die Verdrängung von Arbeit durch Maschinerie, die in den letzten zwanzig Jahren die Form von Computerisierung und Informationstechnologie annahm. Sie hat sich beschleunigt und bedroht inzwischen die Existenz der Mittelschicht. Meine These ist nicht neu. Schon bei Marx gibt es einen Mechanismus der Verdrängung von Fabrikarbeit durch Maschinerie, auch wenn er in seiner Theorie mit anderen Mechanismen wie Krisenzyklen, sinkender Profitrate oder – in heutigen neomarxistischen Theorien – Finanzkrise und Finanzialisierung verbunden ist. Ich will aber zeigen, dass der Prozess technologischer Rationalisierung ab einem gewissen Punkt von selbst, ohne die anderen Prozesse der Marxschen oder neomarxistischen Theorie, die langfristige und womöglich endgültige Krise des Kapitalismus herbeiführt.

Konjunkturzyklen können zeitlich verschwommen und undeutlich oder in ihren Schwankungen sehr unterschiedlich sein, genauso wie auf globaler Ebene die Kondratieff-Wellen oder die Hegemoniezyklen des Weltsystems. Finanzkrisen können zufällig und durch richtige Politik abwendbar sein. Egal – die Strukturkrise der technologischen Arbeitslosigkeit geht über Zyklen und Finanzblasen hinweg. Sie bedroht im Grunde die Zukunft des Kapitalismus. Ja, es gibt kurzfristige Krisen, die durch finanzielle, zyklische oder andere Mechanismen bestimmt sind; aber was ich hier betrachten will, ist ein langfristiger Strukturwandel, der mit großer Wahrscheinlichkeit dem Kapitalismus in den nächsten dreißig bis fünfzig Jahren ein Ende macht.

Ich erhebe keinen Anspruch auf der Reinheit oder Authentizität der Lehre, die ich von Marx entlehne. Die heutige Soziologie glaubt, wenn überhaupt, an vielfältige Prozesse, vielfältige Ursachen und vielfältige Paradigmen, wenn sie sich mit den von ihr betrachteten Weltausschnitten beschäftigt. In einer wichtigen Hinsicht hat in der Soziologie Weber über Marx triumphiert; wir sprechen heute alle von der wechselseitigen Durchdringung von Klasse, Politik und Kultur, einschließlich Gender. Trotzdem gibt es Momente, in denen das Grundmerkmal des langfristigen Strukturwandels zum Problem wird – vor allem das einer strukturellen Krise. Hier scheint mir bei all unserer Multidisziplinarität und Wertschätzung kultureller Vielfalt eine bestimmte theoretische Linie allen anderen haushoch überlegen zu sein, wenn wir uns damit beschäftigen wollen, worin die Mechanismen der Krise bestehen und welche Richtung der langfristige Strukturwandel nimmt. Die Theorie, die ich stark machen will, ist eine abgespeckte Version der grundlegenden Einsicht, die Marx und Engels schon in den 1840er Jahren formuliert hatten.

Es handelt sich in der Tat um einen abgespeckten Marxismus – ohne Arbeitswerttheorie, ohne Bezug auf die Enteignung der Arbeit von ihren Produktionsmitteln, ohne entfremdetes Gattungswesen. Sie erhebt keine ontologischen Ansprüche und geht von keiner die Krise am Ende aufhebenden Befreiung aus. Ich habe sie reduziert auf eine Theorie der ökonomischen Langzeitkrise; wir müssen andere Linien der Soziologie heranziehen, um zu beantworten, was als Reaktion auf die Krise geschieht und was sich danach politisch und gesellschaftlich entwickeln wird. Es ist auch keine Theorie der Eroberung der Staatsmacht als Resultat der ökonomischen Krise, geschweige denn eine der Revolution – auch wenn ich am Schluss erörtern werde, was Soziologen über die Ursachen politischer Revolutionen gelernt haben. Und obwohl sie die Zukunft des Sozialismus berührt, ist es keine Theorie des Sozialismus und der Frage, wie er in Zukunft besser funktionieren könnte. Nein, es ist zuerst und vor allem eine Krisentheorie.

Technologische Rationalisierung ist die Einsparung von Arbeit mittels organisatorisch-betrieblicher Innovationen, die dazu führen, dass weniger Beschäftigte zu geringeren Kosten mehr produzieren. Nach Marx und Engels müssen die Kapitalisten um höheren Profit konkurrieren, wenn sie nicht vom Markt verdrängt werden wollen. Weil arbeitssparende Maschinerie Arbeiter ersetzt, steigt aber die Arbeitslosigkeit und die Nachfrage sinkt. Die Technik verspricht Wohlstand, nur lässt sich das potentielle Produkt nicht verkaufen, weil zu wenige über das nötige Einkommen verfügen, um es zu kaufen. Aus dieser strukturellen Grundtendenz leiteten Marx und Engels den Sturz des Kapitalismus zugunsten des Sozialismus ab.

Warum ist dies in den 160 Jahren des Bestehens dieser Theorie nicht geschehen? Wenn sozialistische Regime an die Macht kamen, war es bekanntlich nicht die kapitalistische Wirtschaftskrise, die zu ihrer Machtübernahme geführt hat, genauso wenig wie zu ihrem Machtverlust. Es gab mit anderen Worten keinen endgültigen kapitalistischen Zusammenbruch durch technologische Arbeitslosigkeit. Marx und Engels konzentrierten sich auf die Verdrängung der Arbeit der Arbeiterklasse, sie sahen nicht den Aufstieg der gewaltigen Mittelschicht von Angestellten voraus – von Verwaltungs- und Büroangestellten oder akademischen Fachkräften. Hier liegt für mich der Grund für die Wiederkehr der technisch-rationalisierungsbedingten Krise. Bis in die 1980er und 1990er Jahre ersetzte die Mechanisierung hauptsächlich Handarbeit. Im jüngsten Technologieschub erleben wir nun die Rationalisierung der Verwaltungsarbeit, mit einer Schrumpfung der Mittelschicht. Die Informationstechnologie ist die Technik der Kommunikation, und sie hat zur zweiten großen Ära der Einsparung von Arbeit geführt, zur Rationalisierung der von Mittelschicht-Angestellten verrichteten Kommunikationsarbeit. Die Mechanisierung ist heute verbunden mit Robotisierung und Elektronisierung – ein weiterer hässlicher Begriff in der Liste derer, die auf unsere langfristige Zukunft vorausdeuten.

Da durch die Mechanisierung die Arbeiterklasse schrumpfte, wurde der Kapitalismus gerettet durch den Aufstieg der Mittelschicht. Heute dezimieren Computerisierung, das Internet und die Flut neuer mikroelektronischer Geräte die Mittelschicht. Kann der Kapitalismus diesen zweiten technologischen Rationalisierungsschub überstehen?

In der Vergangenheit hat der Kapitalismus für technisch-rationalisierungsbedingte Krisen vor allem fünf Auswege gefunden. Ich möchte zeigen, dass sie heute allesamt zu Sackgassen werden.

Ausweg 1: Neue Technologie schafft neue Arbeitsplätze und neuartige Beschäftigungsfelder

Technikpessimismus galt lange als kurzsichtig und verbohrt. Die Ludditen, die im Jahre 1811 die ihr Handwerk bedrohenden Maschinen stürmten, sahen nicht, dass ihr Produktionssystem einem Fabriksystem wich, das zu ungeheurem industriellen Wachstum führte und die Zahl der Fabrikarbeiter mehr als ein Jahrhundert lang anschwellen ließ. Die Mitte des 20. Jahrhunderts formulierte Modernisierungstheorie erklärte, dass die natürliche Entwicklungstendenz vom primären Sektor der Arbeit über den sekundären zum tertiären (also von der extraktiven über die industrielle zur Verwaltungs- oder Dienstleistungsarbeit) verläuft. Diese Theorie war aber nur eine empirische Verallgemeinerung, die auf einer bestimmten Geschichtsepoche beruht; es ist nicht gesagt, dass dieser Prozess ewig fortschreiten wird. Die landwirtschaftliche Arbeit ist von der großen Mehrheit aller Arbeitsplätze auf einen Anteil von etwa 1 Prozent in den heutigen entwickelten Ökonomien geschrumpft, die Fabrikarbeit von rund 40 Prozent auf etwa 15 Prozent oder weniger. Diese Zahlen bezeichnen die Größenordnung dessen, was technische Rationalisierung bewirken kann. Ein ähnlicher Abbau im Verwaltungs- der Dienstleistungssektor ist wahrscheinlich.

Schumpeter, der Theoretiker der kapitalistischen Innovation, erklärt, dass neue Produkte – die Hauptquellen des Profits – durch eine neue Kombination der Produktionsfaktoren auf den Markt gebracht werden; dieser Vorgang beinhalte stets eine »produktive Zerstörung«. Schumpeterianische Ökonomen stützen sich aber nur auf eine Extrapolation vergangener Trends, wenn sie behaupten, dass die Zahl der Arbeitsplätze, die von neuen Produkten geschaffen werden, die Arbeitsplätze ersetzen kann, die durch die Zerstörung der alten Märkte verlorengingen.

Keine dieser Theorien berücksichtigt die Rationalisierung der Kommunikationsarbeit – die doch der Ausweg war, durch den in der Vergangenheit neue Beschäftigung als Ausgleich für den Verlust der alten entstand. Wenn Telefonistinnen oder Schreibkräfte, hieß es, ihre Arbeitsplätze an automatisierte und computerisierte Systeme verlieren, entsteht eine gleich große Zahl von Arbeitsplätzen für Software-Entwickler, Computertechniker und Handyverkäufer. Niemand hat aber gezeigt, aus welchen theoretischen Gründen diese Zahl gleich groß sein soll; erst recht nicht, warum die Automation dieser Kommunikationstätigkeiten – zum Beispiel durch Online-Shopping – nicht die Zahl der Büroarbeitskräfte senken kann.

Die technische Rationalisierung schreitet vor unseren Augen voran. In den Läden wurden in den letzten Jahren Kassiererinnen durch SB-Kassen ersetzt, ein Einschnitt in einen der größten Dienstleistungs-Beschäftigungssektoren der unteren Mittelschicht. Auf einer höheren Qualifikationsstufe verschwinden Arbeitsplätze von Journalisten durch die Verkleinerung oder Einstellung von Zeitungen, bewirkt durch die Konkurrenz der Online-Nachrichten – die ihrerseits durch ein kleines Häuflein bezahlter Journalisten und eine große Zahl unbezahlter Amateurblogger produziert werden.

Die Computerisierung der Mittelschichtarbeit wird durch die Schaffung neuer Jobs nicht kompensiert. Es entstehen neue Arbeitsplätze, sie entsprechen aber weder der Anzahl der vernichteten, noch gleichen sie den Einkommensverlust aus. Das ist der Grund, warum Umschulungsmaßnahmen die strukturelle Arbeitslosigkeit nicht verringern konnten. Computerisierung und Internet brachten neue Tätigkeitsfelder hervor – Software- oder Webseitenentwicklung, zahlreiche Online-Informations- und Beratungsdienstleistungen am häuslichen Arbeitsplatz. Letztere werden schlecht bezahlt – was nicht erstaunlich ist bei ihrer leichten Zugänglichkeit für eine wachsende Zahl von Wettbewerbern, die ihre Dienste vielfach kostenlos anbieten. Die Informationstechnologie (IT) bringt zwar neue Tätigkeiten hervor, schafft aber keine bezahlten Arbeitsplätze im gleichen Maße, wie sie diese vernichtet. Der Stellenabbau im Journalismus lässt sich nicht durch die Ausbreitung von Meinungsblogs auffangen.

Wenn man nur die durch IT geschaffenen Arbeitsplätze im Vergleich zu den durch IT vernichteten betrachtet und die Trends für eine Reihe von Jahrzehnten extrapoliert, ist es dann plausibel, dass irgendwann 70 Prozent der weltweit Beschäftigten oder mehr Programmierer und Software-Entwickler sind? Man bedenke, dass die Computerisierung noch jung ist; sie steckt nicht mehr in den Kinderschuhen, ist aber auch nicht voll und ganz ausgereift. Die Metapher ist übertrieben biologisch, aber der Punkt ist, dass eine noch raffiniertere Digitalisierung ins Haus steht – eine Künstliche Intelligenz, in der Maschinen höhere kognitive Prozesse von Menschen übernehmen. Wenn das Programmieren selbst von Computern übernommen wird, genauso wie die Entwicklung neuer Anwendungen, ist die Verdrängung der Mittelschichtarbeit fast perfekt. Arbeitsplätze für Programmierer werden kein Ausweg mehr sein. Sie waren nie ein Ausgleich für die Zahl verlorener Arbeitsplätze, und mit der Zeit wird der Umfang geschaffener Arbeitsplätze im Vergleich zu der Arbeit, die von Computern übernommen wird, zu einem immer kleineren Spalt – einem mehr und mehr sich verengenden Lichtstrahl am Ende des Tunnels.

In einer hochentwickelten Ökonomie wie den Vereinigten Staaten sind die Arbeitsplätze im Dienstleistungssektor angewachsen auf etwa 75 Prozent der Gesamtarbeitskraft, was auf den Rückgang bei industriellen und landwirtschaftlich-extraktiven Beschäftigungen zurückzuführen ist (Autor/Dorn 2013). Der Dienstleistungssektor wird aber seinerseits komprimiert durch die IT-Ökonomie, die kaum mehr als fünfundzwanzig Jahre alt ist. Verkaufstätigkeiten werden rapide automatisiert durch digitale Datenübertragung und Online-Shopping; in konventionellen Geschäften werden Kassiererinnen durch elektronische Scanner ersetzt. Auch Führungspositionen werden mit dem Einsatz Künstlicher Intelligenz unter zunehmenden Druck geraten.

Dieser Prozess der Ersetzung von Menschen durch Computer und andere Maschinen kann von sich aus nie zu einem Abschluss kommen. Die Verdrängung menschlicher Arbeit schreitet voran, nicht nur in den nächsten hundert, auch in den nächsten tausend Jahren – wenn nicht etwas von außen geschieht, was den für diesen Prozess grundlegenden Mechanismus verändert: den kapitalistischen Wettbewerb.

Die künftige Computerwelt muss nicht die von Orwells »1984« sein, wo Hochtechnologie zur Überwachung und Kontrolle in einem autokratischen Staat eingesetzt wird. Was Orwell übersehen hat, war die ökonomische Dimension – dass elektronische Hochtechnologie nicht nur die Politik beeinflusst, sondern auch die Beschäftigungssituation. Wie in der attraktiveren Zukunftsversion der Weltraumabenteuer oder Science-Fiction-Filme stellt sich nie die Frage, wer eigentlich die Computer und Roboter besitzt. In der realen Welt lautet die Antwort: Die großen Computersysteme werden im Besitz großkapitalistischer Eigner sein (und sind es bereits). Hard- und Softwareproduktion ist kapitalistisches Geschäft. Die populären Kommunikationskonzerne (Facebook, Google, Amazon, Twitter und wie sie in den kommenden Jahrzehnten alle heißen werden) folgen demselben Muster wie die historische Entwicklung jedes anderen kapitalistischen Geschäfts: rasche Innovation in Verbindung mit weiteren Innovationen, immer mehr Wettbewerber, Verdrängung vieler durch das Wachstum weniger, investitionsfreudige Finanzmärkte, dann finanzieller Druck und Zusammenbruch früherer Marktführer. Die Konsolidierung zu Oligopolen entwickelt sich im IT-Zeitalter genauso wie in früheren Schüben neuer Technologie. Da die IT-Epoche ganz neu ist, ist noch nicht klar, ob der Zug zum Oligopol anders verläuft als im Eisenbahn- oder Automobilzeitalter; bisher scheint das Tempo viel höher zu sein.[1]

Man könnte einwenden, dass es sich mit der Informationstechnologie anders verhalte. Die Computerisierung sei nicht nur Sache von Großkonzernen und Arbeitgebern, sie werde ja auch von den Menschen genutzt und begrüßt. Nicht nur Kapitalisten besäßen einen Computer, sondern wir alle. Das ist, als hätte man 1925 oder 1955 gesagt: Autos sind nicht nur eine kapitalistische Industrie; da ich selbst eins besitze, habe ich die Freiheit, überall hinzufahren, auszubrechen, mich auf den Rücksitz zu legen oder die Autobahn herunterzudüsen. Die Begeisterung für Industrieprodukte gehört zur Erfolgsformel des Kapitalismus. Genießen Sie es, solange Sie können. Dass Sie überall und zu jeder Zeit tragbare Musik hören, Bilder und Texte posten, und was der moderne Verbraucher mit IT-Konsumgeräten sonst noch tun kann – all das sagt nichts darüber aus, ob es für Menschen wie Sie eine Beschäftigung gibt. Die Popularität von Automobilen war nicht nur ein Konsumvergnügen, sie entsprach einer Industrie, die jahrzehntelang für eine große Zahl gut-

---

1 Das ist für die Hauptfrage nach der Wegrationalisierung der Mittelschicht nur ein Nebenaspekt; solange diese voranschreitet, ist es nicht besonders wichtig für die Langzeitkrise des Kapitalismus, ob es einen hohen Oligopolisierungsgrad gibt oder nicht.

bezahlter Arbeitsplätze gesorgt hat. Inzwischen haben technische Rationalisierung und kapitalistische Konzentration die Zahl der Arbeitsplätze in der Automobilindustrie drastisch heruntergefahren. Die ganzen elektronischen Geräte, die heute unsere Aufmerksamkeit fesseln und unsere Begeisterung wecken, können die kapitalistische Krise nicht wegklicken, wenn ihre Konsumenten keine Arbeit finden. Am Ende können wir sie nicht mehr kaufen und ihre Hersteller werden sie nicht mehr los. So sähe die tiefe, strukturelle Krise des Kapitalismus aus.

Ausweg 2: Geographische Ausdehnung der Märkte

Wir begreifen die Ausweitung des Marktes als Globalisierung, aber Globalisierung ist nur eine quantitative Differenz, keine qualitative. Auch innerhalb der Staatsgrenzen dehnten sich Märkte auf Regionen aus, die ein bestimmtes Produkt noch nicht kannten; die lokalen Gegebenheiten waren gewinnträchtig für den auswärtigen Neuerer. Geographische Ausbreitung geht einher mit Produktinnovation, hält aber die Existenz von Marktgrenzen aufrecht. Dynamische Märkte hatten immer den Reiz des Neuen, das kulturelle Prestige, ein Zentrum oder auf der Höhe der Zeit zu sein, oder den negativen Geruch, aus der Rückständigkeit herauszuwollen. Die liberale Auffassung dieses Mechanismus ist – auf globaler oder zwischenstaatlicher Ebene – die Modernisierungs- oder Entwicklungstheorie: Jeder Teil der Welt durchläuft nacheinander die verschiedenen Stufen, bis alle zu voll entwickelten Dienstleistungsökonomien geworden sind. Wir erleben dies gegenwärtig, wie es heißt, in Indien und China; die großen Nationen der Dritten Welt befänden sich unaufhaltsam auf dem Weg in die Moderne.

Die neomarxistische Version dieses Prozesses ist die Weltsystemtheorie (Arrighi 1994; Chase-Dunn 1989; Wallerstein 2012 [1974ff]). Sie ist eine weniger optimistische Auffassung der geographischen Ausbreitung kapitalistischer Märkte: Globale Marktbeherrschung wird durch militärische Macht gestützt, das hegemoniale Zentrum exploitiert über den Transmissionsgürtel semiperipherer Regionen die Arbeit oder die Rohstoffe der Peripherie. Die Weltsystemtheorie verkompliziert das Modell durch eine Abfolge von Hegemonien, die durch große Kriege markiert werden, verbunden mit langen Kondratieff-Wellen eines Auf- und Abschwungs der Weltmärkte. Diese Zyklen aufeinanderfolgender Hegemonien – Spanien, Holland, Großbritannien, USA, möglicherweise China – erreichen aber zwangsläufig ein Ende, wenn die Peripherie aufgesaugt und jede Weltregion vollständig in den kapitalistischen Markt integriert ist. Es gibt dann keine weiteren Druckventile, keine Regionen, die sich noch ausbeuten ließen; der kapitalistische Profit trocknet aus.

Ich lasse die prognostischen Qualitäten der Weltsystemtheorie beiseite und möchte hervorheben, dass die Globalisierung der Märkte heute die Arbeitsplätze der Mittelschichten bedroht. Durch die Internettechnologie konkurrieren Angestellte in Indien oder wo auch immer um Jobs im computerisierten Dienstleistungsbetrieb kapitalistischer Kernregionen. Waren früher Mittelschichtbeschäftigte vor Wettbewerb stärker geschützt als Handarbeiter, so ist das heute nicht mehr der Fall; durch das Internet kann ein viel größerer Pool an Arbeitskräften vorhandene Jobs übernehmen, zumal dann, wenn sie nicht leibhaftig an einen entfernten Arbeitsplatz umsiedeln müssen. Die heutige Globalisierung beinhaltet auch einen viel schnelleren Reiseverkehr. Management- und Fachkräfte jetten mit ihren Kompetenzen und ihrem Verhandlungsgeschick an Unternehmensstandorte in aller Welt; auf diese Weise wird die Arbeit der oberen Mittelschicht zu einem einzigen homogenen Arbeitsmarkt, was die Aussichten auf billigere Managementkosten steigen lässt und sogar anspruchsvolle technokratische Arbeit verdrängt. Größere Vernetzung führt zu größerer Jobkonkurrenz und nagt an den Gehältern der Mittelschicht. Dieser Prozess ist relativ neu; der Jet-Set-Boom der letzten Jahrzehnte macht die obere Mittelschicht anfällig für den gleichen Verdrängungsprozess, den die Rationalisierungsexperten ihren Angestellten bescherten. Hochqualifizierte Fachkräfte und Spezialisten sehen sich einer in weit stärkerem Maße wettbewerbsorientierten und unsicheren Existenz ausgesetzt als zu der Zeit, in der sie noch durch nationale Enklaven geschützt waren.

Früher lieferte die internationale Migration billige Arbeit für die Industriezentren, in jüngerer Zeit auch für die unteren Ebenen moderner

Dienstleistungsökonomien, wodurch die Arbeiterklasse der reicheren Nationen ausgehöhlt wurde. Heute, wo die Kommunikationstechnologie kulturelles Kapital gleichförmiger rund um den Globus verbreitet, wird die Arbeit der Mittel- und oberen Mittelschicht unterhöhlt.

Ausweg 3: Metamärkte im Finanzsektor

Wenn die Arbeit der Arbeiterklasse und nun auch der Mittelschicht durch technologische Rationalisierung verlorengeht, kann der Betrieb dann wieder in Schwung kommen, wenn jeder zum Kapitalisten wird? Dieses Argument kam auf, als amerikanische Arbeitnehmer-Pensionskonten anfingen, eine wichtigere Rolle für die Finanzmärkte zu spielen, und als Finanzdienstleister durch die aggressive Vermarktung von Geldanlagen in einem größeren Kundenkreis expandierten. In Ländern wie den Vereinigten Staaten, wo Wohneigentum weitverbreitet ist, wurde es durch die Inflation der Immobilienpreise möglich, nicht nur damit zu spekulieren, sondern aus aufgeblähten Immobilienpreisen auch Kapital in Form von Bargeld für Konsumausgaben zu schlagen. Diese Finanzgeschäfte gehörten zu den unmittelbaren Ursachen für die jüngste Wirtschaftskrise, besonders für den Finanzcrash von 2008.

Ich sage nicht, dass unsere heutigen Probleme der Anfang vom Ende des Kapitalismus sind. Wir werden aus dieser Krise, wie schon aus anderen, kurzfristig herauskommen, mit allen möglichen langfristigen Schäden. Die Finanzkrise wurde breit diskutiert. Was ich hier untersuchen will, ist keine kurzfristige Krise, sondern der Beitrag der Finanzialisierung zur Verdrängung der Mittelschichtarbeit.

Die jüngsten Finanzmanipulationen sind Beispiele einer tieferen strukturellen Tendenz innerhalb des Kapitalismus: der Pyramidisierung von Metamärkten innerhalb der Finanzmärkte. Schon immer hat der Kapitalismus, seit er in seine Phase selbsttragenden Wachstums oder innengeleiteter Expansion eingetreten war, Märkte für materielle Güter und Dienstleistungen mit Märkten für Finanzinstrumente verbunden. Schumpeter bezeichnet den Unternehmerkapitalismus als Innovationstätigkeit »mittels geliehenen Geldes« (1961 [1939]: 234). Statische Märkte reproduzieren nur vorhandene Kapitalbestände und Arbeitskräfte, solange aus dem Reproduktionskreislauf nicht neue Kombinationen herausgeholt werden; das geschieht durch Anleihen auf die Zukunft. Der Geldmarkt ist deshalb für Schumpeter »das Hauptquartier der kapitalistischen Wirtschaft« (1912: 276), wo über neue Entwicklungsallokationen entschieden wird. Da das Finanzgeschäft seinem Wesen nach spekulativ ist, kann sein Verhältnis zur Realwirtschaft enorm variieren. In der dünnen Luft des Finanzsystems kann ein Vielfaches der tatsächlich in materiellen Gütern und Dienstleistungen gekauften und verkauften Werte kursieren; wir sehen es zum Beispiel an den gewaltigen Summen in der internationalen Währungsspekulation im Verhältnis zum BIP oder an den ungeheuer aufgeblähten Hedgefonds, besonders vor dem Crash von 2008.

Als Pyramidisierung von Metamärkten bezeichne ich die historische Tendenz, dass jeder bestehende Finanzmarkt einen Markt von Finanzinstrumenten des ihm zugrunde liegenden hervorbringt. In den realen gesellschaftlichen Praktiken sind alle Geldarten Versprechen auf künftige Zahlungen. Finanzspezialisten können deshalb Versprechen auf Zahlungsversprechen generieren und so weiter und so fort, bis hinauf zu fast jedem beliebigen Komplexitätsniveau. Kredite, Pfandrechte, Aktien, Obligationen, all das sind relativ niedrige Stufen der Finanzpyramide. Leerverkäufe von Wertpapieren, Bündelungen von Hypotheken für Weiterverkaufsmärkte, fremdfinanzierte Übernahmen, Investmentfonds, Hedgefonds und andere komplexe Handelssysteme sind Märkte höheren Grades, aufbauend auf den Instrumenten des Zahlungsverkehrs. Es gibt im Prinzip keine Obergrenze für die Hinzufügung weiterer Stufen. Auf höheren Ebenen können gewaltige Summen generiert werden, auch wenn diese Gelder nicht einfach in die Güter und Dienstleistungen am Fuß der Pyramide konvertierbar sind. Die Illusion entsteht, weil alle durch dieselbe Rechnungseinheit – Dollar, Pfund oder Euro – bezeichnet werden. Diese nominellen Beträge können aber so hoch werden, dass sie in der realen Welt buchstäblich nicht auszahlbar sind.

Pyramidisierte Finanzmärkte sind in hohem Maße gesellschaftliche Konstruktionen. Natürlich ist in gewisser Hinsicht fast alles gesellschaftlich konstruiert, aber manches ist sehr viel entfernter als anderes mit materiellen Zwängen verbunden. Eine Armee beispielsweise ist in bedeutendem Maße gesellschaftlich konstruiert, vor allem im Gefecht, wo die Moral, wie Napoleon sagte, dreimal so wichtig ist wie das Material; trotzdem kann sie von einer fünfmal so großen Armee mit fünfmal mehr Waffen fast immer besiegt werden, wenn diese über ein Mindestmaß an sozialer Kohäsion verfügt. In der Welt pyramidisierter Finanzinstrumente kann sich das Verhältnis zwischen der Moral (den Interaktionsprozessen zwischen dem Netzwerk und seinen Stimmungslagen) und der Realwirtschaft von sechs zu eins (dem Verhältnis zwischen dem Kreditvolumen und den tatsächlichen Bankeinlagen) bis hinauf zu hundert zu eins bei stark fremdfinanzierten Finanzmanipulationen bewegen. Als Soziologen müssen wir die gesellschaftliche Konstruiertheit nicht als eine philosophische Konstante, sondern als eine Reihe von Variationen betrachten, die sowohl in ihrem statischen Verhältnis zu Netzwerkstrukturen wie auch in ihrer zeitlichen Auf- und Abschwungdynamik zu begreifen sind.

Mein Hauptpunkt ist, dass die Metamärkte, je verschachtelter sie sind, auch umso sprunghafter und krisenanfälliger werden, mit Kursanstiegen und Kursstürzen, die in keinem Verhältnis mehr zu den Vorgängen in der Realwirtschaft stehen. Man kann ihnen aber etwas Positives abgewinnen – sofern einem an der Erhaltung des Kapitalismus liegt. Finanzmärkte sind flexibel, wie riesige Ballons, die sich nach Belieben aufblasen lassen. Das lässt die Vorstellung aufkommen, jeder könne sein eigener Kapitalist werden, indem er auf den Finanzmärkten sein Glück versucht. Tatsächlich ist dieses Spiel gegen Ende des 20., Anfang des 21. Jahrhundert vor allem in der amerikanischen Bevölkerung durch Arbeitnehmer-Pensionskonten, Millionen von Kleinaktionären und Hypothekenspekulationen im Schneeballsystem des aufgeblähten Immobilienmarkts zunehmend populärer geworden.

Wie weit kann das gehen? Kann es den Kapitalismus retten? Es wäre natürlich ein abgründiger Weg, wenn man die Sprunghaftigkeit der Finanzmärkte bedenkt, ihre Neigung zu steilen Anstiegen und Abstürzen. Es hat auch seit der holländischen Tulpenmanie von 1637 und der Südseeblase von 1720 eine lange Geschichte. Spekulationseinbrüche waren so gewöhnlich, dass Schumpeter (1961 [1939]) Konjunkturzyklen als ein Wesensmerkmal des Kapitalismus und ihr Auftreten als historische Anzeichen einer entstandenen kapitalistischen Eigendynamik ansah. Man könnte das historische Argument umkehren: Spekulationspleiten haben immer die Talsohle erreicht, und am Ende zogen die Finanzmärkte wieder an. Finanzkrisen liegen in der Natur des kapitalistischen Tiers, und die Geschichte zeigt, dass wir uns von jeder von ihnen wieder erholen. Auch das ist aber eine empirische Verallgemeinerung, die nicht theoretisch begründet ist. Was geschieht, wenn sich die Finanzkrise mit der strukturellen Vernichtung von Mittelschicht-Arbeitsplätzen verbindet, mit einer technologischen Rationalisierungskrise, die praktisch die gesamte Arbeitskraft betrifft? Können Finanzeinkünfte so umfangreich sein, dass sie Löhne und Gehälter als primäre Einkommensquelle ersetzen?

Es gibt hier zwei Möglichkeit: Entweder wird jeder zum Kapitalisten und lebt von Investitionserträgen, oder der Finanzsektor selbst wird zu einem Hauptbeschäftigungsfeld (zum Beispiel durch die zunehmende Finanzdienstleistungs-Tätigkeit). Was die erste Variante betrifft, ist eine Zukunft schwer vorstellbar, in der jeder von Geldanlagen lebt. Man braucht ein gewisses Startkapital, den Einsatz, um am Spiel teilnehmen zu können. Kleinanleger investieren zunächst einmal ihre Löhne, Ersparnisse und Renten, aber genau das würde im Szenario der Rationalisierungskrise wegschmelzen. Wir betreten hier theoretisches Neuland, und in der Zukunft der politischen Ökonomie mag es mehr Dinge geben, als unsere Schulweisheit sich träumen lässt. Aber ist es vorstellbar, dass in einer automatisierten Zukunft ganze Bevölkerungen als Finanzinvestoren leben – eine Reservearmee von Zockern, die ihr Leben in einem Kasino verbringt? Nicht alle werden dabei gewinnen; manche verlieren ihre Geldanlagen auch in guten Zeiten, und bei einem Spekulationseinbruch werden es viele sein. Und wenn sie aus dem Spekulationsmarkt herausfallen, kommen sie dann wieder hinein, wenn sie keine einträgliche Beschäftigung haben?

Finanzmärkte sind ihrem Wesen nach inegalitär. Der Reichtum konzentriert sich an der Spitze der Pyramide bei einer kleinen Anzahl von Großanlegern. Es sind die Vorteile von besserer Vernetzung, Insiderkenntnissen, Pionierstrategien und der Fähigkeit, die Schwankungen besser zu überstehen, die diesen Big Players in den höheren Märkten die Möglichkeit geben, aus den mittleren und kleinen Anlegern in den unteren Kapital zu schlagen. Pyramidisierte Ebenen von Geldarten illustrieren die Theorie von Viviana Zelizer (1994), dass Geld nicht einheitlich ist, sondern plural, weil unterschiedliche Arten besonderer Währungen in ihren eigenen sozialen Netzwerken zirkulieren. So sind beispielsweise die spielberechtigten Hedgefonds-Anleger eine sehr begrenzte Gruppe von Personen und Organisationen. Kleinspekulanten haben nicht einmal rechtlich Zugang zu diesen Märkten. Vielleicht ist das nebensächlich; in der schönen neuen Finanzutopie werden Großanleger steinreich, aber für Kleinanleger fällt auch etwas ab. Wird es genug sein, um für gesamtwirtschaftlich nachhaltige Konsumausgaben zu sorgen und die Maschinerie des Kapitalismus am Laufen zu halten? Nicht, wenn die Finanzmärkte zu einer immer größeren Konzentration tendieren, mit der die kleinen Mitspieler am Fuß der Pyramide ausgesaugt werden.

Was die zweite Möglichkeit betrifft: Die technologische Rationalisierung dürfte für Beschäftigungsmöglichkeiten im Finanzsektor sorgen. Nach dem optimistischen Szenario, das ich schon ansprach, kann der Finanzmarkt eine schrumpfende Mittelschicht stützen, indem alle entweder Kapitalisten oder Beschäftigte im Finanzsektor werden. Ist letzteres plausibel – wenn alle andere Arbeit wegrationalisiert wird, kann dann die Finanzarbeit den Betrieb aufrechterhalten? Aber warum sollte die Rationalisierungswelle nicht auch bei den Finanzarbeitsplätzen stattfinden? Wir haben es schon auf den unteren Stufen erlebt, wenn durch Online-Banking Kassenschalter und Bankangestellte verschwinden und Banken ihr Personal abbauen, obwohl es mit einer größeren Anzahl von Finanzmitteln hantiert. Ungelernte Arbeit wird ersetzt durch hochqualifiziertes Fachpersonal, lautet das Mantra der kapitalistischen Wirtschaftswissenschaft. Aber wie weit kann der Sektor der Finanzkaufleute sich ausdehnen? Zeitweilige Steigerungen, wie in den 1990er Jahren, könnten sich als eine vorübergehende Phase erweisen; jedenfalls ist es schwer vorstellbar, dass in einer automatisierten Zukunft eine mehr oder minder große Mehrheit von Arbeitnehmern als Hedgefonds-Manager tätig sein wird. Das dürfte aber der bestmögliche Traum sein, den der Kapitalismus von morgen zu bieten hat – niemand verrichtet wirkliche produktive Arbeit, alle leben von Finanzgeschäften. Vielleicht werden wir eine solche Phase erleben, irgendwann im 21. Jahrhundert. Wenn ja, wird es der Aufgalopp zum letzten Crash des Kapitalismus sein.

Ausweg 4: Öffentlicher Dienst und Staatsausgaben

Wir kommen nun zu Auswegen, die dem Kapitalismus nicht selbst innewohnen, sondern das Heil von außen erwarten lassen. Im Vordergrund steht dabei die keynesianische Sozialstaatslösung. Vor fünfzig Jahren hieß es, die Wohlfahrtsstaaten der 1930er, 1940er und 1950er Jahre hätten den Kapitalismus gerettet – die liberale Linke rettete also den Kapitalismus, als die ideologische Rechte nicht mehr zu retten war. Können Staatsausgaben die technologische Verdrängung der Mittelschicht abwenden?

Die Hauptform unmittelbar staatlicher Beschäftigung waren mittelschichtspezifische Verwaltungsaufgaben; jede Fortsetzung des Trends, diese Tätigkeiten zu automatisieren oder zu computerisieren, reduziert auch den staatlichen Beschäftigungsanteil. Ein entschlossenes politisches System könnte sich dem widersetzen und diese Arbeitsplätze erhalten wollen. Eine solche neoluddische Besitzstandspolitik wurde von Ende der 1940er bis in die 1970er Jahre von Gewerkschaften und sozialistischen Politikern in Großbritannien versucht. Technologisch rückständig zu bleiben, um Arbeitsplätze zu sichern, wirkt demoralisierend und ist keine realistische Politik; dieses Klima hat in Großbritannien zum Thatcherismus geführt.

Eine andere in der Vergangenheit praktizierte Version war der Militärkeynesianismus – der Ausbau der Beschäftigung bei den Streitkräften zusammen mit einer Ankurbelung der Wirtschaft durch Rüstungsproduktion. Das moderne Militär ist aber ein High-Tech-Betrieb, der verkleinerte Kampftruppen mit Computern, Satelliten, Luftraumsensoren und ferngelenkten Überwachungs- und Zielsuchgeräten koordiniert. Das Militär ist die Speerspitze der Robotisierung. Auch eine Generalmobilmachung im Stil des Zweiten Weltkriegs dürfte nicht mehr dazu imstande sein, so riesige Truppenverbände wie im 20. Jahrhundert auf die Beine zu stellen.

Neben unmittelbar staatlicher Beschäftigung gibt es die Staatsausgaben, das Hauptinstrument heutiger Konjunkturprogramme. Investiert wird zumeist in die materielle Infrastruktur – in Straßen, Brücken, Flughäfen oder Energieversorgung genauso wie in die »Datenautobahn«. Auch diese Bereiche sind aber der Computerisierung und Automation ausgesetzt, verstärken also die Rationalisierungstendenz. Erst recht kein Damm gegen technologische Arbeitslosigkeit dürften staatliche Investitionen in den Privatsektor sein. Wenn der Staat ständig auf deren Wirtschaftlichkeit pocht, übernimmt er selbst die Funktion des Kapitalisten – oder zumindest des kapitalistischen Rotstifts, der nur allzu bereit ist, zur Einsparung von Personalkosten Stellen zu streichen.

Eine weitere Form der Staatsintervention ist die Regulierung der privaten Märkte, die für eine Verkürzung der Wochenarbeitszeit oder für die Erhaltung von Arbeitsplätzen sorgt. Diese Maßnahmen wurden von kontinentaleuropäischen Staaten ausgiebig angewandt, konnten aber den technologisch bedingten Stellenabbau allenfalls bremsen. Ingesamt tendieren solche Maßnahmen dazu, die Inhaber vorhandener Arbeitsplätze zu schützen, die Jugend aber auszusperren. Das Problem ließe sich lösen, wenn der Staat gezielt Jugendliche einstellt. Dies wurde (außer in der militärischen Version) kaum versucht, auch wenn ich unter »Ausweg 5« ausführen werde, dass es unter der Hand durch die Inflationierung von Bildungstiteln geschah.

Im Prinzip könnte die Politik alles mögliche tun. Es hängt nur vom politischen Willen ab – also von der eingesetzten politischen Macht und ihrer Vision, die von der politischen Kultur bestimmt wird. Natürlich hat die politische Kultur einen langen Weg vor sich, wenn der Staat tatsächlich gegen die technologische Verdrängung der Mittelschicht vorgehen soll. »Liberale« öffentlich-private Programme können dem Kapitalismus noch ein gutes Stück unter die Arme greifen. Die Partnerschaft dürfte aber das Problem des technologisch bedingten Stellenabbaus nicht lösen, solange die Wirtschaft vom privaten Gewinnstreben beherrscht wird.

Wir müssen die Zwänge bedenken, nicht nur in Bezug auf die heutige Arbeitslosigkeit von (in den USA) 10 Prozent, mit geringen Schwankungen von nur wenigen Punkten, auch im Blick auf eine computerisierte Zukunft, in der die allgemeine Arbeitslosenquote drei- bis fünfmal so hoch liegen könnte. Also im Hinblick auf eine massive Beschäftigungs-krise mit Regierungen, die gewählt werden, um auf dem Wege des Sozi-alstaats etwas dagegen zu tun. Die Hindernisse kann man sich denken, sie beherrschen die heutige Politik. In den USA gehört dazu die Steuer-protestbewegung, die noch stärker werden dürfte unter Kleingewerbe-treibenden – einschließlich der Internetunternehmer, die im Netz hefti-ger Konkurrenz ausgesetzt sind. Sie machen Druck gegen den Staat, der Beschäftigung fördern will, und heizen so die Systemkrise an. Auf der anderen Seite stehen die Forderungen von Wählerschichten – vor allem der Arbeitslosen oder Unterbeschäftigten, die heute zunehmend aus den Reihen der gebildeten und dadurch hochgradig mobilisierbaren Bevölke-rungsgruppen kommen.

Widerstreitenden Kräfte sind im Spiel. Welche werden sich durch-setzen, und in welchem Maße? Der ungezügelte Kapitalismus des freien Marktes findet aus dieser Krise keinen Weg, wenn er sich selbst überlas-sen bleibt. Die von ihm favorisierten Reformen – Steuern und staatliche Regulierung abzubauen, die Kapitalisten zu ermutigen, nach Belieben weiter zu expandieren – treiben allesamt den technologischen Stellenab-bau voran und produzieren weitere Probleme wie Finanzmanipulationen und Finanzkrisen. Die sozialstaatlich orientierten Kräfte haben für das Problem der Arbeitslosigkeit vielleicht eine Lösung, aber nicht für die Frage, wer sie bezahlt. Ein Staat, der einen kostspieligen Sozialstaat finan-ziert, öffnet sich dem Druck der Finanzmärkte, gefährdet die Kaufkraft seiner Währung. Sozialstaatliche Politik scheint in einer Zwickmühle zu stecken.

Aber betrachten wir dies auf lange Sicht, nicht nur als unmittelbaren Klotz am Bein der Tagespolitik. Ein Staat, der in einem strukturellen Dilemma steckt, entwickelt sich in einer Weise, die zu einem revolutio-nären Zusammenbruch des Systems führt. Die Finanzkrise des Staates ist eine der Hauptkomponenten des Staatskollaps; wir müssen nur die zwei anderen Komponenten hinzunehmen, nämlich eine Entzweiung der staatlichen Eliten über die Frage der Lösung und die Mobilisierung einer radikalen Bewegung von außen. Die Spaltung unter den Eliten bedeutet hier schlicht die Verschärfung des Gegensatzes zwischen denen, die es sich nicht mit den Finanzmärkten verderben wollen, und denen, die mit dem Staat gegen Arbeitslosigkeit und Ungleichheit vorgehen wollen. Bei einer Arbeitslosigkeit von 10 Prozent und einer stotternden Nachrezessionsphase sind beide Positionen noch nicht allzu polarisiert. Extrapolieren wir aber die Arbeitslosigkeit auf 50 Prozent, mit der dazugehörigen tiefen Depression, ist das Risiko eines wirklichen Staatskollaps groß. An diesem Punkt wird ein revolutionärer Umsturz der Eigentumsverhältnisse die wahrscheinlichste Lösung sein, mit einer Kontrolle über das Finanzsystem, damit es nicht die eigene Währung zerstört. Nicht nur bestimmte Seiten des Kapitalismus, seine institutionellen Grundlagen würden wegbrechen.

Ausweg 5: Inflation von Bildungstiteln und andere verdeckte Keynesianismen

Die Inflation von Bildungstiteln ist das Ansteigen des für eine Beschäftigungsaufnahme verlangten Bildungsniveaus, wenn ein zunehmender Teil der Bevölkerung immer höhere Abschlüsse erwirbt. Der Wert eines Schul- oder Studienabschlusses sinkt, wenn immer mehr Menschen darüber verfügen, was dazu motiviert, länger zu studieren oder die Schulbank zu drücken. Vor dem Zweiten Weltkrieg waren in den USA Highschool-Abschlüsse (Sekundarschulabschlüsse nach der 12. Klasse) relativ dünn gesät. Heute sind sie so gewöhnlich, dass ihr beruflicher Wert gegen Null tendiert. Das Studium wird inzwischen von mehr als 60 Prozent der Jugendlichen eines Jahrgangs begonnen; es ist auf dem besten Wege, das gleiche Schicksal zu erleiden. Diese Tendenz ist weltweit. In Südkorea gehen heute 80 Prozent der Abiturienten an die Universität. Der einzige Wert der inflationierten Abschlüsse besteht darin, sie in den Bildungsmarkt zu reinvestieren, um noch höhere Abschlüsse zu erwerben. Das ist im Prinzip ein endloser Prozess. Er könnte durchaus vergleichbar werden mit der Lage des chinesischen Mandarinats während der späteren Dynastien (Chaffee 1985), als Schüler bis ins dreißigste oder vierzigste Lebensjahr für ihr Examen paukten – nur beträfe dies heute nicht mehr eine kleine Elite, sondern die Mehrheit der Bevölkerung. Die Bildungsinflation wurde von den verschiedenen Ländern in unterschiedlichem Maße erlebt. Alle sind aber seit der zweiten Hälfte des 20. Jahrhunderts durch sie hindurchgegangen (Brown/Bills 2011).

Schul- und Hochschulabschlüsse sind eine Währung, die das Sozialprestige bewertet und als Zugang zu Arbeitsplätzen gehandelt wird. Wie jede Währung führt sie zu inflationierten Preisen (oder verminderter Kaufkraft), wenn eine größere Geldmenge auf einen begrenzten Vorrat an Gütern trifft – in diesem Fall auf ein immer stärker umkämpftes Angebot an oberen Mittelschichtjobs. Die Inflationierung der Bildung hat eine Eigendynamik; für den einzelnen Absolventen besteht die beste Antwort auf ihren absinkenden Wert im Erwerb von noch mehr Bildung. Je mehr höhere Abschlüsse kursieren, desto größer aber die Jobkonkurrenz und desto höher die von den Arbeitgebern verlangten Qualifikationen. Das führt wieder zum Streben nach höherer Bildung, zu noch mehr Wettbewerb und weiterer Qualifikationsentwertung.

Durch diesen inflationären Prozess entfällt auf den Bevölkerungsteil mit dem höchsten Bildungsstand ein immer größerer Einkommensanteil. So verhielt es sich zumindest seit den 1980er Jahren in den Vereinigten Staaten. Man sollte aber dieses historische Entwicklungsmuster nicht vorschnell verallgemeinern. Die Spitzenreiter im inflationären Wettbewerb um Bildungstitel profitierten von verschiedenen Vorgängen: (a) Sie befanden sich in relativ gesicherter Position, als der technologische Stellenabbau zunächst die letzten gutbezahlten Handarbeitskräfte und später die schlechtbezahlte Büroarbeit betraf. (b) Die Qualität der Arbeitsleistung variiert offenbar zunehmend zwischen den verschiedenen Bildungsstufen. Man hat bisher nicht genügend erkannt, dass die inflationäre Bildungsspirale zu zunehmender Gleichgültigkeit und Nachlässigkeit bei Schülern führt, die nicht an der Spitze des Wettbewerbs stehen – die also gezwungen sind, länger zur Schule zu gehen, ohne an die Spitzenjobs herankommen zu können. Noteninflation und niedrige Versetzungsanforderungen sind symptomatisch für diesen Prozess. Durch die Ethnographie von Teenagern, Jugendkulturen und vor allem Jugendbanden ist hinreichend belegt, dass die Ausweitung der Schulbildung zu zunehmender Distanz gegenüber offiziellen Erwachsenennormen führte (Milner 2004). Die ersten amerikanischen Jugendgangs tauchten Anfang der 1950er Jahre auf, als Arbeiterjugendliche erstmals gezwungen waren, zur Schule statt zur Arbeit zu gehen; ihr Denken war explizit schulfeindlich (Schneider 1999; Cohen 1961). Das ist die Quelle der oppositionellen Jugendkultur, die sich so stark ausgedehnt hat – nicht nur unter der in Banden organisierten Minderheit, sondern auch unter der Mehrheit, die ihre Anti-Haltung teilt.

Arbeitgeber beklagen heute, dass sie im unteren Dienstleistungsbereich kaum noch verlässliche und gewissenhafte Angestellte bekommen. Das ist nicht so sehr ein Versagen der Sekundarschulbildung, die keine ausreichenden fachlichen Kenntnisse vermitteln würde (man muss nicht gut in Mathe und Physik sein, um Kunden aufmerksam zu bedienen oder Pakete richtig zu adressieren), sondern eine allgemeine Gleichgültigkeit gegenüber der Verrichtung einfacher Arbeit. Die inflationäre Massenschulbildung verspricht den Schülern, auf dem Weg zu Spitzentätigkeiten zu sein, entlässt aber die meisten in eine Wirtschaft, in der sie nichts anderes bekommen als einfache Jobs, wenn sie nicht besser als 80 Prozent ihrer Schulkameraden waren. Kein Wunder, dass sie unmotiviert sind.

Obwohl die Entwertung der Abschlüsse der Grundmechanismus der Bildungsexpansion ist, wurde sie nicht offen zur Kenntnis genommen und fast freudianisch aus dem Bewusstsein gedrängt. Das Idealisierende und Verdrängende, das Über-Ich der Bildungswelt, ist in diesem Falle das technokratische Denken. Höhere Qualifikationsanforderungen, heißt es, führen zum Abbau ungelernter Arbeit, und die hochqualifizierten Arbeitsplätze von heute würden ein immer höheres Bildungsniveau verlangen. Vor dreißig Jahren habe ich anhand von Fakten gezeigt (Collins 1979), dass der technologische Wandel nicht die treibende Kraft ist, die zu höheren Qualifikationsanforderungen führt. Nicht die technologischen Anforderungen bestimmen in erster Linie die Bildungsinhalte. Die meisten technischen Qualifikationen – auch die höchsten – werden am Arbeitsplatz oder durch informelle Beziehungen erworben; die bürokratische Organisation des Bildungswesens versucht bestenfalls andernorts entwickelte Qualifikationen zu standardisieren. In neueren Untersuchungen zur Inflation formeller Qualifikationsnachweise durch technologischen Wandel (Collins 2002; Brown/Bills 2011) habe ich nichts gefunden, was meine 1979 veröffentlichten Ergebnisse widerlegt. Es ist richtig, dass ein kleiner Teil der Tätigkeiten von der wissenschaftlich-technischen Bildung profitiert. Aber nicht das treibt die massive Expansion des Bildungswesens voran. Es kann nicht sein, dass in Zukunft die meisten Menschen Wissenschaftler oder Ingenieure sein werden. Der größte Zuwachs an Arbeitsplätzen war in reichen Ländern im Bereich unqualifizierter Dienstleistungstätigkeit zu verzeichnen, wo menschliche Arbeit billiger ist als Automation (Autor/Dorn 2013). In der amerikanischen Wirtschaft sind heute Tattoo-Studios einer der größten Wachstumssektoren (Halnon/Cohen 2006) – eine nicht an formelle Qualifikationsnachweise gebundene Tätigkeit, Kleingewerbe, schlecht bezahlt, also völlig immun gegenüber der Unternehmenskontrolle, die Embleme der Distanzierung von der herrschenden Kultur verkauft.

Die Inflation von Bildungstiteln beruht zwar auf falschen Voraussetzungen – der Vorstellung, mehr Bildung führe zu mehr Chancengleichheit, mehr hochtechnologischer Wirtschaftskraft und mehr attraktiven Arbeitsplätzen –, sie liefert aber eine gewisse Lösung für das Problem der technologischen Verdrängung der Mittelschicht. Sie absorbiert überschüssige Arbeitskraft, indem sie mehr Menschen aus dem Arbeitsleben heraushält. Und sie fungiert dadurch, dass Studenten eine finanzielle Unterstützung beziehen, sei es direkt oder in Form billiger Darlehen (die letztlich nicht zurückgezahlt werden), als eine verdeckte Sozialleistung. An Orten, wo der Wohlfahrtsstaat ideologisch unpopulär ist, fördert die Bildungsmythologie einen heimlichen Wohlfahrtsstaat. Man nehme die Millionen von Lehrern in der Grund-, Sekundar- und Hochschulbildung hinzu, mitsamt dem zugehörigen Verwaltungspersonal, und man könnte fast sagen, dass der verdeckte Keynesianismus der Bildungsinflation den Kapitalismus buchstäblich über Wasser hält.

So lange das Bildungssystem finanzierbar ist, wirkt es wie ein heimlicher Keynesianismus – eine versteckte Form von Sozialleistungen und Konjunkturspritzen, ein Gegenstück zu den Arbeitsbeschaffungsmaßnahmen des New Deal, bei denen Arbeitslose in Postämtern die Wände bemalten und in Naturschutzcamps Bäume pflanzten. Die Bildungsexpansion ist praktisch die einzige akzeptierte Form keynesianischer Wirtschaftspolitik, weil sie nicht offen als solche bezeichnet wird. Sie expandiert unter dem Banner der Hochtechnologie und des Leistungsprinzips – neue Technologie verlangt eben eine höher qualifizierte Arbeitskraft. In einem indirekten Sinn ist das richtig: Die technologische Arbeitslosigkeit macht das Bildungswesen zu einer Fluchtburg angesichts des schrumpfenden Jobangebots, auch wenn es niemand so sehen will. Sei's drum – so lange die Zahl der Verdrängten der Zahl zusätzlicher Schüler und Studenten entspricht, wird das System überleben.

Der Haken befindet sich auf der Ausgabenseite. Die beiden Hauptfinanzierungsformen für Bildung (auf allen Ebenen, der elementaren, sekundären, tertiären und was noch an Ebenen hinzukommen mag) sind entweder staatliche Mittel oder private. Beide geraten in Zeiten wirtschaftlicher Flaute und sinkender Staatseinkünfte unter Druck. In den Jahren um 2010 entwickelten sich in den Vereinigten Staaten wie auch in vielen anderen Ländern die Kosten für das öffentliche Bildungswesen zu einem so erheblichen Haushaltsposten (besonders auf kommunaler Ebene), dass Forderungen nach Kürzung der Bildungsausgaben laut wurden. In Chile zum Beispiel, wo heute 50 Prozent der Jugendlichen eines Jahrgangs die Universität besuchen, gibt es einen Kampf zwischen den organisierten Studenten mit ihrer Forderung nach freier Hochschulbildung für alle und den Hochschulverwaltungen und Steuerkonservativen, die einen immer größeren Teil höherer Bildung vermarkten wollen.

Solche Fragen haben auch die Studentenschaft in Frankreich und anderswo mobilisiert. In den Vereinigten Staaten, wo das Studium hauptsächlich (und zunehmend) von den Studenten selbst und ihren Familien finanziert wird, gab es große Besorgnis über die Verschuldung durch Studiendarlehen – die inzwischen (2011) eine Dimension von fast 10 Prozent des BIP erreicht. Extrapoliert man sowohl die Zahl der Studenten, die durch den technologischen Stellenabbau ihr Studium ausdehnen, wie auch den volkswirtschaftlichen Anteil der Studentenschulden, dann wird deutlich, dass technologische Arbeitslosigkeit und Bildungsinflation in etwa zwanzig Jahren ungeheuer kostspielig für das System insgesamt sein werden. Was geschieht, wenn die Studentenverschuldung auf eine Dimension von 50 Prozent des BIP ansteigen würde, oder von 100 Prozent?

Bildungsausgaben sind ein großer Haushaltsposten, und das begrenzt die Möglichkeit weiterer Ausgaben. Mit höheren Kosten wächst der

Druck zur Privatisierung, um die Last der Finanzierung auf die Studenten oder Eltern abzuwälzen. Auch das stößt an seine Grenzen, wenn die Mittelschicht in den ökonomischen Schraubstock gerät. Im Jahre 2012 gab es in den USA eine Diskussion über die Frage, für welche Abschlüsse sich der finanzielle Aufwand angesichts der Berufsaussichten nicht lohnt. Obwohl eine individuelle Lösung einfach darin bestünde, aus dem Bildungswettlauf auszusteigen, haben sich die Jugendlichen eher für eine stärker berufsorientierte Bildung entschieden, und so gab es einen Boom an Schulen für Modedesign, EDV-Programmierung oder Business Administration. Der Trend zur Berufsbildung entgeht aber nicht der Tendenz zur Qualifikationsentwertung. Wir können also auch in diesen Bereichen mehr Wettbewerb und eine Inflationierung von berufsbildenden Abschlüssen erwarten. Ein Indiz war die Kontroverse in der Politik wie auch in den zuständigen Ämtern, die diesen Absolventen wegen der geringen Berufsaussichten nicht die Möglichkeit geben wollten, öffentliche Darlehen zu beantragen. Die Entwertung der Bildungsabschlüsse wird zu einem expliziten Problem.

Die Informationstechnologie wird einmal mehr als Lösung beschworen. Es gibt eine Tendenz zu Online-Lehrveranstaltungen, mit entsprechenden Rationalisierungseffekten. Für manche muss man bezahlen, wenn auch erheblich weniger als für wirkliche Universitätsseminare, andere werden kostenlos angeboten. Keine dieser Methoden stoppt die Entwertung der Abschlüsse, beide tragen im Gegenteil zu ihr bei, indem sie noch mehr Absolventen auf den Markt werfen. Bisher werden die neuen Universitätsabschlüsse von den konventionellen noch unterschieden, sie würden mit ihnen also nicht direkt konkurrieren. Das bleibt aber abzuwarten. Faktisch wird eine neue Bildungswährung neben einer kostspieligen traditionellen in Umlauf gebracht. Wenn Bildungswährungen tatsächlich mit Geld zu vergleichen sind, gilt auch das Greshamsche Gesetz, dass billiges Geld teures verdrängt. Andererseits wissen wir von Wirtschaftssoziologen wie Viviana Zelizer (1994) and Harrison White (2002), dass hochwertige Güter ihre eigenen Märkte haben, die neben den billigen existieren. Das könnte auch bei der Produktion von Bildungszertifikaten weiter der Fall sein.

Das Dilemma ist folgendes: Versuche, Bildung billiger zu machen, führen zu einem Stellenabbau im Bildungssektor; wenn Online-Lehrveranstaltungen von wenigen namhaften Universitäten monopolisiert werden und der Großteil der Lehre von wenigen Professoren digital durchgeführt wird, wurde ein weiterer Beschäftigungssektor wegrationalisiert. Das Resultat ist dasselbe wie bei den antiquierten Steuerrevolten: Ein kurzfristiger Abbau der Steuerlast hat für die Bevölkerung den Bumerangeffekt, dass auch ihre Arbeitsplätze abgebaut werden.

Von den fünf Auswegen aus der kapitalistischen Krise scheint mir die weitere Bildungsinflation der plausibelste zu sein. Ein durch die Inflation von Abschlüssen expandierendes Bildungswesen erreicht einen potentiellen kritischen Punkt innerhalb des Bildungssystems selbst. Das muss nicht das Ende bedeuten. Man kann sich eine Abfolge solcher Schwellen vorstellen, ein Stop and Go in dem Maße, wie unser säkularer Glaube an das Heil durch Bildung seine Ernüchterungen und Erneuerungen durchlebt. Wird dies aber zunehmend vom Staat finanziert, dann läuft es auf eine Art Bildungssozialismus hinaus. Es ist denkbar, dass liberale Regierungen einen Weg finden, expandierende Bildungssysteme aufrechtzuerhalten – als keynesianisches Druckventil und als eine Form von Transferleistungen, die von den Kapitalisten und dem schrumpfenden Sektor der Beschäftigten aufgebracht werden, um die ansonsten Beschäftigungslosen zu unterhalten. Eine solchen Staat zu bekommen, könnte aber eine fast revolutionäre Verzweiflung am Kapitalismus bedeuten.

Wann wird die Krise voll ausbrechen?

Die Computerisierung der Mittelschichtarbeit (seit dem letzten Jahrzehnt des 20. Jahrhunderts) schreitet viel schneller voran als die Mechanisierung der Handarbeit (die das gesamte 19. und zwei Drittel des 20. Jahrhunderts umfasste). Die technologische Verdrängung der Mittelschichtarbeit ist kaum mehr als zwanzig Jahre alt, während es fast zweihundert Jahre gedauert hat, die Arbeitskraft der Arbeiterklasse zu vernichten.

Eine weitere Prognose für den Zeitablauf der kommenden kapitalistischen Krise liefert die Weltsystem-Theorie. Wallerstein und Kollegen haben in früheren Schriften über das kapitalistische Weltsystem ein theoretisches Modell systemischer Langzeitzyklen vorgelegt. In ihrer Expansionsphase profitieren die Kernregionen des Weltsystems von Ressourcen, die unter vorteilhaften Bedingungen aus der Peripherie extrahiert werden. Die Hegemonie wird periodisch durch Konflikte innerhalb des Zentrums bedroht, besonders durch aufstrebende halbperiphere Zonen. Am Ende wird das Zentrum davon eingeholt, genauso wie zunehmender Wettbewerb in einem neuen gewinnträchtigen Bereich die Gewinne des Erstinnovators einbrechen lässt. So gesehen, funktioniert das Weltsystem wie Schumpeters Unternehmenszyklus, aber global. Mit jedem neuen Zyklus ergeben sich neue Expansions- und Profitmöglichkeiten unter Führung eines neuen Hegemons. Die entscheidende Hintergrundvoraussetzung ist aber die Existenz eines äußeren Bereichs, der sich in das Weltsystem eingliedern und zu seiner Peripherie machen lässt. Es gibt also für das Weltsystem eine Grenze, die erreicht ist, wenn alle äußeren Gebiete durchdrungen sind. An diesem Punkt lässt sich der in Zentrum und Semiperipherie stattfindende Kampf um Profit nicht mehr durch Eroberung neuer Wirtschaftsregionen überwinden. Das Weltsystem erlebt keine bloß zyklische Krise, sondern seine letztendliche Transformation.

Auf der Basis früherer Zyklen erwartet Wallerstein (auch Arrighi 1994) die Krise des Weltsystems etwa in den Jahren 2030 bis 2045. Meine eigene Prognose des Zeitpunkts der Krise, die durch den Mechanismus technologischer Verdrängung der Mittelschicht produziert wird, beruht darauf, wie schnell die strukturelle Beschäftigungslosigkeit zunimmt.[2] Eine Arbeitslosigkeit von 10 Prozent ist nach amerikanischen Begriffen gravierend; 25 Prozent (wie in Wirtschaftskrisen) sind ein großes Problem, wurden aber in der Vergangenheit überstanden. Wenn jedoch die Arbeitslosigkeit die Marke von 50 Prozent der arbeitsfähigen Bevölkerung erreicht, oder von 70 Prozent, muss das kapitalistische System selbst

---

2 Das darf nicht nur in leicht verfügbaren Daten wie der Zahl der Anträge auf Arbeitslosengeld gemessen werden, sondern auch durch unsere bestmögliche Einschätzung des Anteils der erwachsenen Bevölkerung, der keine Arbeit findet und völlig vom Beschäftigungssektor verdrängt ist.

unter die Räder kommen – durch Unterkonsumtion wie auch durch politische Agitation. Wenn wir solche Arbeitslosenraten für undenkbar halten, sollten wir dies noch einmal durch die Brille der elektronischen Rationalisierung aller Kategorien von Arbeit betrachten. Es ist klar, dass sich die technologische Arbeitslosigkeit in den letzten fünfzehn Jahren beschleunigt hat. Wir könnten durchaus im Jahre 2040 eine strukturelle Beschäftigungslosigkeit von 50 Prozent erreichen, und bald darauf von 70 Prozent. In groben Zügen entspricht dies der Weltsystem-Theorie und ihrer Projektion einer finalen Krise des Kapitalismus um die Mitte des 21. Jahrhunderts.

Antikapitalistische Revolution: friedlich oder gewalttätig?

Wenn die Krise der technologischen Rationalisierung hinreichend akut wird – in einer hochautomatisierten, computerisierten Welt, in der ganz wenige Menschen arbeiten und der Großteil beschäftigungslos ist oder um schlecht bezahlte Dienstleistungsjobs konkurriert –, gäbe es dann eine Revolution?

Hier müssen wir die ökonomische Krisentheorie verlassen und uns der Revolutionstheorie zuwenden. Die Revolutionstheorie wurde seit den 1970er Jahren revolutioniert. Skocpol (1979), Goldstone (1991), Tilly (1995) und andere haben durch ihre vergleichenden Untersuchungen über den Aufstieg und Fall von Staatsordnungen das etabliert, was man die Staatszusammenbruchstheorie der Revolution nennen könnte. Der Erfolg einer Revolution beruht auf dem, was an der Spitze geschieht, nicht auf den unzufriedenen, gebeutelten Massen von unten. Die Hauptelemente sind: erstens eine Finanzkrise; der Staat kann seine Rechnungen nicht mehr bezahlen, vor allem nicht seine Sicherheitskräfte, Militär und Polizei. Die Finanzkrise wird fatal, wenn das zweite Element hinzukommt, eine Spaltung der Eliten über die Frage des Umgangs damit. Wir könnten noch zusätzliche Faktoren hinzunehmen, die im Gang der voraufgegangenen Ereignisse liegen; dazu gehören in der Regel, wenn auch nicht immer, militärische Gründe. Die Finanzkrise entsteht oft

durch überhöhte Militärausgaben, und die Elitenblockade wird besonders verstärkt durch eine militärische Niederlage, die die Regierung delegitimiert und den Ruf nach einschneidenden Reformen aufkommen
lässt. Spaltungen unter den Eliten lähmen den Staat und öffnen den Weg
für ein neues Bündnis mit radikalen Zielen. In diesem Machtvakuum –
von Theoretikern der sozialen Bewegung heute politische Opportuni-
tätsstruktur genannt – lassen sich soziale Bewegungen mobilisieren. Das
geschieht oft im Namen von Forderungen der Unteren, normalerweise
aber werden radikale Bewegungen von Teilen der oberen Mittelschicht
angeführt, die über die besten Beziehungen und Organisationsmöglich-
keiten verfügen. Wie schon Tocqueville erkannte, hat die Radikalität
einer Bewegung nichts mit dem Ausmaß der Verelendung zu tun. Der
Grad dieser Radikalität hängt eher von der ideologischen und emotionalen Dynamik des ausbrechenden Konflikts ab, auch wenn offen bleibt,
wie dies genau zu begreifen ist.

Praktisch alle Revolutionen entstanden bis zu diesem historischen
Zeitpunkt nicht durch kapitalistische Wirtschaftskrisen, sondern durch
Regierungszusammenbrüche. Das Grundelement ist die staatliche Finanzkrise, die aber für gewöhnlich unabhängig ist von Wirtschaftskrisen. Das bedeutet: Revolutionen können auch in Zukunft durch den
engeren Mechanismus von Staatskollaps, Finanzkrise, Elitenblockade
und nachfolgender Lähmung des staatlichen Durchsetzungsapparats erfolgen. Staatskrisen sind häufiger als ausgewachsene Wirtschaftskrisen.
Was geschieht, wenn wir dies in den Zusammenhang des Langzeittrends
technologischer Arbeitslosigkeit stellen? Es gibt verschiedene Möglichkeiten: Revolutionen können in bestimmten Staaten stattfinden, nicht
unbedingt in denen mit der größten technologischen Arbeitslosigkeit.
Oder es können Revolutionen stattfinden, die nichts mit einer Politik zur
Lösung dieses Problems zu tun haben. Revolutionen können aber auch
eine explizit antikapitalistische Wendung nehmen.

Da die Geschichte durch vielfältige Ursachen bestimmt wird, gleicht
die Zukunft einem Spiel mit mehreren Würfeln, wie in dem chinesischen
Yahtzee – dem Warten auf einen Wurf mit fünf Sechsen. Wir könnten
also irgendwann in der Zukunft die allgemeine antikapitalistische Revolution bekommen durch die richtige Kombination von Staatskollaps,

plus vielleicht einem verlorenen Krieg, plus der allgegenwärtigen technologischen Arbeitslosigkeit.

Die Krise des Kapitalismus bestimmt die Agenda. An einem bestimmten Punkt muss die politisch mobilisierte Volksmasse darauf reagieren. Das könnte auf dem klassischen Wege des Staatszusammenbruchs geschehen: Die Legitimität des Staates wird in Frage gestellt; der Staat (gelähmt durch die Finanzkrise und/oder durch innere politische Spaltungen, die die äußere politische Polarisierung widerspiegeln) hört auf zu funktionieren; sein Gewaltmonopol zerbricht, weil Polizei und Armee ihre Organisation verlieren und in Fraktionen zerfallen. Das kann, muss aber nicht umschlagen in extensive Gewalt, in Form von Aufständen und ihrer Niederschlagung oder Bürgerkrieg. In manchen revolutionären Momenten (wie der französischen Februarrevolution von 1848) wurde die angespannte Krisensituation mit relativ geringer Gewalt aufgelöst, weil die herrschende Ordnung ihren Geist aufgab. Niemand wollte das bestehende Regime fortführen, und rasch wurde eine neue parlamentarische Gewalt konstituiert. Auch im Februar 1917 in Russland endete die Zarenherrschaft nach einigen Tagen sporadischer Gewalt und einem Hin und Her zwischen Volksmengen und Soldaten in einem Wirrwarr von Abdankungen und Weigerungen, das Ruder zu übernehmen.

Diese Fälle zeigen auch, dass das neue revolutionäre Regime, besonders bei restaurationistischen Gegenbewegungen, Probleme mit der Festigung seiner Macht haben kann, so dass spätere Gewaltausbrüche oft heftiger sind als der revolutionäre Übergang. Die Trennung des revolutionären Moments von seiner Folge, dem Prozess des revolutionären Staatskollaps, muss nicht besonders gewalttätig sein. Die politische Soziologie hat sich aber noch nicht mit der Frage beschäftigt, wann die postrevolutionäre Staatskonsolidierung friedlich ist und wann sie gewaltsam erfolgt. Wir können nur sagen, dass das Spektrum der Gewalt, das wir historisch in Revolutionen und ihrer Konsolidierung erlebten, auch in der finalen Krise des Kapitalismus möglich wäre. Die größte Gefahr ist, dass die Angst vor einer antikapitalistischen Revolution, die von ihren Gegnern als drohender gewaltsamer Umsturz wahrgenommen wird, zu einer neofaschistischen Lösung führt – zu einem autoritären Regime, das auf der Basis von Volksbewegungen, die einer nostalgischen Bewahrung des Kapitalismus huldigen, angesichts massiver Arbeitslosigkeit eine hinreichende Umverteilung betreibt, aber unter einem ständig gegen Subversion wachsamen Polizeistaat. Wir wissen nicht, wie die Chancen für eine faschistische Lösung einzuschätzen sind, im Vergleich zu denen eines demokratischen Postkapitalismus. Für Wallerstein stehen sie 50/50.

Eine bessere Alternative wäre aber möglich. Die institutionelle Transformation des Kapitalismus zu einem nichtkapitalistischen System der politischen Ökonomie – eine institutionelle Revolution – könnte durch einen friedlichen politischen Prozess zustandekommen. Wenn die Krise des Kapitalismus heftig genug ist – eine Mehrheit der Bevölkerung arbeitslos ist, Roboter und Computer fast alle Einkommen generierende Arbeit tun, aber im Besitz weniger reicher Kapitalisten sind, die Wirtschaft in einer schweren Depression steckt –, könnte irgendwann eine politische Partei mit einem antikapitalistischen Programm gewählt werden. Eine Regierungspartei oder -koalition hätte dann die Aufgabe, die kapitalistische Produktion, Distribution und Finanzwelt durch ein System der Verteilung des Wohlstands außerhalb des Systems von Arbeitsmarkt und Profitmacherei zu ersetzen.

Eine solche elektorale Politik mag im heutigen politischen Klima – nur zwanzig Jahre nach dem Fall des Sowjetblocks, einer gewaltigen Marktexpansion im nominell kommunistischen China und dem globalen Triumph des Marktdenkens – weithergeholt wirken. Der politische Wind pflegt sich aber alle zwanzig bis dreißig Jahre zu drehen – man denke zurück an die Zwanzigjahresrhythmen des 20. Jahrhunderts. Wenn sich der strukturelle Trend zum technologischen Stellenabbau vertieft, ist ein breiter Meinungsumschwung in weiteren zwanzig Jahren keineswegs unwahrscheinlich.

Eine friedliche institutionelle Revolution ist möglich. Je tiefer die strukturelle Krise der Mittelschicht, desto leichter wird die Mobilisierung für elektorale Politik. Das wäre der Weg für einen relativ gewaltlosen Übergang.

Konstellationen der strukturellen Krisenentwicklung

Die Welt ist das Produkt vielfach sich überlagernder Kausalitäten. Alles steckt im Gewand örtlicher, zeitlicher und geschichtlicher Eigenarten. Die Strukturkrise des Kapitalismus wird also viele Formen annehmen. Worum es hier geht, sind nicht die Namen, Daten und Dramen, sondern die Hauptdimensionen der Komplikation – Prozesse, die die Natur der Krise drastisch verändern können, wenn der Kapitalismus zu selbstdestruktiv wird, um fortzubestehen.

Alle möglichen Prozesse und Probleme – alternde Bevölkerungen, explodierende Gesundheitskosten, ökologische Krisen, interkontinentale Migrationsströme, vielleicht auch Kriege unterschiedlichen Ausmaßes – werden die Zukunft verkomplizieren. Wie werden sie, um beim zentralen Punkt zu bleiben, die Krise der technologischen Arbeitslosigkeit beeinflussen? Manche werden sie verschärfen, andere werden die Zwänge verstärken, die zum Staatszusammenbruch treiben, und so die Möglichkeit von Revolutionen vergrößern – die Chance auf mehrere Sechsen in einem Wurf. Wird eine dieser Konstellationen den technologisch bedingten Stellenabbau zurückfahren, die Beschäftigungslage der Mittelschicht verbessern, neue Arbeitsplätze zum Ausgleich für Automation und Computerisierung schaffen, und das in hinreichendem Maße, um den Kapitalismus zu retten? Betrachten wir, mit diesen Fragen im Hinterkopf, eine kurze Checkliste der Komplikationen.

Globale Ungleichheit. – Die Mechanismen der kapitalistischen Krise wirken je nach Land und Region unterschiedlich. Eine fortgeschrittene technologische Mittelschichtarbeitslosigkeit in den USA oder Westeuropa entspräche nicht zwangsläufig dem Ausmaß einer solchen Krise in China, Indien, Brasilien oder anderen Weltregionen, die in den kommenden Jahrzehnten wichtiger werden. Kann es eine antikapitalistische Transformation in einzelnen Ländern geben, während der Rest der Welt kapitalistisch bleibt? Das hinge von der wirtschaftlichen Bedeutung der betreffenden Länder ab. Revolutionen in kleinen Ländern ohne bedeutende Wirtschaftskraft hätten wenig Wirkung und wären leicht niederzuschlagen; in großen Ländern mit einem hohen Anteil an der Weltökonomie könnten sie nachhaltiger und wegweisender sein. Angesichts der

Tendenz militärisch starker Regime, zum Schutz ihrer wirtschaftlichen Interessen und zur Unterstützung ihrer politischen Gesinnungsgenossen in anderen Staaten zu intervenieren, könnte eine Abfolge antikapitalistischer Umstürze zu Interventionen führen, wie wir sie nach dem arabischen Frühling von 2011 erlebt haben. Gäbe es zum Beispiel im Jahre 2030 in den Vereinigten Staaten, oder in der EU, eine massive Wirtschaftskrise, die zu einem antikapitalistischen Systemwechsel führt, dann könnten andere noch florierende kapitalistische Staaten (vielleicht China) eingreifen, um ihn zu stoppen. Der Erfolg solcher Interventionen hinge von geopolitischen Faktoren wie den jeweiligen Ressourcen, der logistischen Entfernung und der geographischen Lage ab (Collins 1995).

Gegen solche Szenarien spricht eine breitere Entwicklung: die Strukturkrise des Kapitalismus ist eine allgemeine Tendenz. Auch wenn es lokale Stockungen geben mag, werden Computerisierung und Rationalisierung aller Formen von Arbeit allenthalben voranschreiten. Niemand kann unter diesen Bedingungen längerfristig der kapitalistische Hegemon sein. Postkapitalistische Systeme könnten mit besserer Umverteilung die Nachfrage ankurbeln, ihre Wirtschaft wieder auf Wachstumskurs bringen und kapitalistische Länder überflügeln, die sich in ihrer Krise festfahren.

Vermengung der kapitalistischen Krise mit anderen Konfliktdimensionen. – In einer mehrdimensionalen Welt gibt es unterschiedliche Konflikte zur gleichen Zeit. Wenn die Krise zum Ausbruch kommt, verbindet sie sich zwangsläufig mit anderen Problemen, die durch ihre emotionale Dramatik in den Vordergrund treten können.

Um nur einige zu nennen: die *Religion* – zum jetzigen Zeitpunkt ist die Auseinandersetzung am heftigsten zwischen militanten Islamisten und ihren Gegnern (Christen, Hindus, postchristlich-westlichen Säkularisten, postkommunistischen Nachfolgestaaten), was andere religiöse Konfliktlinien für die Zukunft nicht ausschließt. *Rasse/Ethnizität und nationale Identität* – die Konflikte reichen hier von Kämpfen um öffentliche Gelder, Quoten und Gleichstellungsmaßnahmen (Stichwort positive Diskriminierung) über Grenzkontrollen oder Abschiebungsmaßnahmen bis hin zu Gebietsstreitigkeiten und ethnischen Kriegen. Es gibt aber auch Bewegungen zur Förderung vom interethnischem Zusammenleben und Integration, bekämpft wiederum von Bewegungen, die die genannten partikularistischen Ziele verfolgen. Hinzu kommen tagespolitische Probleme, die oft die größte Aufmerksamkeit absorbieren – Skandale, Korruptionsvorwürfe, persönliche Affären, Ungeheuerlichkeiten oder Fragen der Moral, gelegentlich hochstilisiert zu »Kulturkämpfen«. Größere Bedeutung haben aber Strukturkrisen, weil sie eben strukturell angelegt sind; sie betreffen unausweichliche Konflikte in den Institutionen, die auf die materiell-organisatorische Basis des sozialen Lebens durchschlagen. Anders als Skandale können Strukturprobleme nicht einfach verrauchen; sie lassen sich für eine gewisse Zeit ignorieren, hören aber nicht auf, ihre Folgen zu haben.

Die Überlagerung durch partikularistische Fragen ist unvermeidlich. Konflikte um Ethnizität, Religion, Geschlechterverhältnisse oder Lebensweise können die kapitalistische Krise verstärken. Sie können sie aber auch so stark vernebeln, dass die revolutionäre Transformation zu einem Postkapitalismus verzögert oder verhindert wird. Verstärken könnten sie die Krise und die Transformation dann, wenn große Mengen von Menschen, die durch ihre Identität als unterdrückte und beschädigte ethnische Gruppen, Religionen oder Geschlechter mobilisiert werden, ihre Anliegen mit dem Kampf gegen das System verbinden.

Eine Aufladung der Klassenmobilisierung durch partikularistische Identitäten hat es in früheren Revolutionen häufig gegeben. Sie dürfte auch in der Zukunft wahrscheinlich sein. Sie lenkt aber größtenteils ab von den ökonomischen Fragen und hat oft als Mobilisierungsbasis für reaktionäre Bewegungen gedient, die aus ethnischen, religiösen oder anderen Animositäten den zu einer Reform des Systems treibenden Kräften entgegentreten. Betonen wir noch einmal das Ausmaß der auf uns zukommenden Krise. Wenn sie so tiefgreifend ist, wie die theoretischen Indikatoren anzeigen, wird es nur einen Weg geben, aus ihr herauszukommen – den Übergang zu einem Postkapitalismus. All jene ethnischen, religiösen, kulturellen und anderweitigen Konflikte bilden nur die Geräuschkulisse, von der die Krise solange begleitet wird, bis es zu einer Neuordnung der politischen Kräfte kommt, die das Problem durch einen postkapitalistischen Übergang löst. Die Frage ist letztlich nicht ob, sondern wann dieser Übergang sich vollzieht.

Kriege. – Die um die Mitte des 21. Jahrhunderts ins Haus stehende kapitalistische Krise wird sich mit Kriegen verbinden. Die antikapitalistische Revolution in einem Land kann zu Kriegen führen (a) durch eine äußere Intervention, die ein prokapitalistisches Regime wiederherstellen will, (b) durch einen Bürgerkrieg, der durch äußere Unterstützung oder Intervention geschürt wird, oder (c) auf einem anderen Weg, wenn ein aggressiver postrevolutionärer Staat die Revolution nach außen trägt und dadurch andernorts Kriege anfängt. Das muss nicht so sein; es kann auch Wege geben, auf denen eine Revolution (besonders ein friedlicher Übergang) keine Kriege zur Folge hat.

Statt im Kaffeesatz der Zukunft zu lesen, stellen wir lieber die übergreifende Frage: Würden Kriege den Kapitalismus retten, oder wären sie nur ein weiteres Element seiner Krise? Kriege fördern generell Revolutionen, besonders auf der Verliererseite – manchmal auch auf Seiten der Sieger, bei durch die Kriegsausgaben zerrütteten Staatsfinanzen. Ließe sich der Kapitalismus militärisch aufrechterhalten durch den Sieg eines Staates, der ihm in einer Welt starker antikapitalistischer Bewegungen die Stange hält? Das könnte für eine gewisse Zeit möglich sein. Eine tiefgreifende Krise massiver technologischer Arbeitslosigkeit ließe sich aber dadurch nicht lösen. Auch dieses Kriegsszenario vertagt nur die postkapitalistische Transformation.

Die ökologische Krise. – Der langfristige Klimawandel, die Zerstörung der natürlichen Ressourcen und andere Ergebnisse menschlichen Tuns haben massive Folgen und gefährden das Leben der Zukunft und ihre Lebensgrundlagen. Die Frage ist: Wird die ökologische Krise im Kapitalismus zu Veränderungen führen, so dass die kapitalistische Krise überwunden wird (also gelöst durch die Lösung der ökologischen Krise)? Oder werden sich die Krisen wechselseitig verstärken und dadurch zu einer gemeinsamen Lösung drängen (oder zu deren doppeltem Scheitern)?

Die ökologische Krise könnte sich mit der kapitalistischen mischen; die andere Möglichkeit, dass sie den Kapitalismus am Leben hält, scheint nicht in Sicht. Grüne Industrien werden nicht für die nötige Beschäftigung sorgen, um die technologische Arbeitslosigkeit abzuwenden, zumal auch sie den hochtechnologischen Weg weiterer Computerisierung und Automation einschlagen dürften. Die verheerenden Auswirkungen der ökologischen Krise, an die man angesichts des menschlichen Leids kaum zu denken wagt, würden manche Weltregionen früher als andere treffen. Einigen bringt der ökologische Wandel neue Vorteile und Möglichkeiten. Tiefergelegene Weltteile versinken, andere werden durch Dürre, Hitze oder Verseuchung kaum noch bewohnbar sein. Gleichzeitig könnten kalte Regionen wohnlicher werden; das Schmelzen der Polarkappen öffnet zum Beispiel neue Meere, von denen Russland, Kanada und andere Anrainer profitieren werden. Beides zusammengenommen wird massive Migrationsströme auslösen. Möglich wären auch gewaltige Bevölkerungsverluste, die einer humanitären Katastrophe gleichkämen, mit dem Tod von vielleicht Hunderten Millionen von Menschen. Der kühle Blick des Historikers über die Jahrhunderte hinweg macht aber auch deutlich, dass selbst bei einem Verlust von 10 Prozent der Weltbevölkerung (oder einer vergleichbaren Dimension) ein Großteil der menschlichen Welt überlebt und sich anpassen wird.

Verbinden wir nun die ökologische Krise mit der des Kapitalismus, die durch die hochtechnologische Arbeitslosigkeit der Mittelschicht entsteht. Der massive Zustrom von Flüchtlingen aus ökologisch zerstörten Gebieten in die bewohnbaren Regionen brächte zusätzlichen Wettbewerb in einen schon überfüllten Arbeitsmarkt. Billige Wegwerfarbeit, die schon jetzt auf die Lebenschancen der durch Automation überflüssig gewordenen Mehrheit drückt, würde die ökonomische Krise weiter verschärfen. Einige neue Beschäftigungsmöglichkeiten würden sich auftun, in ethnischen Migrationsenklaven oder an den geographischen Rändern, wo die Erde bewohnbarer wird. Die ökologische Krise dürfte aber den allgemeinen Trend der technologischen Rationalisierungskrise nicht umkehren. Entwurzelte Bevölkerungen, die aus nicht mehr bewohnbaren Orten fliehen, und die dadurch zu erwartenden fremdenfeindlichen Bewegungen könnten für die Lösung der kapitalistischen Krise einen weiteren Verstrickungs- oder Verzögerungseffekt bedeuten. Unter dem humanitären Aspekt könnte das Mitgefühl in dem Teil der Welt, der diese Überlebenden aufnimmt, weitere emotionale Energie in die Bewegung für einen Übergang leiten, der über den Kapitalismus und seine Probleme hinausgeht. Alles in allem dürfte die ökologische Krise die Wahrscheinlichkeit des antikapitalistischen Szenarios weiter vergrößern.

Von entscheidender Bedeutung ist der Zeitablauf. Nach den sorgfältigsten Vorhersagen dürfte die großangelegte Zerstörung des menschlichen Lebensraums um das Jahr 2100 eintreten. Zu diesem Zeitpunkt wird der Meeresspiegel so hoch sein, dass flachere Küstenregionen überflutet sind; die Landwirtschaft wird in dichtbevölkerten Regionen unmöglich, der Trinkwassermangel akut. Die Projektionen für das Ausbrechen der kapitalistischen Krise liegen aber früher, um 2030 bis 2050. Sie wird vorrangig sein, weil sie zuerst krisenhafte Dimensionen erreicht.

Die postkapitalistische Zukunft und ein mögliches Hin und Her zwischen verschiedenen Wirtschaftssystemen

Was nach dem Kapitalismus kommt, hätte für große Umverteilungen aus den jetzigen Verhältnissen privater Verfügung über den Reichtum zu sorgen, der von kapitalistischen Unternehmen und Finanztransaktionen geschaffen wird. Diese Umverteilung käme der durch die Computerisierung und Mechanisierung aller Formen von Arbeit, einschließlich der heutigen Tätigkeit von Fach- und Führungskräften, verdrängten Bevölkerungsmehrheit zugute. Sie würde auch dazu veranlassen, die Kontrolle über die Finanzinstitutionen zu übernehmen, die der verhängnisvollen Entwicklung des Kapitalismus zugrunde liegen. Vielleicht entstünden solche postkapitalistischen Institutionen in einer gegenüber den klassischen staatssozialistischen Experimenten des 20. Jahrhunderts stärker dezentralisierten Form.

Wird das Ende des Kapitalismus das Ende der Geschichte sein? Keineswegs. Es wird die Politik nicht beseitigen. Zu hoffen ist, dass postkapitalistische Systeme demokratisch sind; mit Sicherheit wird es verstärkte Anstrengungen geben, die auf der Erkenntnis beruhen, dass Demokratie kein bloßer Schutzwall des Kapitalismus ist, sondern einen eigenen Wert besitzt. Die Politik hat immer die Möglichkeit, in dieser Richtung etwas zu verändern.

Wird die antikapitalistische Revolution die Menschen glücklich machen? Durkheim (1893) hat festgestellt, dass in der Geschichte das Niveau des Glücks (vielleicht sollten wir lieber sagen: des Unglücks) immer ungefähr gleichbleibend ist; neue Verhältnisse bringen auch neue Bedürfnisse und Vergleichsmaßstäbe hervor. Jedenfalls ist der Konflikt ein Grundzug der menschlichen Gesellschaft. Aus der Geschichte der sozialistischen Systeme des 20. Jahrhunderts haben wir zumindest gelernt, dass sie ihre eigenen Kämpfe hervorbringen und dass wir nicht zu viel von ihnen erwarten dürfen. Sie haben vor allem den Vorzug, nicht kapitalistisch zu sein, der kapitalistischen Krise entgehen zu können.

Ich würde auch nicht vorhersagen wollen, dass antikapitalistische Systeme Bestand haben. Sehr wahrscheinlich werden auch sie sich verändern, sei es durch Wahlergebnisse oder durch künftige Revolutionen in weiteren fünfzig bis hundert Jahren. Es gibt keinen tieferen Grund zu der Annahme, dass sozialistische Systeme friedlicher als kapitalistische sind. Nach Max Weber streben alle Staatsorganisation nach Machtprestige, sobald sich auf der Weltbühne die Gelegenheit bietet, und der militärische Weg zur Revolution lässt sich erneut beschreiten – tatsächlich war er es, der zur Entstehung der UdSSR geführt hat (Collins 1995). Statt das Ende der Geschichte zu sein, könnten spätere Jahrhunderte eine Reihe von Pendelbewegungen zwischen kapitalistischen und sozialistischen Formen – und vielleicht anderen, noch nicht vorstellbaren – erleben.

Man hat gesagt, dass die Erfahrung mit staatssozialistischen Systemen zu unerfreulich war, um nicht zu sagen katastrophal, als dass sie wieder attraktiv werden könnten. Das gilt es abzuwägen gegen die möglichen Schrecken eines künftigen Kapitalismus, in dem eine kleine Elite alle Großunternehmen besitzt und alle digitalen Geräte und Roboter verkauft oder betreibt, während sich die Masse der Bevölkerung um Jobs im Dienste dieser Elite und ihrer Maschinen balgt. Ich sage keine Wiederkehr des utopischen Sozialismus mit seinen grandiosen Hoffnungen voraus, nur eine Phase, in der sich die politischen Akteure, eingedenk der Mängel der jeweiligen Alternativen, für den Weg des Ausstiegs entscheiden, weil das krisengeschüttelte System nicht mehr zu halten ist. Wenn der Kapitalismus zur Hölle wird, kann es Hinwendungen zum Sozialismus geben. Wenn der Staatssozialismus die Probleme eine Zeitlang bereinigt hat, könnten seine eigenen Nachteile durchaus zum Aufkommen einer Gegentendenz führen. Das bedeutet in den kommenden Jahrhunderten ein Hin und Her zwischen beiden Systemen der politischen Ökonomie.

Der Postkapitalismus wird nicht das Ende wirtschaftlicher Ungleichheit sein. Frühere Erfahrungen mit sozialistischen Systemen zeigen, dass sie den Grad der Ungleichheit um etwa die Hälfte verringert haben – man vergleiche die Gini-Koeffizienten sozialistischer und kapitalistischer Länder und die drastische Zunahme der Ungleichheit nach dem Zusammenbruch der UdSSR. Nachdem der Sozialismus etwas getan haben wird, um die vom Kapitalismus produzierte grassierende Ungleichheit zu stoppen und für die Mehrheit wieder annehmbare Beschäftigungsbedingungen zu schaffen, könnten die Menschen durchaus seiner überdrüssig werden. Nach weiteren fünfzig Jahren könnte sich die in den 1980er Jahren vollzogene Abwendung vom Kommunismus wiederholen. Die zentralisierte Planwirtschaft der Zukunft mag autoritär sein oder auch nicht, sie würde jedenfalls über die gesamte Computertechnologie, über die Roboter und über die Koordinations- und Überwachungsinstrumente verfügen, um die Gesellschaft fest im Griff zu haben, sei es auch in stärker wohlmeinender Form. Die Machtpolitik wird in einem solchen System nicht verschwinden, und das ist ein weiterer Weg zu künftiger Opposition.

Neben der Unzufriedenheit mit einem zukünftigen Sozialismus könnte es auch die Wiedergeburt von Märkten geben. Wenn es in einer Planwirtschaft Freiräume gibt (die es in liberalen Mischformen geben wird), entstünden Handelsbeziehungen, Unternehmer würden neue Wirtschaftszweige erschließen, vielleicht durch größere Innovationsfreudigkeit die zentralisierte Planwirtschaft ausstechen. Die Schlange im Garten, das Investment- und Finanzwesen, könnte wieder ihr Haupt erheben und neue Runden der Spekulation entfesseln, mit verschachtelten Metastrukturen der Finanzmanipulation. Wenn sozialistische Systeme hinreichend demokratisch sind, könnten sich kapitalistische Bewegungen selbst wieder ins Amt wählen und die staatliche Wirtschaftslenkung teilweise oder ganz abbauen. Wenn sie autoritärer sind, kommt wieder die Revolutionstheorie zum Zug, das Warten auf die Gelegenheit, die zum Staatszusammenbruch und zu Möglichkeiten einer Systemveränderung führt. Wenn in ferner Zukunft – vielleicht im 22. Jahrhundert, oder dem übernächsten – der Kapitalismus wiederhergestellt wird, ist auch das nicht das Ende der Geschichte. Wird er mit denselben Selbstzerstörungstendenzen wie der jetzige wiederhergestellt, würde die Welt nur eine weitere Wiederholung des Pendelns zwischen kapitalistischen und antikapitalistischen Wirtschaftsformen erleben.

Kurz, die längerfristige Zukunft – wie viele Jahrhunderte man auch vorausdenken kann – dürfte ein Hin und Her zwischen den jeweiligen Schwächen zentralisierter Planwirtschaft und zügelloser Marktwirtschaft sein. Uns steht mit Sicherheit nicht die menschliche Emanzipation, in gleich welcher Form, sondern ein realistisches Lavieren zwischen den Klippen eines sozioökonomischen Dilemmas bevor.

Schluss

Ich möchte die schematische Natur meiner Analyse betonen. Ich habe mich auf einen strukturellen Langzeittrend der kapitalistischen Arbeitsmärkte konzentriert, der im Zentrum des Problems der zunehmenden Ungleichheit innerhalb des Kapitalismus steht. Die Periode der High-Tech-Innovation – Computerisierung, Robotisierung, Ersetzung menschlicher Kommunikationsarbeit durch Maschinen – ist heute in vollem Gang und wird in den kommenden Jahrzehnten noch extremer werden. Bisher gibt es keine voll entwickelte Künstliche Intelligenz, die annähernd dazu imstande wäre, die flexible und kreative menschliche Kognitionsfähigkeit nachzuahmen. Je näher die KI diesem Ziel kommt, desto höher die Ränge der von ihr ersetzbaren Arbeitskraft. Man kann sich eine Zukunft vorstellen, vielleicht in weniger als fünfzig Jahren, in der fast alle Arbeit von Robotern und Computern getan wird, mit ein paar wenigen menschlichen Technikern und Wartungskräften. Roboter sind das Äquivalent zur manuellen Arbeitertätigkeit, und Fabrikroboter haben schon dazu beigetragen, den Großteil gutbezahlter Industriearbeitsplätze zu vernichten. Höhergezüchtete Roboter, mobil und bestückt mit Sensoren und eingebauten Computern, könnten sich zu Humanoiden entwickeln, die qualifizierte Facharbeiter- und Mittelschichtarbeit, später auch Fach- oder Führungskräfte ersetzen. Diese Zukunft wird nicht den Frankenstein-Visionen der Science-Fiction-Romane gleichen. Die wirkliche Gefahr ist kein Aufstand der Roboter, sondern das letzte Stadium der technologischen Rationalisierung der Arbeit im Interesse einer kleinen Kapitalistenklasse von Roboterbesitzern.

Wie die technologisierte Zukunft auch im einzelnen aussehen mag, der strukturelle Trend – die technologische Arbeitslosigkeit – treibt zur Krise des Kapitalismus, über alle kurzfristigen, zyklischen oder zufälligen Krisen hinweg. Diese Tendenz zur zunehmenden Ungleichheit wird auch die Konsummärkte untergraben und dem Kapitalismus am Ende die Luft abschnüren. Alles in allem wird der einzige Weg, die Krise zu bewältigen, seine Ersetzung durch ein nichtkapitalistisches System sein, mit sozialistischem Eigentum und starker zentraler Regulation und Planung. Wie und wo dieser Übergang stattfinden wird, ist historisch viel konkreter und komplexer als mein theoretisches Raster.

Das Endresultat bleibt: Die technologische Arbeitslosigkeit der Mittelschicht wird dort, wo er heute herrscht, zum Sturz des Kapitalismus führen, noch vor dem Ende des 21. Jahrhunderts. Ob diese Übergänge friedlich oder fürchterlich werden, bleibt abzuwarten.

Literatur

Arrighi, Giovanni (1994), *The Long Twentieth Century*, London.

Autor, David/Dorn, David (2013), The Growth of Low-Skill Service Jobs and the Polarization of the U.S. Labour Market, *American Economic Review*, Jg. 103, S. 1553–1597.

Brown, David K./Bills, David B. (Hg.) (2011), Special Issue: New Directions in Educational Credentialism, *Research in Social Stratification and Mobility*, Jg. 29, S. 1–138.

Chaffee, John W. (1985), *The Thorny Gates of Learning in Sung China*, Cambridge.

Chase-Dunn, Christopher (1989), *Global Formation. Structures of the World Economy*, Oxford.

Cohen, Albert K. (1961), *Kriminelle Jugend. Zur Soziologie jugendlichen Bandenwesens*, übers. v. Helmut de Rudder, Reinbek.

Collins, Randall (1979), *The Credential Society. An Historical Sociology of Education and Stratification,* New York.

ders. (1995), Prediction in Macrosociology: The Case of the Soviet Collapse, *American Journal of Sociology,* Jg. 100, S. 1552–1593.

ders. (2002), Credential Inflation and the Future of Universities, in: Steve Brint (Hg.), *The Future of the City of Intellect,* Stanford, CA, S. 100–122.

Durkheim, Émile (1988 [1893]), *Über soziale Arbeitsteilung,* übers. von Ludwig Schmidts, Frankfurt/M.

Goldstone, Jack A. (1991), *Revolution and Rebellion in the Early Modern World,* Berkeley, CA.

Halnon, Karen Bettez/Cohen, Saundra (2006), Muscles, Motorcycles and Tattoos: Gentrification in a New Frontier, *Journal of Consumer Culture,* Jg. 6, S. 33–56.

Milner, Murray Jr. (2004), *Freaks, Geeks and Cool Kids. American Teenagers, Schools and the Culture of Consumption,* New York.

Schneider, Eric C. (1999), *Vampires, Dragons and Egyptian Kings. Youth Gangs in Postwar New York,* Princeton.

Schumpeter, Joseph A. (1912), *Theorie der wirtschaftlichen Entwicklung,* Leipzig.

ders. (1961 [1939]), *Konjunkturzyklen,* übers. v. Klaus Dockhorn, Göttingen.

Skocpol, Theda (1979), *States and Social Revolutions,* New York.

Tilly, Charles (1995), *Popular Contention in Great Britain, 1758–1834,* Cambridge, MA.

Wallerstein, Immanuel (2012 [1974ff]), *Das moderne Weltsystem I–IV,* übers. v. Angelika Schweikhart u.a., Neue Ausgabe, Wien.

White, Harrison C. (2002), *Markets from Networks,* Princeton.

Zelizer, Viviana (1994), *The Social Meaning of Money,* New York.

Das Ende ist vielleicht nah – aber für wen?

Michael Mann

Historische Soziologen können zwar die Vergangenheit deuten, aber die Zukunft ist etwas anderes. Besonders schwer vorhersagbar ist die Zukunft gesellschaftlicher Großinstitutionen, wie die des Nationalstaats oder des Kapitalismus. Leichter wird es, wenn man die betreffende Institution für ein »System« hält, das seine eigene Entwicklungslogik hat, seine Zyklen und Widersprüche. Wir könnten dann die aktuelle Entwicklungslogik identifizieren und daraus eine mögliche Zukunft ableiten. Viele halten das im Falle des Kapitalismus für möglich. Neoklassische Ökonomen sehen in ihm regelmäßige Konjunkturzyklen am Werk, die eine immanente Tendenz zum Gleichgewicht haben. Nach den jetzigen Problemen des Kapitalismus würde es also einen Aufschwung geben, dann wieder eine Krise, gefolgt von einem weiteren Aufschwung im Zuge einer allgemeinen Aufwärtsentwicklung. Auch diejenigen, die wie Kondratieff oder Schumpeter sahen, dass es tiefere, weniger häufige, aber gefährlichere Wellen gibt, erkannten darin eine Regelmäßigkeit und – wie im Falle Kondratieffs – eine Vorhersagbarkeit. Sogar Keynes, der dem Begriff des Gleichgewichts eine gewisse Skepsis entgegenbrachte, wollte nicht bestreiten, dass es auf längere Sicht wiederhergestellt wird, wenn auch mit etwas Nachhilfe seitens des Staates. Diese Modelle vermitteln (sieht man von Schumpeter ab) das Bild eines ewig bestehenden Kapitalismus. Auch für Marxisten hat der Kapitalismus eine innere Entwicklungslogik; sie sehen aber darin – wie in allen Produktionsweisen – systemimmanente Widersprüche am Werk, die ihm schließlich den Garaus machen.

Das systemische Element ist explizit in der sogenannten Weltsystemtheorie, deren Hauptvertreter Immanuel Wallerstein ist. Die einzige Schwierigkeit der Vorhersage liegt für diese marxistischen Systemtheoretiker in der Frage, was danach kommen soll (weil viele ihr Vertrauen in eine sozialistische Zukunft verloren haben). Da Intellektuelle, die über den Kapitalismus dozieren, vielfach aus dem Westen kommen und der westliche Kapitalismus sichtbare Probleme hat, erfreuen sich apokalyptische Szenarien zunehmender Beliebtheit.

Ich würde diese dezidierten Zukunftsvisionen, seien sie optimistisch oder pessimistisch, gern teilen. Dass ich es nicht kann, hat drei Gründe. Das Haupthindernis ist erstens mein allgemeines Gesellschaftsmodell. Gesellschaften sind für mich keine Systeme, sondern vielfältige, sich überlagernde Interaktionszusammenhänge, unter denen vier die wichtigsten sind: die ideologischen, die ökonomischen, die militärischen und die politischen Machtbeziehungen. Hinzunehmen könnte man die geopolitischen Beziehungen als eine bestimmte Verbindung von militärischer und politischer Macht, die in ihrer Zusammensetzung zwischen »harter« und »weicher« Geopolitik variieren kann. Jede dieser vier oder fünf Quellen der Macht kann ihre eigene Logik oder Entwicklungstendenz haben, so dass sich zum Beispiel innerhalb des Kapitalismus Gleichgewichtstendenzen, Zyklen oder Widersprüche ausmachen lassen, genauso wie man ähnliche Tendenzen innerhalb der anderen Quellen sozialer Macht feststellen könnte. Nehmen wir zum Beispiel die Zyklen von Angriff und Verteidigung, Beweglichkeit und Standhaftigkeit oder die kontinuierliche Steigerung der Feuerkraft, die allesamt innere Tendenzen militärischer Machtbeziehungen sind. Oder das allmähliche Anwachsen des modernen Staates und die Verdrängung von Reichen durch Nationalstaaten als Tendenzen, die vor allem politischen Machtbeziehungen innewohnen. Ideologien haben demgegenüber ihre eigenen Entwicklungszyklen, je nachdem, ob eine herrschende Ideologie »funktioniert« und welche der alternativen, sich als Lösung der Krise anbietenden Ideologien übernommen wird.

Diese unterschiedlichen Dynamiken verhalten sich zueinander »orthogonal«. Das soll heißen, dass sie interagieren, aber nicht systematisch. Das bedeutet wiederum, dass wir innerhalb einer Machtquelle nur in einem bestimmten Maße »innere« Dynamiken feststellen können, weil jede von ihnen gegenüber den anderen nicht absolut selbständig ist und durch ihre Entwicklung die der anderen beeinflusst. Wenn wir die Bedeutung dieser Interaktionen erkennen, befinden wir uns in einer Welt, die komplexer und unsicherer ist, in der zum Beispiel die Entwicklung des Kapitalismus auch von Ideologien, Kriegen und Staaten beeinflusst wird. Ich werde dies deutlich machen durch den Versuch, zwei historische Krisen des Kapitalismus zu erklären, die Große Depression und die jetzige Große Rezession. Leider wird damit die Vorhersage der Zukunft nicht leichter.

Zweitens wird die Komplexität noch dadurch vergrößert, dass der Planet Erde ein weites Feld ist. Da sich die Nationalstaaten und Großräume erheblich unterscheiden, wirken sich die genannten allgemeinen Tendenzen in manchen Ländern und Regionen stärker als in anderen aus. Es kann heute eine ernsthafte kapitalistische Krise in Griechenland geben, aber nur eine leichte in der benachbarten Türkei, während in China fast nichts davon zu spüren ist. Diese Unterschiede können auch welthistorisch unterschiedliche Entwicklungswege hervorbringen, die zum Beispiel darauf hindeuten, dass China die Vereinigten Staaten wirtschaftlich überflügeln könnte, oder Asien die westliche Welt. Für Machtverschiebungen zwischen den Großräumen bietet die Geschichte zahlreiche Beispiele.

Allerdings hat die Existenz von Atomwaffen erstmals in der Weltgeschichte dafür gesorgt, dass eine kriegerische Austragung ihrer Rivalitäten nicht sehr wahrscheinlich ist. Aber auch nicht unmöglich – und daraus ergibt sich die dritte Komplexität. Menschen sind keine rational kalkulierenden Maschinen. Manchmal stehen sie vor vielschichtigen Problemen, für die es keine eindeutige Lösung gibt. Manchmal lassen sie sich nicht von instrumenteller Rationalität leiten, sondern von dem, was Max Weber Wertrationalität nennt, von der Unterordnung persönlicher Interessenkalküle unter eine Ideologie. Manchmal werden sie beherrscht von starken Emotionen, die über die Vernunft triumphieren. Menschliches Handeln ist deshalb oft unvorhersehbar. Im 20. Jahrhundert haben Menschen oft Entscheidungen getroffen, die für uns heute irrational waren – zwei verheerende Weltkriege anzufangen oder die Utopie einer totalen Gesellschaftsveränderung in Angriff zu nehmen. Es gibt keinen Grund zu der Annahme, dass es sich im 21. Jahrhundert anders verhält.

Der beste Weg, eine Vorhersage zu wagen, bestünde deshalb in einer Aufstellung alternativer Szenarien. Ich werde abwägen, ob das Ende des Kapitalismus – oder, weniger dramatisch, sein Niedergang – für Amerika naht oder für die westliche Welt, für die gesamte Weltwirtschaft oder aber für den gesamten Planeten. Manche meiner Szenarien werden optimistischer als andere ausfallen, manche werden die Welt umfassender betreffen als andere, jeweils mit der Wahrscheinlichkeit, dass sie durch die komplexen Interaktionen des Kapitalismus mit anderen Machtquellen und Krisen modifiziert werden. Ich will versuchen, diesen Szenarien eine bestimmte Wahrscheinlichkeit zuzuordnen, obwohl sie im Grunde nur vage Vermutungen sind.

Systeme und Zyklen

Ich bin skeptisch gegenüber Theorien, die eine finale Krise des Kapitalismus als eines einzigen Systems ausmalen (mit zwei noch zu erklärenden Ausnahmen). Nehmen wir zum Beispiel die Vorstellung Wallersteins, die Krise beträfe das »kapitalistische Weltsystem«. Sein System besteht aus zwei Teilen. Der erste ist die »innere« Krise des Kapitalismus, die durch die Logik der Kapitalakkumulation entsteht und in Gestalt sich verschlechternder 50–60jähriger Kondratieff-Zyklen von Aufschwüngen und Abschwüngen zum Ausdruck kommt. Der nächste Konjunkturrückgang wird, wie er meint, noch schlimmer sein und könnte den Kapitalismus zu Fall bringen (hofft er jedenfalls). Wir treten demnach in eine Systemkrise des Kapitalismus ein, weil die Gewinnspannen sinken und nahezu zwangsläufig weitersinken.

Der zweite Teil ist eine geopolitische Krise, die sich in längerfristigen »Hegemoniezyklen« manifestiert. Hegemonie bedeutet Herrschaft. Krisen entstehen in der Übergangsperiode zwischen verschiedenen Hegemoniesystemen. Wallersteins Beispiele sind der Übergang von der Hegemonie der Vereinigten Niederlande zu der des britischen Empire und der von der britischen zur US-Hegemonie. Diese geopolitischen Zyklen könnten in ihrer Länge stärker variieren als die ökonomischen. Von der niederländischen zur britischen Hegemonie habe es mehr als hundert Jahre gedauert, von der britischen zur amerikanischen fünfzig Jahre. Die US-Hegemonie befände sich nun im Niedergang und geht, wie er meint, nach einer Herrschaft von etwa siebzig bis achtzig Jahren zu Ende. Verständlicherweise ist ihm nicht klar, was danach kommen soll. Er sieht eine mögliche Zukunft in der Hegemonie Chinas, scheint es aber für wahrscheinlicher zu halten, dass es nicht nur einen einzigen Hegemon geben wird. Schlechte Aussichten angesichts seiner hobbesianischen Vorstellung, dass es ein menschliches Bedürfnis nach einem Alleinherrscher gibt. Wallerstein kann nicht erkennen, dass Kapitalismus- und Hegemoniekrise sich gegenseitig unterminieren oder aufschaukeln. Die Krisen der kapitalistischen und der hegemonialen Zyklen würden stattdessen an einem bestimmten Punkt zusammenfallen und zu einer globalen Systemkrise führen.

Das ist eine prägnante Theorie, die voller Einsichten steckt, die ich aber in beiden Teilen schwer akzeptieren kann. Man betrachte erstens Wallersteins Liste historischer Hegemone. Die Vereinigten Niederlande sind als erste europäische Vormacht eine seltsame Wahl. Die Holländer waren Ende des 17. Jahrhunderts bahnbrechend bei manchen kapitalistischen Institutionen, sie haben sich zu Lande und zur See wacker geschlagen und einige Kolonien erworben. Sie haben aber nie Europa beherrscht, geschweige denn die übrige Welt. Die europäischen Führungsmächte waren damals die Habsburger und Frankreich, aber der Kontinent (mit seinen Weltreichen) war geopolitisch von einer Pluralität der Mächte geprägt. Großbritannien war im 19. Jahrhundert stärker dominant, weil es die führende kapitalistische Industriemacht mit der größten Flotte, dem größten Weltreich und eine Zeitlang auch der Leitwährung war; es besaß aber nie die Hegemonie über den Kontinent und war zu seinem Schutz darauf angewiesen, dass es zwischen anderen Staaten ein Machtgleichgewicht gab. Wallerstein erkennt dann eine Periode der Rivalität zwischen zwei Hegemonen in spe, Deutschland und den Vereinigten Staaten, bevor die letzteren triumphierten. Er bezeichnet die Zeit von 1914 bis 1945 als einen »Dreißigjährigen Krieg« zwischen diesen beiden – eine seltsame Beschreibung für Kriege, in die Amerika erst spät eintrat, erst nachdem es im zweiten von Japan angegriffen wurde. Die amerikanische Hegemonie wurde dann nach dem Zweiten Weltkrieg tatsächlich festgezurrt, aber größtenteils als unbeabsichtigte Folge eines Krieges, der durch das selbstmörderische faschistisch-militärische Abenteuer Deutschlands und Japans begann – auch wenn es diesen beiden gelang, das britische und französische Weltreich zur Strecke zu bringen. Die amerikanische Hegemonie über einen Großteil der Welt sei dann durch die Rückwendung der Sowjetunion zur wirtschaftlichen Autarkie vervollständigt worden.

Eine so zufällige Konstellation von Resultaten ging aus komplexen Interaktionen zwischen allen vier Quellen der Macht hervor. Die Vereinigten Staaten waren schon in der Zwischenkriegszeit die führende Wirtschaftsmacht – auch wenn der Dollar ohne den Zweiten Weltkrieg vermutlich den Status der Leitwährung mit anderen geteilt hätte –, sie hatten aber weit weniger militärische oder geopolitische Macht. Der Ausgang des Krieges ließ Amerika zur großen historischen Ausnahme werden, zum einzigen globalen Imperium – dem einzigen wirklichen Hegemon, den die Welt je gesehen hat. Mit nur einem einzigen Beispiel lassen sich aber schwer Hegemoniezyklen identifizieren. Ich stimme allerdings mit Wallerstein darin überein, dass die Vereinigten Staaten in der jüngeren Vergangenheit hegemonial waren, dass ihre Hegemonie heute schwächer wird und dass sie vielleicht irgendwann um 2020 bis 2025 zu Ende geht. Dieser einzigartige welthistorische Prozess könnte zu einer Krise führen, die eine der Vereinigten Staaten ist.

Wie verhält es sich mit den angenommenen Kondratieff-Zyklen, aufeinanderfolgenden Wellen von Auf- und Abschwüngen mit praktisch feststehender Dauer? Nach Kondratieff läge diese bei 54 Jahren. Wenn dem so ist, müsste die Welle, nachdem 1933 die Talsohle erreicht war, 27 Jahre lang bis 1960 gestiegen und dann durchgesackt sein bis zu einem weiteren Tief 1987, um sich wieder hinaufzuschwingen bis 2014. Von diesem Aufschwung ist heute nichts zu bemerken. Kondratieffs Nachfolger datierten die Zyklen auf zweierlei Weise, je nachdem, ob sie sich auf Preisschwankungen oder auf das Produktionsvolumen beziehen. Manche sehen in den Jahren 1972/73 den Beginn eines Aufschwungs (wegen steigender Preise), andere den eines Abschwungs (wobei nicht die Produktion zurückging, sondern ihre Wachstumsrate – im Westen zumindest). Auch an den zwei Weltkriegen scheiden sich die Geister – ging ein Aufschwung 1913 oder 1929 zu Ende, begann ein weiterer 1938 oder 1945? Es besteht wenig Übereinstimmung bei diesen Zyklen, was an ihrer Regelmäßigkeit zweifeln lässt.

Wallerstein hat seine eigene K-Wellen-Theorie. Der letzte Aufschwung (in Bezug auf die Produktion) begann für ihn 1945 und gipfelte in den Jahren 1967 bis 1973. Das dürfte für den westlichen Teil der Weltökonomie zutreffen, verdankt sich aber weniger einem innerkapitalistischen Zyklus als vielmehr dem Ende des Zweiten Weltkriegs, das für einen außerökonomischen Stimulus gesorgt hatte. Durch Übereinkunft zunächst Großbritanniens und der Vereinigten Staaten und dann aller US-Verbündeten wurde ein global regulierter Kapitalismus geschaffen, der auf dem Nachholbedarf der während des Krieges eingeschränkten Verbrauchernachfrage aufbauen konnte, um in Verbindung mit kriegsbedingten technischen Entwicklungen für ein ungeahntes »Goldenes Zeitalter« zu sorgen, das sich mit einem nie dagewesenen Wachstum über fast die gesamte Welt ausgedehnt hat. Nach dieser Periode blieb die Wirtschaft im Westen mehr oder weniger stagnierend von etwa 1973 bis 2000, als der Aufschwung hätte beginnen sollen. Das hat er nach einem weiteren Jahrzehnt immer noch nicht getan. Halten wir aber fest, dass der Boom für weite Teile der Welt weiterging, nachdem er im Westen abgeflaut ist, und dass er in manchen Ländern noch anhält. Japan, danach weitere ostasiatische Länder und China, dann Indien und die anderen BRICS hatten allesamt ihren Boom. K-Wellen sind sogar bei Ökonomen umstritten, die sich mit der westlichen Welt befassen. Für die restliche sind sie offenbar irrelevant.

Auf- und Abschwünge sind im Kapitalismus unvermeidlich. Nach einem langen Aufschwung kann es sein, dass die Akteure übermütig werden und auf einen Absturz zusteuern. Natürlich haben das Banker und private Anleger in der ersten Dekade des 21. Jahrhunderts auch getan. Ein präzises, regelmäßiges Muster lässt sich aber schwer ausmachen, weil es kaum wirklich globale Muster gibt. Trotzdem könnte es sein, dass uns vergangene Krisen etwas über eine kommende Krise des Kapitalismus verraten. In der Überzeugung, dass Theorien auf detaillierter empirischer Untersuchung begründet sein müssen, möchte ich mich deshalb den zwei gravierendsten und bestdokumentierten Krisen in der Geschichte des Kapitalismus zuwenden – der Großen Depression und der jetzigen Großen Rezession.[1]

Die Große Depression

Beide Krisen hatten vielfältige Ursachen. Die meisten waren vor allem innerökonomische, wie nicht anders zu erwarten ist, weil es sich um wirtschaftliche Vorgänge handelte und der Kapitalismus eine gewisse »innere« Logik hat. Manche waren aber außerökonomischer Art und manche wiederum recht zufällig. In beiden Fällen begann die Krise mit einem Problem, das immer größer wurde, weil es andere, bisher unbemerkte Probleme, die zum Teil wirtschaftliche waren, teilweise aber auch nicht, »aufdeckte« und verschärfte. Die Krise hätte auch ganz anders ablaufen können. Sie wirkte sich zudem weltweit ganz unterschiedlich aus; manche Länder waren praktisch nicht betroffen, andere kamen durch geeignete Maßnahmen schnell wieder aus ihr heraus. Aus all diesen Gründen darf man bezweifeln, dass in ihr eine einzige Systemlogik am Werk war. Leider schränkt dies auch die Möglichkeit ein, kommende Wirtschaftskrisen vorherzusehen.

Die Große Depression begann mit einer Überproduktion in der Landwirtschaft (die teilweise dem Ersten Weltkrieg geschuldet war) und wurde dann, wie Barry Eichengreen gezeigt hat, verschärft durch einen Goldstandard, der nicht mehr (wie in der Vorkriegszeit) durch die britische Hegemonie oder gemeinsam von den Zentralbanken der Großmächte gewährleistet wurde. Einzelne Länder kehrten nach Kriegsende zum Goldstandard zurück, aber spontan und mit größtenteils unrealistischen Kursen, die eher nationalen Ehrbegriffen als wirtschaftlichen Erwägungen entsprachen. Ebenfalls dazu bei trugen geopolitische Span-

---

1 Ich beschäftige mich mit beiden ausführlicher in den letzten beiden Bänden von *The Sources of Social Power* – mit der Großen Depression in Band 3, *Global Empires and Revolution, 1890–1945,* Neuausgabe New York 2012, Kap. 7, und mit der Großen Rezession in Band 4, *Globalizations, 1945–2012,* New York 2013, Kap. 11. – Diese Teile sind in der dreibändigen deutschen Ausgabe (*Geschichte der Macht,* Frankfurt/New York 1990ff) nicht enthalten.

nungen zwischen Deutschland und Österreich einerseits, Frankreich und Großbritannien andererseits. Frankreich und Amerika horteten Gold. Es herrschte traditionelles Laisser-faire-Denken, zusammen mit einer Finanzblase und einem nicht vollzogenen Übergang von alten zu neuen Produktionsmethoden, was das Beschäftigungspotential der Wirtschaft verringerte. In Amerika, dem Auge des Wirbelsturms, wurden zudem von Kongress und Zentralbank schwere politische Fehler begangen, begründet im damaligen Marktfundamentalismus, der seinen schrecklichen Höhepunkt im sogenannten »Liquidationismus« fand – der Durchsetzung von Austeritätsmaßnahmen zum Abbau von unwirtschaftlichen Firmen, Industrien, Investoren und Arbeitskräften. Ohne zwei oder drei dieser vielfältigen Ursachen, die sich gegenseitig hochschaukelten, hätten wir von einer zyklischen Rezession sprechen können. Die Eskalation war aber keineswegs unvermeidlich.

Die Depression wird als »Weltwirtschaftskrise« bezeichnet, ihre Auswirkungen waren aber unterschiedlich. Sie traf besonders Westeuropa und die anglophonen Länder, obwohl auch hier die USA, Kanada und Deutschland gemessen am Pro-Kopf-Einkommen sechsmal so viel wie Großbritannien verloren und dreimal so viel wie Frankreich. Nach dem ersten Konjunktureinbruch hatte sie aber auf weite Teile der Welt kaum Auswirkungen. China war nur leicht betroffen, die Sowjetunion, Osteuropa und Japan mit seinen Kolonien Korea und Taiwan setzten ihr Wachstum während der Depression fort. Sie war keine wirkliche Weltwirtschaftskrise. Vielleicht sollten wir sie lieber die »Große weiße Depression« nennen, weil es die weiße Rasse am stärksten traf. Manche Länder kamen schnell aus ihr heraus, indem sie vom Goldstandard abgingen und reflationierten. Das taten schließlich auch die USA, aber die Roosevelt-Administration leitete 1937 im Vertrauen darauf, dass der Aufschwung im Gang ist, eine Deflation ein und verursachte damit eine »Doubledip«-Rezession. Tatsächlich hat sich die amerikanische Wirtschaft erst durch die verbesserte Nachfragesituation während des Zweiten Weltkriegs vollständig erholt.

Aus alldem wird deutlich, dass nichtwirtschaftliche Ursachen sehr wichtig waren. Nehmen wir als Beispiel die Rolle der militärischen Machtbeziehungen. Der Erste Weltkrieg hatte erheblichen Einfluss auf die Depression. Viele ärmere Länder hatten während des Krieges ihre Agrarexporte kräftig steigern können. Als die kriegführenden Länder nach 1918 ihre Landwirtschaft wieder in Gang brachten, kam es zu einer Überproduktion mit nachfolgendem Preisverfall. Der Krieg hatte aber auch den einvernehmlichen Goldstandard zunichte gemacht, und da die Friedensverträge die geopolitischen Rivalitäten nicht überwinden konnten, wurde die internationale Zusammenarbeit in der Weltwirtschaft schwieriger. Die Krise war nicht das notwendige Ergebnis der geopolitischen Mächtepluralität, denn diese hatte vor dem Krieg für wirtschaftliche Stabilität gesorgt; sie war eine Folge der geopolitischen Situation nach einem besonders fürchterlichen Krieg.

Die Systemthese ließe sich stützen, wäre der Krieg durch den Kapitalismus verursacht worden oder durch den Verfall der britischen Hegemonie. Beides war nicht der Fall. Europa war schon jahrhundertelang vor der Ankunft des Kapitalismus ein ungewöhnlich kriegerischer Kontinent gewesen; Krieg war nach wie vor die Basis der Diplomatie, und dieser Krieg wurde – wie viele frühere europäische Kriege auch – dadurch begonnen, dass Großmächte ihren kleineren Vasallen (in diesem Fall Serbien und Belgien) zu Hilfe kamen. Der Militarismus war europäische Tradition.[2] In der Großen Depression begegneten sich unterschiedliche Kausalketten, wie Bäche zu einem Strom anschwellen, indem verschiedene kleine Krisen zu einer größeren ausuferten, weil durch sie weitere Schwachstellen »aufgedeckt« wurden. Dass die verschiedenen Schockwellen anhielten, hatte niemand vorausgesehen.

Die Große Rezession von 2008

Die entscheidende Frage ist hier, ob die gegenwärtige Rezession andauern, sich verstärken und vielleicht sogar Kräfte in Gang setzen wird, die den Kapitalismus zu Fall bringen könnten. Analysieren wir aber zuvor kurz ihre Ursachen. Wir entdecken auch hier eine Kettenreaktion.

---

2 Siehe meine *Sources of Social Power,* Bd. 3, Kap. 2 und 5.

Die Rezession begann als eine primär amerikanische Krise, bei der verschiedene Kausalketten zusammenkamen. Erstens gab die US-Hegemonie mit ihren globalen Ungleichgewichten dem Staat und den amerikanischen Verbrauchern die Möglichkeit, zu lächerlichen Zinssätzen gewaltige Summen von ausländischem Geld aufzunehmen und dadurch einen Schuldenberg anzuhäufen, der sich nicht mehr abtragen ließ. Zweitens ließen die daraufhin steigenden Zinssätze die Immobilienblase platzen, und das verursachte den ersten wirklichen Schock. Diese Kausalkette wurde aber nur möglich durch die ideologische Vorstellung von Politikern, eine »Eigentümer-Demokratie« schaffen zu wollen – eine Nation von Hauskäufern. Die dritte Hauptursache war, dass dies nach der Deregulierung der Finanzmärkte geschah, die vierte die in den USA weiter aufklaffende Schere der Ungleichheit. Diese beiden letzteren wurden veranlasst durch die Verbindung von neoliberaler Ideologie und der Macht von Topmanagern und Bankern im politischen System der USA. Das ist teilweise auf eine Umorientierung von Herstellungs- auf Finanztätigkeit zurückzuführen, die den kurzfristigen »Shareholder Value« zum obersten Unternehmensziel machte.

Ähnliche Ursachen waren in Großbritannien am Werk, weil in beiden Ländern Neoliberalismus und Finanzkapital dominierten. Nicht so ausgeprägt waren sie in den meisten anderen Ländern, auch wenn in Deutschland die Inflationsängste (entstanden durch den historischen Mythos, die Inflation habe zum Aufstieg Hitlers geführt) die neoliberale Politik unterstützten und die deutsche Wirtschaftsmacht dafür sorgte, dass dieser Fiskalkonservatismus auf ganz Europa übertragen wurde. Militärische Macht spielte in der Großen Rezession keine Rolle, wohl aber die ideologische in Form von Neoliberalismus und Inflationsphobie.

Diese Triebkräfte »entdeckten« dann die Zauberlehrlinge aus dem Finanzdienstleistungsbereich. Ihre Rechenoperationen hatten zu einem übertriebenen Vertrauen in abstruse Finanzinstrumente geführt, mit immer geringerem Bezug zur Realwirtschaft. Sie hatten die Ideologie der neoklassischen Ökonomie in mathematische Risikomodelle verwandelt, in der irrtümlichen Annahme, die Wirtschaft bestünde aus bloßen Marktmechanismen, deren Faktoren samt und sonders genau kalkulierbar und prognostizierbar sind. Fast niemand hatte vorausgesehen, dass sich die verschiedenen Risikofaktoren gegenseitig hochschaukeln können.

Die Krise breitete sich dann international aus – nicht, weil es mit der amerikanischen Hegemonie bergab ging, sondern weil Amerika mit seiner Wirtschaft, seinem Dollar und seinen Wirtschaftsmathematikern hegemonial blieb. Der amerikanische Konjunktureinbruch affizierte nun Länder mit Schuldenproblemen, aber auch wichtige Handelspartner wie Deutschland und Frankreich, die bis dahin »solide« geblieben waren und den Verlockungen von Verschuldung oder von erheblich ausgeweiteter Ungleichheit, Neoliberalismus und Finanzkapital widerstanden hatten.

Aufgeschreckte Anleger »entdeckten« dann Sektoren und Länder, deren Schulden sich mit Beginn der Rezession und des Kapitalrückgangs ebenfalls als untragbar erwiesen. Im Jahre 2007, kurz vor der Rezession, hatten nach Angaben des IWF von den europäischen Ländern nur Griechenland und Italien eine öffentliche Verschuldung, die leicht über ihrem BIP lag. Die durchschnittliche Staatsverschuldung innerhalb der EU war etwas niedriger als unter den OECD-Ländern insgesamt (71 gegenüber 73 Prozent). Nur in Griechenland war sie ein wirkliches Problem. In Irland, Spanien und Italien war es (wie in Amerika und Großbritannien) die private Verschuldung, die hochgeschnellt war (wenngleich die Hauptschwäche der italienischen Wirtschaft in ihrer niedrigen Produktivität lag). Diese Volkswirtschaften hatten allesamt unterschiedliche Probleme, die vielleicht ohne die aus Amerika angeheizte Finanzkrise nicht »aufgedeckt« worden wären. Als aber die Rezession eintrat und durch Austeritätsmaßnahmen noch verstärkt wurde, bedeutete die nachlassende Konjunktur geringere Einnahmen, und so stieg überall die Staatsverschuldung.

Die europäische Finanzkrise verschlimmerte sich dann, als die Rezession eine ganz äußerliche Schwäche der Eurozone »aufdeckte«, mit der die Rezession zu einer veritablen Staatsschuldenkrise wurde, verursacht in erster Linie durch die inneren Ungleichgewichte im Euroraum. Es hatte einen großen Kapitalabfluss von reicheren zu ärmeren EU-Ländern gegeben, wozu die griechische Regierung durch unseriöses Finanzgebaren ihren besonderen Beitrag leistete. Diese Krise wurde aber nur deshalb verschärft, weil sich die Eliten der siebzehn Euro-Länder – nicht deren

Bevölkerungen, auch nicht die Eliten der zehn restlichen EU-Länder – für die »Vertiefung« der Union durch eine gemeinsame Währung begeistert hatten, ohne für die nötige Absicherung durch eine Zentralbank mit finanzpolitischen Funktionen zu sorgen. Das war eine politische Strukturschwäche. Die Eliten wussten, dass sie den Euro nicht adäquat stützen konnten, wenn schwächere Länder von der Größe Italiens und Spaniens vor die Wand fuhren. Als überzeugte Europäer waren sie aber gewillt, das Risiko einzugehen, obwohl ihre nationalen Wählerschaften eine gemeinsame Wirtschafts- und Finanzpolitik abgelehnt hätten – was ihnen bekannt war, weil die Wähler in jedem der drei voraufgegangenen Referenden in einzelnen EU-Ländern gegen eine vergleichsweise moderatere Vertiefung gestimmt hatten. Politische Ideale hatten über ökonomischen Sachverstand triumphiert, das Resultat war ein kapitaler politischer Fehler. Weiter verschärft wurde die Krise durch die rigiden Sparprogramme, die aus unterschiedlichen ideologischen Gründen von Deutschland und Großbritannien durchgesetzt wurden, um sie den schwachen europäischen Ökonomien aufzuzwingen. Eine besondere Konstellation wirtschaftlicher, ideologischer und politischer (in diesem Fall nicht militärischer) Kausalketten droht sich weiter aufzuschaukeln zu einer viel schlimmeren Doubledip-Rezession.

Auch die Große Rezession verbreitete sich aber weltweit sehr ungleichmäßig. Die Weltbank-Daten zum Wachstum des BIP lassen erkennen, dass fast jedes Land ein schwieriges Jahr 2008 oder 2009 hatte. In dieser kurzen Phase war die Krise tatsächlich global. Sie vertiefte sich dann in den USA und über ganz Europa hinweg bis nach Russland mit seinen östlichen Nachbarn, auch in einigen ärmeren Schuldenstaaten. Um 2010 hatten aber zahlreiche Länder den Hebel umgelegt und ihre höchsten Wachstumsraten im 21. Jahrhundert erzielt, unter ihnen so wichtige wie Brasilien, Mexiko, die Türkei, Nigeria, Kanada, Malaysia, Korea und Singapur. Indien und Indonesien erreichten fast wieder ihre früheren Bestmarken, während die offizielle Wachstumsrate Chinas von etwa 10 auf 8 Prozent sank – immer noch beneidenswert für die übrige Welt. All diese Länder mit Ausnahme Kanadas sind das, was wir als »unterentwickelt« bezeichnen. Die meisten hatten ihre Lehren aus den Jahrzehnten der strukturellen Anpassung gezogen und Reserven angelegt, um größere Auslandsschulden zu vermeiden. Länder, die dies versäumt hatten, waren stärker betroffen. Kanada blieb ungeschoren, weil durch seine neuen Rohstoffindustrien das Finanzwesen eine geringere Rolle spielte und außerdem streng reguliert war – vielleicht streng genug, um in andere Länder auszuweichen. Wenn dies eine Systemkrise war, hätte man ihr durch verschiedene Maßnahmen entgehen können.

Wie die Große Depression war also auch die Große Rezession nur für manche Länder fatal. Der amerikanische Virus breitete sich weltweit aus, vor allem über Finanzwege, wobei auch der Rückgang des Welthandels von Bedeutung war. Viele Länder kamen aber schnell wieder auf die Beine, weil sie über verschiedene strukturelle Abwehrmechanismen verfügten, seien sie wirtschaftlicher, politischer oder ideologischer Art. Die wirksamsten Auffangstrukturen waren: korporatistische oder Modernisierungsstaaten (Südkorea); Volkswirtschaften mit starkem Wachstum, aber ohne großen Finanzsektor (was für die meisten galt); wenig Neoliberalismus (ebenfalls die meisten); oder auch nur vernünftige Politik wie Vermeidung von Auslandsschulden (wie in den meisten asiatischen Fällen) oder strenge Finanzaufsicht (Kanada). Fast ganz Süd- und Südostasien plus Ozeanien, ein gewaltiger Großraum, war aus diesen Gründen kaum betroffen, auch wegen der intensiven Handelsbeziehungen zu China (wichtig für den Aufschwung Australiens). Wie in der Großen Depression konnte richtige Politik den Schaden begrenzen, falsche ihn ausweiten. Die in den verschiedenen Großräumen herrschenden Politiken und Ideologien sind wichtig für den Ausgang. So entstand die Staatsschuldenkrise der Eurozone durch das Zusammenwirken der sich aus den USA verbreitenden Krise mit verschiedenen Kausalketten – nämlich den unterschiedlichen politischen Rhythmen und Institutionen der Europäischen Union und dem ideologisch begründeten Hang zu Austerität und Inflationsbekämpfung bei deutschen (und britischen) Eliten. Der Kapitalismus in vielen Entwicklungsländern führt nach seiner inneren Logik zu weiterem Wachstum. Wenn dies in Gefahr gerät, dann von außen, durch die hausgemachten Probleme Amerikas und Europas.

Wird sich die gegenwärtige Krise verschärfen und fast alle mit sich reißen? Wenn die Eurozone kollabiert, wäre es natürlich fatal für deren Länder, es hätte aber auch erhebliche Auswirkungen auf Handel und Finanzen weltweit. Es würde unmittelbar die anderen EU-Länder wie etwa Großbritannien hart treffen, weil sie mit der Eurozone wirtschaftlich und finanziell besonders stark verflochten sind. Der Crash würde sich auch auf angrenzende Länder auswirken, von Russland bis durch den Nahen Osten und Nordafrika, ebenso auf die USA, einen für Europa wichtigen Handelspartner und Investor. Auch Südamerika würde darunter leiden, besonders unter einem Zusammenbruch der spanischen Wirtschaft. Würden die EU und die USA beide einen Konjunkturrückgang erleben, wäre dies für den Welthandel sehr schlecht, weil beide fast zur Hälfte das globale BIP aufbringen und der Grad wirtschaftlicher Globalisierung höher denn je ist. Indien und besonders China würden darüber hinaus einen erheblichen Exportrückgang erleben. Das würde auf eine Systemkrise des Kapitalismus hindeuten, schlimmer als die von vielen prognostizierte Doppelrezession. Auch sie dürfte aber die westliche Welt härter treffen als die sich entwickelnde restliche.

Diese Kettenreaktion könnte tatsächlich eintreten, obwohl die Eurozonenländer vielleicht dazu imstande sind, einen funktionierenden Finanzausgleich zu bewerkstelligen, weil die EU von den Eliten kontrolliert wird und nicht von den Massen, und weil die Eliten inzwischen erkannt haben, dass es in ihrem gemeinsamen Interesse liegt, koste es, was es wolle, eine Lösung zu finden. Das Problem ist hier (und anderswo), dass die finanziellen Mittel, die heute vorhanden sind, um die Wirtschaft zu stützen oder anzukurbeln, begrenzter sind als im Jahre 2008. Ich betone aber, dass es erheblich auf das Handeln und den politischen Willen ankommt; wir können deshalb den Ausgang nicht vorhersagen. Ich sage allerdings voraus: Wenn viele weitere Länder in dieser Rezession den neoliberalen Austeritätskurs einschlagen, wie er von den amerikanischen Republikanern propagiert und jetzt von der konservativen Regierung in Großbritannien durchgesetzt wird, und wenn dies durch die Inflationsangst der Deutschen verstärkt wird, dann wird dies eine weitere Große Depression zur Folge haben, die diesmal sehr wahrscheinlich stärker globalen Systemcharakter hat. Wenn aber die Europäer erkennen, was ihre gemeinsamen Interessen sind, und wenn Länder den eher keynesianischen, von der französischen Regierung befürworteten Weg einschlagen, konjunkturelle Anreize zu finanzieren (unter anderem durch höhere Steuern für

Zahlungskräftigere), dann könnte dies eine weitere Verschärfung abwenden. In beiden Fällen würde der Aufschwung irgendwann kommen, aber nicht so schnell im ersten Fall – und diesmal nicht im Windschatten eines Weltkriegs.

Der Kapitalismus unterliegt seinen Zyklen, auch wenn die Frage ihrer Regelmäßigkeit eine ganz andere ist. Ihre Rezessionsphase fällt manchmal heftiger aus, sei es durch »innere« wirtschaftliche Ursachen, durch kostspielige Kriege, blockierte Politik oder aber durch Ideologien, die in der Krise zur falschen Politik verleiten. In beiden Fällen der Depression oder Rezession war dies eine wichtige Ursache ihrer Verschärfung – beim ersten Mal deshalb, weil es noch keine andere plausible makroökonomische Ideologie gab, beim zweiten Mal, weil die Rezession nach einer langen Periode des Wachstums auftrat, die durch das offensichtliche Versagen der keynesianischen Alternative zu Ende ging, gefolgt von Deregulierung, insbesondere des Finanzsektors. Auch die politischen und geopolitischen Verhältnisse sind von Bedeutung und scheinen viel weniger vorhersehbar. Darin liegen vielleicht ökonomische Lehren, die sich aus diesen Krisen ziehen lassen und die Wahrscheinlichkeit kommender Krisen – theoretisch – vermindern könnten.

Dass die Machteliten die richtigen Lehren gezogen haben, ist aber alles andere als klar. Neoliberale Austeritätsprogramme, die in der Rezession verordnet werden, erinnern fatal an die unrühmliche Rolle des Liquidationismus zu Beginn der 1930er Jahre. Halten wir auch fest, dass im 20. Jahrhundert die zwei furchtbaren Kriege ganz gegensätzliche Auswirkungen hatten, was die Prognose noch problematischer macht. Der erste hat zur Verschärfung einer Rezession beigetragen, die sich zur Großen Depression auswuchs, der zweite zum größten Boom aller Zeiten – und zur amerikanischen Hegemonie.

Das Ende der amerikanischen Hegemonie?

Die USA könnten deshalb in naher Zukunft den größten wirtschaftlichen Niedergang erleben. Wallerstein meint, dass ihre stärkste Periode die Jahre 1945 bis 1970 waren, danach sei es kontinuierlich bergab gegangen. Ich bin da nicht so sicher. Tatsächlich ging der amerikanische Anteil am gesamten weltweiten BIP von 1950 bis 1970 durch den Wiederaufstieg Japans und Europas zurück. Er blieb dann von 1970 bis 2005 praktisch konstant, weil die USA den Vorteil des Dollar als globaler Leitwährung nutzten. Dann setzte, größtenteils durch das höhere Wachstum Indiens und Chinas, ein relativer Rückgang ein, aber der Dollar blieb allmächtig – Amerika kann weiterhin unbegrenzt Geld zu einem Zinssatz von unter 2 Prozent aufnehmen und übertrifft in den meisten Jahren in puncto Wirtschaftswachstum und Produktivität immer noch Europa und Japan. Der IWF und Barry Eichengreen haben beide prognostiziert, dass der Dollar bis kurz nach 2020 die globale Leitwährung bleibt. Auf die Vereinigten Staaten entfallen zudem 48 Prozent der weltweiten Militärausgaben, mehr als je zuvor, und sie behaupten ihre Vorherrschaft bei Patenten, Nobelpreisen, Elitehochschulen und in der Massenkultur. Amerika bleibt hegemonial, auf Gedeih oder Verderb.

Das wird natürlich nicht andauern, und vielleicht beschleichen die Amerikaner schon Vorahnungen eines Niedergangs. Ihre gigantische Militärmaschinerie hat während des letzten Jahrzehnts faktische Niederlagen eingesteckt. Ihre politischen und ideologischen Machtbeziehungen befinden sich am Rande der Krise. Die zunehmende trennende Ungleichheit wurde von Politikern bewusst gefördert. Auch die Verschmelzung von Topmanagement und Großinvestoren (besonders der Bosse von Versicherungsgesellschaften), die sich auf diese Weise selbst exorbitante Gehälter und Boni auszahlen (zu einem Steuersatz von nur 15 statt 35 Prozent), erweitert enorm die Schere der Ungleichheit. Die Verbindung von sinkenden Steuern, wirtschaftlicher Gier und flauem Wachstum hat zu wirtschaftlicher Rezession und ideologischer Entfremdung geführt.

Nur führt die amerikanische Verdrossenheit derzeit zu keiner politischen Lösung, weil sie zwei gegensätzliche Vorstellungen hervorgebracht hat. Die eine, vertreten von der Republikanischen Partei, macht für die wirtschaftlichen Probleme die Regierung verantwortlich. Zur Wiederherstellung marktwirtschaftlicher Prosperität will sie den Umfang der Bürokratie, deren Regulierungsbefugnisse und die Steuern vermindern. Die Befürwortung von Austeritätsmaßnahmen als Ausweg aus der Rezession rückt sie in ungute Nachbarschaft zu der »liquidationistischen« Politik, die zur Großen Depression beitrug. Die andere Lösung, vorgebracht von liberalen Demokraten, wendet sich mit dem Feindbild »Wall Street« gegen Großunternehmen und Banken. Sie fordert mehr staatliche Regulierung, mehr steuerliche Umverteilung und einen stärker keynesianischen Weg zum Wachstum durch höhere öffentliche Ausgaben. Das politische Patt und besonders die tiefreaktionären Positionen der Republikanischen Partei lassen für Amerikas Fähigkeit, diese Herausforderungen zu meistern, nichts Gutes erwarten. Amerika leidet, mit Marx und Durkheim gesprochen, an Entfremdung und an Anomie, dem Fehlen gemeinsamer Normen.[3]

Die Republikaner betrachten ihre Vorschläge von Austerität für die Massen und Prosperität für die Reichen als Schaffung von Arbeitsplätzen. Die Reichen konsumieren aber nicht viel. Sie sparen, sorgen für Kapitalerträge und Niedrigzinsen und fördern die Verbraucherverschuldung, mit der die Rezession begann. Das gefährdet die massenhafte Verbrauchernachfrage, die in der Nachkriegsperiode die Basis amerikanischen Wohlstands war. Die republikanische Ideologie geriert sich auch zunehmend wissenschaftsfeindlich, was für die Zukunft Amerikas kein gutes Zeichen ist. In der Wirtschaftspolitik treten die Republikaner geschlossener auf als die Demokraten, die unter ihren inneren Spaltungen leiden. Die Republikaner konnten deshalb die aktuellen Politikfelder besetzen. Ihre Führer waren ideologisch in ihrer Rhetorik und pragmatisch in ihrer Politik, doch in der amerikanischen Massenkultur hat Marktfundamentalismus bessere Karten als Staatsinterventionismus. Die Wirtschaftspolitik nahm in der Periode des Nachkriegsbooms die Form eines wirtschaftsorientierten Keynesianismus *(commercial Keynesianism)* an, mit staatlich gelenkten Märkten, ein Kompromiss von Markt und Staat; die damalige politische Rhetorik, besonders die republikanische, pries aber den freien Markt und das freie Unternehmertum. Die Amerikaner lebten in einem riesigen Staat und taten so, als gäbe es keinen. Die Beschwörung des freien Marktes macht sich deshalb politisch bezahlt. Er ist in der amerikanischen Ideologie stärker verwurzelt als die Berufung auf einen

---

3 Anomie vermindert, wie Durkheim erklärt, den sozialen Zusammenhalt und fördert den Verfall.

sozialen Staat. Wähler und Politiker wissen offenbar mit einer vernünftigen Wirtschaftspolitik wenig anzufangen.

Weitere amerikanische Schwächen sind die sehr hohen Militär- und Gesundheitsausgaben – beide mehr als doppelt so hoch wie in anderen Ländern. Erzielt werden damit sehr bescheidene Ergebnisse, was militärische Auslandseinsätze oder Mortalität und Lebenswartung betrifft. Trotzdem sind sie für die Politiker fast unantastbar, genauso wie die Ablehnung weiterer Steuern. Sie dürften also weiterhin ökonomische Ressourcen abziehen und die Staatsschulden erhöhen, was dem Land weitere Lasten aufbürdet.

Diese Schwächen in allen vier gesellschaftlichen Machtquellen könnten Amerika herunterwirtschaften. Genau wissen können wir es nicht. Die Amerikaner sind noch immer sehr tüchtig und kreativ. Die Wirtschaftskraft ihrer Industrien ist größtenteils ungebrochen. Sie könnten es noch einmal schaffen, ihre ideologischen, finanziellen, militärischen und politischen Schäfchen ins Trockene zu bringen. Wenn nicht, können sie, wenn der Dollar seinen Leitwährungsstatus verliert, nicht mehr so leicht Kredite aufnehmen. Ihre militärische Macht würde zurückgehen, sofern sie nicht gewillt sind, höhere Steuern zu zahlen – was nicht sehr wahrscheinlich ist. Die US-Hegemonie wird während des nächsten halben Jahrhunderts früher oder später ein Ende nehmen, und es könnte kein gutes sein.

Das muss aber für den Kapitalismus keine Systemkrise bedeuten. Was auf die US-Hegemonie folgt, wird wahrscheinlich keine individuelle Hegemonialmacht sein, kein einzelner Staat – weder China noch Indien. Deren Wachstumsraten gehen zwar aktuell durch die Decke, werden sich aber bei einem reiferen industriellen und postindustriellen Entwicklungsstand auf normalere Werte einpendeln. Beide werden auch ihre eigenen Krisen zu bewältigen haben. Kein Land wird in Zukunft so mächtig sein, wie es bisher die Vereinigten Staaten waren. Die menschliche Gesellschaft wird in unbekanntes Fahrwasser geraten, sie nimmt Kurs auf einen stärkeren Mächtepluralismus und auf ein abgestimmtes System von Leitwährungen. Das war in der Geschichte bisher der Normalzustand und hat auch der Weltwirtschaft nicht geschadet. Es war zu Beginn des 20. Jahrhunderts mit einem verheerenden Krieg verbunden, aber heute gibt es Grund zu der Annahme, dass zwischenstaatliche Kriege Vergangenheit sind – spätestens dann, wenn den Amerikanern die Kriegslust vergeht.

Die Liste der Länder, die der Rezession bisher entgangen sind, könnte aber den Eindruck verstärken, dass sich die wirtschaftliche Macht aus der alten westlichen Welt auf die Schwellenländer der restlichen verlagert. Dazu gehört der größte Teil Asiens. Das wahrscheinlichste Szenario ist die Teilung der Wirtschaftsmacht zwischen den Vereinigten Staaten, der Europäischen Union und den vier BRIC-Staaten (Brasilien, Russland, Indien und China) – aber im Rahmen eines Weltfriedens. Da die Ökonomien der BRICs (besonders Russlands und Chinas) stärker reguliert sind als in den meisten westlichen Ländern – besonders in den Vereinigten Staaten –, dürfte der Kapitalismus auf mittlere Sicht staatlicher werden.

Gehen die kapitalistischen Märkte aus?

An dieser Stelle gehe ich über zu einer langfristigen Betrachtung. Bisher war ich skeptisch gegenüber der Vorstellung allgemeiner »Bewegungsgesetze«, die den Kapitalismus regelmäßig in Systemkrisen stürzen. Ich habe die großen Krisen der Vergangenheit und der Gegenwart nicht als eine einzige Systemkrise abgebildet, sondern als Kettenreaktionen unterschiedlicher wirtschaftlicher und nichtwirtschaftlicher Kausalzusammenhänge, die sich plötzlich aufschaukeln, und zwar manchmal recht zufällig. Bisher war die Welt auch ungleichmäßig von ihnen betroffen, und sie reagierten auf geoökonomische und geopolitische Machtverschiebungen. Frühere Krisen deuteten nicht wirklich auf Probleme eines Weltsystems, sie haben geographische Machtverschiebungen im globalen Kapitalismus und in der globalen Geopolitik angezeigt.

In diesem Buch beziehen sich aber weder Immanuel Wallerstein noch Randall Collins auf frühere oder heutige Krisen, wenn sie das mögliche Ende des globalen Kapitalismus betrachten. Sie identifizieren stattdessen langfristige Entwicklungstendenzen, die, wie sie glauben, zu seinem Untergang führen könnten. Es gebe bestimmte Grenzen für seine Fähigkeit, Profit und Beschäftigung zu sichern. Sie nennen als erstes die geographischen Grenzen der globalen Märkte. Der Planet Erde werde durch das kapitalistische Wachstum immer mehr ausgefüllt. Auch hätten die Kapitalisten in den entwickelten Ländern das Problem der Wachstumsflauten durch die Verlagerung der Produktion an Orte gelöst, wo sie durch billigere, weniger regulierte Arbeit größere Gewinne einfahren. Man spricht auch von der »räumlichen« Lösung der kapitalistischen Krise. Arbeitsplätze wanderten aus dem amerikanischen Norden in den amerikanischen Süden, dann nach Lateinamerika, China, Vietnam, und die Karawane zieht weiter nach Afrika und Mittelasien. Collins befürchtet vor allem einen Exodus geistiger Mittelschichtarbeit. Was also geschieht, wenn all diese Regionen absorbiert sind und die Erde bis zum Rand gefüllt ist mit kapitalistischen Märkten?

Wallerstein meint, es dauere rund dreißig Jahre, bis die Arbeiter an einem neuen ländlichen Produktionsstandort so organisiert sind, dass die Löhne steigen und das Kapital seine Zelte abbricht. Wenn also die Erde diesbezüglich abgegrast ist, würden die Arbeitskosten überall hoch sein und die Profite zurückgehen. Die Kapitalisten würden zwar weiter versuchen, die Löhne zu drücken, hätten es aber nun mit einer weltweit organisierten Arbeiterklasse zu tun. Sie würde sich wehren und eine globale Krise des Kapitalismus verursachen. Dieses Szenario dürfte aber noch ein Weilchen auf sich warten lassen. Bisher wurde erst ein Teil der riesigen Bevölkerung Indiens und Chinas in eine minimal regulierte industrielle oder postindustrielle Ökonomie integriert. Der Prozess wird länger als dreißig Jahre in Anspruch nehmen. In Afrika oder Zentralasien hat er noch gar nicht begonnen, so dass er bis zum Ende des 21. Jahrhunderts andauern könnte, zumal das Bevölkerungswachstum nach den vorliegenden Projektionen bis gegen Ende des Jahrhunderts anhält und in den ärmsten Ländern am größten sein wird.

Es fällt mir aber schwer, dieses Modell einer Welt zu verstehen, die an die Grenzen des Marktes stößt. Wenn ihnen die billige Arbeit ausgeht, können die Kapitalisten zwar nicht mehr überhöhten Profit aus ihr ziehen. Die höhere Arbeitsproduktivität und Verbrauchernachfrage in neu industrialisierten Ländern könnte dies aber kompensieren und weltweit zu einem reformierten Kapitalismus führen, mit mehr Gleichheit und sozialen Bürgerrechten für alle. Das wäre nicht das Ende des Kapitalismus, sondern ein besserer Kapitalismus, in dem alle weltweit die Rechte genießen, die die Arbeiter im Westen nach dem Zweiten Weltkrieg errangen. Schließlich wurde in dieser Periode auch der Löwenanteil des Wohlstands der entwickelten Länder durch Handel und Produktion in ihnen und unter ihnen selbst geschaffen – und nicht (abgesehen vom Öl) mit dem Rest der Welt. Der Nachkriegsboom war vor allem das Resultat hoher Produktivität und Verbrauchernachfrage in den entwickelten Ländern selbst. Er beruhte nicht hauptsächlich auf der Ausbeutung von Arbeit des Südens. Warum sollte dies nicht auch in der Zukunft gelten – aber für die gesamte Welt?

Darüber hinaus müssen neue Märkte nicht durch die Geographie beschränkt sein. Sie können auch durch neue Bedürfnisse geschaffen werden. Der Kapitalismus hat es gelernt, Familien davon zu überzeugen, dass sie zwei Autos brauchen, immer größere Häuser, mehr und mehr elektronische Geräte. Wer hätte vor fünfzig Jahren davon geträumt? Was werden in fünfzig Jahren unsere Enkel konsumieren? Wir können uns ihre Konsumwünsche nicht vorstellen, können aber sicher sein, dass es sie geben wird. Märkte sind nicht räumlich festgelegt. Die Erde kann bis in den letzten Winkel ausgefüllt sein, und doch können neue Märkte entstehen. Das beruht natürlich auf dem, was man die »technische Lösung« genannt hat, und es entspricht mehr oder weniger der »produktiven Zerstörung«, in der Schumpeter das Wesen kapitalistischer Entwicklung sah – Unternehmer stecken Geld in technische Neuerungen, die durch die Zerstörung älterer Industrien neue hervorbringen. Die Große Depression wurde in den Vereinigten Staaten auch dadurch verursacht, dass traditionelle Industriezweige stagnierten, während die neu entstehenden zwar brummten, aber noch nicht so groß waren, um den Überschuss an Kapital und Arbeit aufnehmen zu können. Das geschah im Zweiten Weltkrieg und in der Nachkriegszeit, die plötzlich eine gewaltige, durch die Opfer der Kriegszeit aufgestaute Konsumnachfrage freigesetzt hat.

Die entscheidende Frage ist also, ob eine weitere technische Lösung auftaucht oder in Sicht ist. Es gibt neue dynamische Industrien wie Mikroelektronik und Biotechnologie. Sie sind aber noch nicht groß genug, um eine hinreichende Lösung zu bieten, besonders für den Arbeitsmarkt in der westlichen Welt, wo neue Industrien eher kapital- als arbeitsintensiv sind. Der Rückgang der Fertigungsindustrie hat in einem Großteil des Westens zu Arbeitslosigkeit geführt, die von den neueren Industrien noch nicht aufgefangen wird. Heutige Innovationen wie Computer, Internet und Mobilfunkgeräte können sich nicht mit Eisenbahnen, Elektrifizierung oder Autos vergleichen, was Profit und Beschäftigungswachstum angeht. Die Ausnahme war die »Grüne Revolution«, die der Agrarproduktion besonders in ärmeren Ländern einen gewaltigen Schub versetzte. Wichtig ist auch die Ausweitung des Gesundheits- und Bildungswesens, die beide arbeitsintensiver und stärker auf geistige und mittelschichtspezifische Tätigkeiten orientiert sind. Ihre Expansion dürfte sich fortsetzen, weil die Lebenserwartung – besonders im Alter – und der Bildungserwerb weiter zunimmt.

Randall Collins hat recht überzeugend verschiedene mögliche Szenarien aufgezählt und verworfen, wie unsere Gesellschaften die Geißel des Beschäftigungsrückgangs bekämpfen könnten. Umgekehrt wird aber heute ein Schuh daraus. Das wirtschaftliche Wachstum hat in den letzten Jahrzehnten zu einem globalen Beschäftigungswachstum geführt, das noch über dem erheblichen Anstieg der Weltbevölkerung liegt. Zwischen 1950 und 2007 war das Beschäftigungswachstum um rund 40 Prozent höher als das Bevölkerungswachstum. Auch in den OECD-Ländern, die weltweit zu den reicheren gehören, arbeiten mehr Menschen als je zuvor, obwohl auch die Zahl der Beschäftigungslosen absolut zugenommen hat, weil die Bevölkerung größer geworden ist und ein größerer Prozentsatz Beschäftigung sucht – darunter sehr viel mehr Frauen. Die Befreiung der Frauen in den formellen Arbeitsmarkt war in der westlichen Welt das größte Beschäftigungsproblem. Trotzdem blieb die globale Arbeitslosenquote seit den 1970er Jahren bis 2007 relativ konstant bei rund 6 Prozent. Selbst während der Großen Rezession nahm die globale Beschäftigung nach der Statistik der Internationalen Arbeitsorganisation (ILO) weiter zu, wenn auch nur mit einer halb so großen Rate wie vor der Krise und weltweit ungleich verteilt. Sie sank im Jahre 2009 in den entwickelten Ländern einschließlich der EU (um 2,2 Prozent) und ihren Nachbarländern, ebenso in der nachsowjetischen GUS (um 0,9 Prozent),

nahm aber in allen anderen Weltregionen zu. Auch die Erwerbstätigen-
quote ging in den entwickelten Ländern zurück, ebenso in Ostasien, befand sich aber anderswo im Jahre 2010 wieder auf dem Stand von 2007.
Arbeitslosigkeit ist bisher nur ein westliches (in geringerem Maße auch
japanisches), kein globales Problem.

Was die westliche Welt verliert, gewinnt der Rest, und die Welt als
ganze profitiert. Die Zukunft der Arbeitsmärkte in den entwickelten
Ländern könnte aber nicht etwa hohe Arbeitslosigkeit sein, sondern Arbeitskräftemangel. Die Lebenserwartung nimmt weiter zu, und die Ge-
burtenrate ist unter die Reproduktionsschwelle gerutscht. Europa, Japan
und Nordamerika werden erhebliche Zuwanderung brauchen, um die
Lücke zu füllen. Da sich diese demographischen Tendenzen mit der stärkeren Entwicklung anderer Länder fortsetzen dürften, wird für die zweite
Hälfte des 21. Jahrhunderts ein beginnender Rückgang der Weltbevölkerung prognostiziert. Diese Gründe sprechen nicht dafür, dass Massenar-
beitslosigkeit das Ende des Kapitalismus beschleunigen oder besiegeln
könnte.

Collins erklärt, es gebe keinen zwingenden Grund, warum der Kapitalismus endlos dazu imstande sein sollte, genügend Ausgleich für die
Zerstörung zu schaffen. Es habe nur eine lange Periode gegeben, in der
dies geschah. Es gibt aber auch keinen zwingenden Grund, warum die
produktive Zerstörung zu Ende gehen sollte. Wer weiß, welche neuen Bedürfnisse im Zuge der Entwicklung geschaffen werden? Ich werde noch
auf einen weiterhin produktiven Sektor zu sprechen kommen.

Aber nehmen wir an, dass der Pessimismus meiner Kollegen berech-
tigt ist. Das könnte zu ein oder zwei alternativen Zukünften führen, die
ich für wahrscheinlicher halte als den Zusammenbruch des Kapitalismus. Die erste ist ein relativ pessimistisches kapitalistisches Szenario, in
dem die strukturelle Beschäftigung hoch bleibt und eine »Zwei-Drittel-
Gesellschaft« entsteht: Zwei Drittel sind gut ausgebildet, hochqualifiziert
und in einem regulären Beschäftigungsverhältnis; es geht ihnen gut, aber
ein Drittel fällt aus dieser Gesellschaft heraus. Die Armen könnten genügend Sozialleistungen und Zuwendungen erhalten, um friedlich zu
bleiben, oder sie würden unterdrückt. Sie befänden sich in der Minderheit, die Aussichten auf eine erfolgreiche Revolution wären also gering.

Es bestünde die Möglichkeit, dass die Integrierten mit den Ausgegrenzten nicht besonders sympathisieren. Sie könnten sie als Arbeitsscheue, Schmarotzer, Sozialbetrüger und dergleichen betrachten. In manchen Ländern wären unter den Armen ethnische oder religiöse Minderheiten überrepräsentiert, und zu diesen Stereotypen kämen ethnisch/religiöse Verunglimpfungen hinzu. Die Ausgeschlossenen könnten zu einer hereditären Unterschicht werden, was die Kluft weiter vergrößert. Die integrierte Mehrheit der Wähler würde diese Abgrenzung beibehalten wollen, während viele der Ausgrenzten nicht zur Wahl gingen. Die Sozialleistungen könnten in der westlichen Welt weiter sehr unterschiedlich sein, indem Länder wie Schweden oder Deutschland gewillt wären, die Armen in der Gesellschaft zu halten, Länder wie die Vereinigten Staaten nicht.

Dieses pessimistische Szenario kommt uns bekannt vor. Es ist in den USA schon Wirklichkeit, und Soziologen haben bemerkt, dass es sich auch in Europa durchsetzt. Es wäre das Ende der Arbeiterklasse – nicht des Kapitalismus. Es führt zu einer asymmetrischen Klassenstruktur, wie es sie während des größten Teils der Geschichte gab, nun mit gut organisierten Kapitalisten und einer gespaltenen, weniger gut organisierten Arbeiterschaft. Gesellschaftliche Institutionen können auch dann überleben, wenn sie nicht besonders gut funktionieren, solange unter den Unterdrückten keine Gegenorganisation entsteht.

Sie ist bisher nicht entstanden, und dieses Szenario ist vor allem für die Linke frustrierend – ein verstärkt ausbeuterischer, aber unangefochtener Kapitalismus. Nie war die globale Linke so schwach wie heute. Das Weltsozialforum in Porto Alegre (Brasilien), eine globale Organisation der Linken, war eine bedeutende Kraft gewesen, so lange die Proteste des Südens in der kapitalistischen Ausbeutung durch die westliche Welt begründet waren. Doch der Süden entwickelt sich und hört gleichzeitig auf, ein zusammenhängendes Ganzes zu sein. Das zeigt sich in den neueren Klimadebatten, in denen China, Indien und Brasilien das Bündnis mit dem Westen und Japan proben, um Emissionsbeschränkungen auf die lange Bank zu schieben – zum Leidwesen ärmerer Länder.

Das zweite Szenario ist optimistischer. Es geht mit Collins und Wallerstein davon aus, dass die kapitalistischen Märkte den gesamten Planeten vereinnahmen werden, so dass die Wachstums- und Profitraten sinken. Es nimmt aber an, dass sich dies zu einem dauerhaften Niedrigwachstum stabilisiert. Das wäre nicht neu. Der Kapitalismus hat im 18. und 19. Jahrhundert seinen Durchbruch in Großbritannien erlebt. Dort lag die jährliche Wachstumsrate nie über 2 Prozent. Die britische Erfolgsgeschichte war die eines durchschnittlichen Wachstums von knapp über 1 Prozent, das sehr lange anhielt. Im 20. Jahrhundert verschärfte sich aber das Tempo. Zwischen den Kriegen erzielten die erfolgreichsten Entwicklungsländer (Japan, seine Kolonien und die Sowjetunion) historisch beispiellose, rund 4-prozentige Wachstumsraten. Gegen Ende des Jahrhunderts erreichten China und Indien (inzwischen auch andere) Raten von etwa 8 Prozent. Auch wenn solche Raten mindestens zwei Jahrzehnte lang vorhielten, müssen sie irgendwann zurückgehen. Dann könnten Afrika und Zentralasien noch höhere Werte erzielen. Es würde jedenfalls in diesen Fällen sehr lange dauern, bevor sie auf das 1 Prozent der britischen Erfolgsgeschichte gefallen sind. Vielleicht können die amerikanischen und europäischen Raten schneller auf dieses Niveau sinken. In der jetzigen Großen Rezession konnten aber nur wenige Länder negative Wachstumsraten verbuchen – und das auch nur über ein oder zwei Jahre.

Warum sollte eine Wachstumsrate von 1 Prozent eine Krise sein? Warum kann der Kapitalismus nicht als ein globales Niedrigwachstumssystem weiterbestehen, wie er es in einem Großteil seiner Geschichte getan hat? Das 20. Jahrhundert – die Periode von 1945 bis 1970 im Westen, genauer gesagt, und das Ende des Jahrhunderts im Osten – wäre dann ein Ausreißer gewesen. Das Niedrigwachstumsszenario würde auch die Bedeutung der Spekulation und die Macht des Finanzkapitals verringern. Eine Wiederholung unserer jetzigen Großen Rezession (die zum jetzigen Zeitpunkt durchaus möglich ist) würde unwahrscheinlicher werden. Da sich die Arbeitsbedingungen weltweit verbessern, klingt das natürlich sehr gut. Die ganze Menschheit würde in einer fast stationären Wirtschaft leben, wie es die Japaner schon seit zwanzig Jahren tun. Die Zukunft des Kapitalismus könnte nicht turbulent werden, sondern uninteressant.

Wenn ich mich spontan entscheiden müsste, welches Szenario für die Zeit um 2050 herum am wahrscheinlichsten ist (sofern nichts Weltbewegendes dazwischenfunkt), würde ich auf einen globalen Kapitalismus mit niedrigerem Wachstum tippen, der in aller Welt für gleichere Bedingungen sorgt, mit einer mal beschäftigten, mal beschäftigungslosen Unterschicht von 10 bis 15 Prozent der nationalen Bevölkerungen – eine Mischung aus beiden oben dargestellten Szenarien, die stark den sich industrialisierenden Ländern des 19. Jahrhunderts ähnelt. Ich erwarte keine großen Revolutionen.

Gegen einen revolutionären Wandel spricht auch, dass die kommunistischen und faschistischen Alternativen zum Kapitalismus in die Katastrophe führten – und sie sind bisher die einzigen gewesen. Fast niemand möchte sie wiederholen, und weitere Alternativen sind nicht in Sicht. Der Sozialismus, ob revolutionär oder reformistisch, war noch nie so schwach. Christlicher Fundamentalismus, Judaismus, Hinduismus und Islam sind die kommenden globalen Ideologien, und sie fühlen sich dem außerweltlichen Heil nicht weniger als dem materiellen verpflichtet. Innerweltliche Alternativideologien sind im 20. Jahrhundert gescheitert. In ärmeren Ländern, die in die globale Ökonomie geraten, könnten wir den Aufstieg sozialistischer oder ähnlicher Bewegungen erwarten, sie dürften aber reformistisch sein. Moderne soziale Revolutionen fanden nie ohne größere Kriege statt, durch die die herrschende Ordnung destabilisiert und delegitimiert wurde. Bei den zwei größten Revolutionen des 20. Jahrhunderts, in Russland und China, waren Weltkriege (die andere Ursachen haben als kapitalistische Krisen) notwendige Revolutionsfaktoren. Kriege gehen zum Glück weltweit zurück – nur die Vereinigten Staaten führen noch zwischenstaatliche Kriege –, und antikapitalistische Revolutionsbewegungen gleich welcher Größe sind nirgends in Sicht. Die Revolution ist als Szenario unwahrscheinlich. Das Ende ist tatsächlich nah – aber für den revolutionären Sozialismus.

Die Zukunft der Linken dürfte allenfalls die reformistische Sozialdemokratie oder der Liberalismus sein. Arbeitgeber und Arbeitnehmer werden weiter über die Ungerechtigkeiten kapitalistischer Beschäftigung streiten (Stichwort Arbeitsschutz, Löhne, Rechte, Kündigungsschutz), das Ergebnis dürften Kompromisse und Reformen sein. Entwicklungsländer werden für einen reformierten, stärker egalitären Kapitalismus kämpfen, wie dies westliche Arbeiter in der ersten Hälfte des 20. Jahrhunderts taten. Manche werden erfolgreicher als andere sein, wie es auch im Westen der Fall war. China hat heute mit den größten Problemen zu kämpfen. Die Früchte seines phänomenalen Wachstum sind sehr ungleich verteilt, was zu Protestbewegungen führt. Revolutionäre Unruhen sind dort zweifellos möglich. Sie dürften aber, wenn sie erfolgreich sind, mehr Kapitalismus und vielleicht eine unvollkommene Demokratie mit sich bringen, wie es in Russland geschah. Auch die USA sehen sich ernsten Herausforderungen gegenüber, weil ihre Wirtschaft überfrachtet ist mit Militär- und Gesundheitsausgaben, ihr Staatswesen korrumpiert und dysfunktional, die konservative Ideologie zunehmend wissenschaftsfeindlich – all das angesichts der Unausweichlichkeit des relativen Niedergangs und der zunehmenden Erkenntnis, dass ihre Ansprüche auf moralische Überlegenheit über den Rest der Welt hohl sind. Das spricht dafür, dass es mit den Vereinigten Staaten weiter bergab geht.

Das Ende der Welt?

Die von mir entworfenen Szenarien werden vielleicht über den Haufen geworfen durch zwei andere Krisen, die größer als die zwei Weltkriege sein könnten. Beide sind völlig neuartig, und beide wären wirkliche globale Systemkrisen. Sie wären nicht auf nationale oder makroregionale Grenzen beschränkt, weil sie aus den menschlichen Lebensbedingungen entspringen.

Die erste globale Bedrohung ist die militärische eines Atomkriegs. Wie groß diese Gefahr ist, lässt sich kaum vorhersehen, weil sie von einer ganzen Reihe von Ereignissen abhängt, die jeweils nicht eintreten müssen. Bisher gab es nur bilaterale Konfrontationen – zuerst zwischen den Vereinigten Staaten (mit ihren britischen und französischen Alliierten) und der Sowjetunion, dann zwischen Indien und Pakistan, flankiert von einem eher passiven China. Die Drohung der wechselseitig garantierten Vernichtung war für beide Seiten klar, und die Reaktion bestand, nach einer Reihe von Beinahe-Krisen, in der sorgfältigen Vermeidung einer Eskalation. Die atomare Abschreckung hat funktioniert.

Geraten aber mehr als zwei Mächte in komplexere Konflikte, wird der Ausgang ungewisser. Es waren multilaterale Konflikte, in denen die Absichten der einen für die anderen nicht immer erkennbar waren, die zu beiden Weltkriegen führten. Im Mittleren Osten verfügt Israel bereits über Atomwaffen, der Iran arbeitet daran, und das könnte benachbarte Mächte dazu veranlassen, auch nach der Bombe zu greifen. Das wäre gefährlich für den Mittleren Osten, für die Nachbarregionen, für einen Großteil der weltweiten Ölreserven und auch für die ganze Welt. Diese Rüstungswettläufe haben wenig mit dem Kapitalismus zu tun. Wenn ein Atomkrieg ausbricht, würden etwaige Überlebende nicht unmittelbar den Kapitalismus für die Katastrophe verantwortlich machen. Wie dem auch sei, vielleicht lässt sich der Iran von Atomwaffen abbringen, vielleicht werden Saudi-Arabien, der Irak und die Türkei nicht im Gegenzug auch welche haben wollen, vielleicht kann die Vernunft sogar die Gefahren abwenden, die von mehreren rivalisierenden Atommächten ausgehen. Es gibt aber auch das Szenario der Bombe, die in die Hände von Terroristen fällt. Wer kann hier den Ausgang vorhersagen, da manche Terroristen offenbar von außerweltlichen Motiven geleitet sind? Ihre Ideologien könnten die bisher gefährlichsten sein.

Die zweite Systemkrise ist dagegen äußerst vorhersehbar – wenn nicht außergewöhnliche Maßnahmen ergriffen werden. Der Klimawandel findet statt. Luft, Wasser und Erdboden erwärmen sich und sind gleichzeitig größeren Temperaturschwankungen ausgesetzt, vor allem durch menschliches Tun. Die Gefahr ist global, weil Treibhausgas-Emissionen an jedem beliebigen Ort weltweite Auswirkungen haben. Diese Emissionen gehen mit anderen Katastrophenszenarien einher: Nahrungs- und Wassermangel, Polarkappenschmelze und Erwärmung der Tundra, Überflutungen. Schon jetzt sterben Millionen von Menschen vorzeitig aufgrund der Erderwärmung, und das Überleben mancher ärmerer Länder ist in den nächsten zwanzig bis dreißig Jahren bedroht, wenn die menschliche Gesellschaft nicht einen radikalen Kurswechsel vornimmt.

Wenn die Menschheit noch rechtzeitig etwas tun will, um die Emissionen drastisch zu reduzieren, muss sie die drei wichtigsten Institutionen, die während des letzten Jahrhunderts für diese verantwortlich waren, grundlegend reformieren. Die erste ist der Kapitalismus – wenn auch nur deshalb, weil er die heute weltweit vorherrschende Produktionsweise ist. Der Staatssozialismus war in seiner Blütezeit genauso umweltzerstörerisch. Wir müssen heraus aus dem Laufrad des Profits, sagen radikale Umweltschützer. Das könnte heißen, die Wirtschaft zu disziplinieren durch einen streng regulatorischen Kommando- und Kontrollstaat, durch Besteuerung des betrieblichen Ressourcendurchsatzes oder durch Marktmechanismen wie Emissionshandelsprogramme, die Anreize für Investitionen in schadstoffarme Industrien schaffen. Wenn solche Maßnahmen rigoros durchgeführt werden, wird der Kapitalismus überleben, wenn auch weit stärker reguliert. Da viele Industrien keinen hohen Schadstoffausstoß haben, muss es dagegen keinen vereinten kapitalistischen Widerstand geben. Es könnte auch eine weitere Phase der »produktiven Zerstörung« einleiten, in der emissionsarme Technologien für Profite und neue Arbeitsplätze sorgen. Manche Unternehmer spekulieren schon darauf und investieren in alternative Energieträger, Wald- und Feuchtgebieterhaltung oder andere ökologische Innovationen.

Momentan schaffen alternative Energietechnologien weltweit noch keine zusätzlichen Arbeitsplätze. Das könnte sich ändern, wenn sie zur Norm werden. Nach einem aktuellen Bericht des Copenhagen Consensus Center wären auf dem Gebiet alternativer Technologien Beschäftigungszuwächse möglich, wenn verschiedene Voraussetzungen erfüllt sind: schnelle technologische Innovation, rasche Progression von Rationalisierungseffekten, globale Durchsetzung entsprechender ökologischer Politik und vielleicht Anwendung protektionistischer Maßnahmen in Form von Zöllen oder inländischer Wertschöpfungsquoten. Auch die Steuerpolitik ließe sich auf die Schaffung von Arbeitsplätzen ausrichten. Wenn Steuern auf den Gesamtdurchsatz nicht-erneuerbarer Ressourcen erhoben würden, statt auf jede geschäftliche Transaktion oder auf Arbeit überhaupt, würde dies Neueinstellungen fördern. Das könnte der nächste Schub produktiver Zerstörung sein. Er würde mit Sicherheit die fossilen Brennstoffindustrien zerstören.

Nicht nur der Kapitalismus muss gezügelt werden. Wir müssen auch die Wachstumsobsession der Nationalstaaten zügeln. Sie alle messen ihren wirtschaftlichen Erfolg am Wachstum des BIP, und das vergrößert die Umweltprobleme. Es gilt also die politischen Eliten zu zügeln, die glauben, nur durch die Förderung kurzfristigen Wachstums innerhalb einer bestimmten Wahlperiode an der Macht bleiben zu können. Eine Reduzierung der Emissionen würde natürlich auch das Wachstum kurzfristig reduzieren. Sie könnte es aber langfristig sichern, wenn man bedenkt, dass in fernerer Zukunft das »Business as usual«-Szenario, nichts zu unternehmen, verheerend für den Planeten und seine Bewohner sein wird. Aber wer lebt in der fernerer Zukunft? Die Politiker natürlich nicht, auch nicht ihre Wähler. Diese Politiker und Wähler leben noch in der Ära nationalstaatlicher Souveränität, in der es großen Widerstand gegen deren Beschneidung von außerhalb gibt. Eine Regulierung müsste aber international erfolgen, aufgrund zwischenstaatlicher Abkommen, mit denen die Freiheit der Nationalstaaten, tun und lassen zu können, was ihnen beliebt, strikt eingeschränkt wird.

Vielleicht wird die Umweltbewegung irgendwann Kapitalisten, politische Eliten und Wähler davon überzeugen, dass die Emissionen ernsthaft reduziert werden müssen. Vielleicht ist die Europäische Union dazu imstande, wie schon in anderen Bereichen eine Überwindung der Souveränitätsschranken einzuleiten. Damit das eine oder das andere geschieht, müssen wir aber den Kreislauf der »Konsumbürgerschaft« zügeln, in der die Menschen die Forderung nach immer mehr Wachstum, um mehr zu konsumieren, als ein Bürgerrecht ansehen. Die Bürger müssen ihren Lebensstil ändern, wenn sie die Katastrophe abwenden wollen. Aber die Katastrophe erscheint als etwas Abstraktes, das in weiter Ferne liegt – bis sie schließlich da ist.

Die drei großen Errungenschaften der Moderne – Kapitalismus, Nationalstaat und Bürgerrechte – sind verantwortlich für die Umweltkrise. Diese Kausalketten entspringen vor allem aus der Ökonomie, auch wenn sie durch politische Machtbeziehungen vermittelt sind, und das Problem ist größer als das des Kapitalismus. Alle drei Errungenschaften müssten in Frage gestellt werden im Namen einer abstrakten Zukunft, die keine leichte Aufgabe ist, vielleicht sogar unerreichbar. Wenn sie bewältigt wird, würde dies kapitalistische Tendenzen zu niedrigerem Wachstum stärken. Die Einschränkungen würden sehr viel mehr politische Regulierung beinhalten – aber durch internationale Abkommen von Staaten, die gemeinsam agieren. Es wäre dies eine neue Form der Abwendung vom Markt hin zum Staat – zu einer Pluralität von Staaten, die nicht unbedingt sozialistisch wären, sondern eine neue Form marktregulierender überstaatlicher Gemeinschaft.

Die Chancen, dass irgendetwas davon geschieht, stehen schlecht. Die USA sind nicht nur nicht dazu bereit, irgendeinen dieser drei Kämpfe zu führen, sie werden auch keine noch so bescheidenen Emissionsziele unterzeichnen. China befürwortet Emissionsprogramme, und seine Parteiführer könnten sie auch durchsetzen; ihre Anstrengungen werden aber durch das bloße Tempo der chinesischen Industrialisierung zunichte gemacht, nicht anders als in Indien und anderen Schwellenländern. Ich würde vorhersagen, dass in Sachen Emissionsbeschränkung wenig unternommen wird – bis die Welt irgendwann Mitte des 21. Jahrhunderts die Klimafolgen massiv zu spüren bekommt.

Es sieht finster aus an der Klimafront. Vielleicht könnte es einen technologischen Durchbruch geben. Weder Solar- noch Windenergie stellen ihn gegenwärtig dar. Versuche mit kalter Fusion, eine ganz neue Solarbatterie, vielleicht auch konzentrierte Solarenergie aus geschmolzenem Salz, könnten irgendwann signifikante Resultate zeitgen – aber nicht »saubere Kohle«, die nur ein Ablenkungsmanöver der Bergbauindustrie ist. Vielleicht werden irgendwann die Massen von den Umweltbewegungen wachgerüttelt, die Politiker zu mehr ökologischer Politik veranlasst; vielleicht bilden emissionsarme Industrien irgendwann ein Gegengewicht zu den emissionsträchtigen; vielleicht können Unternehmer und Wissenschaftler gemeinsam eine neue Phase produktiver Zerstörung einleiten, beruhend auf grünen Technologien. Zur Zeit ist keine dieser Möglichkeiten in Sicht. Natürlich werden die Emissionen bei einer anhaltenden globalen Krise des Kapitalismus, wenn die Weltproduktion sinkt, nach einer gewissen Verzögerung – in der schon »eingefrorene« Emissionen wieder ansteigen – nicht weiter zunehmen und sogar zurückgehen. Wenn umgekehrt der Kapitalismus, die Nationalstaaten und die Verbraucher gezügelt sind, wird das Wachstum des BIP in weltweitem Einvernehmen zurückgehen, und alle begnügen sich mit einem annähernden Nullwachstum. In jeder Wolke gibt es einen Hoffnungsschimmer.

Wenn aber nicht rechtzeitig gehandelt wird und die Klimakatastrophe eintritt, bestünde das optimistische Szenario darin, dass die internationale Staatenwelt an diesem Punkt koordinierte Maßnahmen ergreift, um dem Kapitalismus, den Staaten und den Bürgern strenge Restriktionen aufzuerlegen. Alternativ dazu, wenn dies nicht geschieht, sind verschiedene Katastrophenszenarien denkbar – das einer »Festung Kapitalismus«, einer »Festung Sozialismus« oder eines »Ökofaschismus« relativ begünstigter Staaten, die sich innerhalb des reicheren Nordens gegen den Rest der Welt verschanzen, oder das von massenhaftem Flüchtlingselend oder Ressourcenkriegen (wenn auch vielleicht nicht zwischen Atommächten). Ob unsere Nachgeborenen diese Systeme nun »kapitalistisch«, »sozialistisch«, »faschistisch« oder was auch immer nennen, ihr Charakter wird letztlich bösartig sein. Wir können natürlich nicht vorhersagen, was Menschen im Angesicht einer solchen Bedrohung tun werden.

Schluss: Das Ende ist nah oder auch nicht

Ich habe ein Modell alternativer Szenarien vorgelegt, das, wie ich glaube, einer Vorhersage der Zukunft am nächsten kommt. Ich hoffe vor allem gezeigt zu haben, dass die moderne Gesellschaft und der moderne Kapitalismus keine Systeme sind. Sie werden bestimmt von sich überlagernden Machtverhältnissen, die jeweils ihre eigenen Kausalketten hervorbringen. Die wichtigsten dieser Machtverhältnisse sind die ideologischen, ökonomischen, militärischen und politischen. In ihren kommenden Interaktionen zeichnet manches sich klarer als anderes ab. Erstens verlieren die Vereinigten Staaten ihre hegemoniale Stellung – selbst ihre gewaltige Militärmacht scheint nicht zur Verwirklichung ihrer nationalen Interessen imstande zu sein. Das ist fast unvermeidlich; das Ende der Hegemonie naht. Amerikas Stern dürfte sogar noch weiter sinken, wenn nicht alle möglichen Probleme behoben werden, die aus allen vier Quellen der Macht entspringen. Zweitens ist die Europäische Union in einer ähnlich bedrohten Position, auch wenn ihre aktuellen wirtschaftlichen Probleme vor allem durch eine politische Schwäche besonderer Art verschärft werden – durch den ungedeckten Euro. Für Europa hängt fast alles an der Lösung dieses Problems, das in erster Linie eines der politischen und ideologischen Macht, nicht der wirtschaftlichen ist. Drittens verschiebt sich die weltwirtschaftliche Macht von der westlichen Welt weiter auf die erfolgreicheren Teile der restlichen, und das bedeutet alles in allem mehr politische Regulierung des Kapitalismus. All dies ist ziemlich klar.

Weitere Szenarien sind düsterer. Wenn wir den Kapitalismus mit Schumpeter als »produktive Zerstörung« betrachten, könnte das Produktive zum Metier der sich entwickelnden restlichen Welt werden, während der Part der Zerstörung der westlichen zufällt. Das scheint aber weniger wahrscheinlich als eine Rückkehr zu den früheren pluralen Machtstrukturen, die heute global organisiert sind. Die aus der Ökonomie entspringenden Kräfte dürften zu keiner globalen Krise des Kapitalismus führen. Wahrscheinlicher ist, dass sich das weltwirtschaftliche Wachstum verlangsamt, wenn eine weltweit gerechtere Verteilung der Macht hergestellt ist – ein möglicher Übergang zu einer stabilen, florierenden kapitalistischen Wirtschaft mit niedrigem Wachstum. Das wäre für die Welt eine relativ glückliche Perspektive, sieht man davon ab, dass sie mit einer »ausgegrenzten« Minderheit von 10 bis 20 Prozent der Bevölkerung verbunden sein könnte.

All das könnte aber über den Haufen geworfen werden durch zwei monströse globale Krisen, den Atomkrieg und den fortschreitenden Klimawandel – ersterer das Ergebnis einer Kausalkette, die außerhalb des Kapitalismus entspringt, letzterer das einer Verkettung von Ursachen, die über ihn hinausgeht. Jede von ihnen könnte das Ende bedeuten, nicht nur für den Kapitalismus, auch für die menschliche Zivilisation. Die Erde würde den Insekten gehören. Letzten Endes aber steht bei all diesen Fragen nichts endgültig fest, und es kommt auf politische Entscheidungen an. Die Menschheit hat im Grunde die Freiheit, zwischen besseren oder schlechteren Szenarien zu wählen – die Zukunft ist letztlich unvorhersehbar. Wir handeln ab und zu rational, wenn auch für gewöhnlich auf kürzere Sicht, und wir handeln manchmal emotional, auch ideologisch und irrational. Das ist letztlich der Grund, warum wir die Zukunft weder des Kapitalismus noch der Welt vorhersagen können.

Was war der Kommunismus?

Georgi Derluguian

Die Gründe, warum die kommunistischen Staaten in einer Diskussion über das mögliche Ende kapitalistischer Märkte nicht fehlen sollten, liegen auf der Hand. Der Kommunismus drängt sich immer noch vielen als natürliche Alternative zum Kapitalismus auf, zusammen mit seinen Schreckbildern von endlosen Fabrikschloten, Mangelwirtschaft, Personenkult und Säuberungen. Es gibt aber auch weniger offensichtliche Gründe. Der Zusammenbruch des Sowjetblocks wurde im Rückblick als selbstverständlich betrachtet, da nun fast allgemein klar zu sein schien, dass der Kommunismus repressiv und ineffizient ist. Dagegen hatte in den 1950er und 1960er Jahren die öffentliche Meinung mit einer Mischung von Furcht und Bewunderung auf die militärischen und wissenschaftlichen Großtaten der UdSSR geblickt. Sogar viele Experten hielten ihre Nationalitätenfragen für gelöst. Zu den Hochzeiten von Gorbatschows Perestrojka in den 1980er Jahren waren in Ost und West auch viele empfänglich für die Liebesgrüße des in Moskau aufblühenden Humanismus. Heute wird das chinesische Wirtschaftswunder als der größte Erfolg des Kapitalismus gepriesen, der für die Zukunft hoffen lässt, ungeachtet der Merkwürdigkeit, dass viele chinesische Unternehmer noch ihren Parteiausweis haben. Das stellt das gängige Klischee in Frage, dass der Kommunismus zusammengebrochen ist.

Die Sowjetunion *ist* aber zusammengebrochen. Am Ende war sie eine moderne Industriegesellschaft, beherrscht von einer wirtschaftlichen Oligarchie. Vielleicht können wir dadurch auf stärker empirischer Grundlage die Frage stellen, wie der Zusammenbruch des modernen westlichen Kapitalismus aussehen könnte. Konkret gefragt, könnte eine hypothetische antikapitalistische Revolution dem klassischen Modell von 1917 folgen, oder wäre sie eher mit den zivilbürgerlichen Bewegungen von 1989 vergleichbar? Damit sind wir bei dem eigentlichen Grund, warum in diesem Buch die Sowjetunion vorkommt. Zwei seiner Autoren, Immanuel Wallerstein und Randall Collins, die nun auch das Ende des Kapitalismus vorhersagen, haben bekanntlich schon in den 1970er Jahren aufgrund unterschiedlicher Theorien das Ableben des Kommunismus in Russland prognostiziert.

Das veranlasst mich zu einem Eingeständnis. 1987 hatte ich von der KGB-Residentura unserer Botschaft in der Volksrepublik Mosambik keine Genehmigung, mich mit dem US-Bürger Immanuel Wallerstein zu treffen. Das Warten unter einem alten Jacaranda-Baum vor dem Hotel Polana in Maputo fühlte sich an, als sei ich in einen Spionageroman von Graham Greene geraten: Ein junger Sowjetoffizier trifft sich mit einem bekannten westlichen Wissenschaftler in einem von Stellvertreterkonflikten des Kalten Krieges zerrissenen Land. Die intellektuelle Neugier, die mich zu diesem gefährlichen Wahnsinn trieb, können vielleicht nur die nachempfinden, die das erregende Gefühl kennen, ein verbotenes Buch aufzuschlagen. Die neomarxistische Theorie Wallersteins war natürlich für die sowjetische Zensur Häresie. »Entspannen Sie sich«, sagte Wallerstein, als er mein Unbehagen bemerkte. »Ihre Generation sowjetischer Bürger wird bald in der ganzen Welt herumreisen können. Ich bin mir aber nicht so sicher, dass Sie dadurch glücklicher werden.« Meinen ungläubigen Blick aufnehmend, fügte er mit einem Lächeln hinzu: »Warum wissen Sie so genau, dass am 7. November 2017, vorsichtig geschätzt, auf dem Roten Platz eine Militärparade stattfinden wird, zum hundertsten Jahrestag dessen, was Sie vielleicht nicht einmal mehr beim Namen kennen?« Was mir in diesem prophetischen Moment in den Sinn kam, war zugegebenermaßen ein etwas gröberes russisches Wort für: »Absurd!«

Nicht viel anders war die Reaktion der Hörerschaft am renommierten Russland-Institut der Columbia-Universität, als Randall Collins im Frühjahr 1980 seine Thesen vortrug. Der eigenwillige Soziologe teilte den versammelten Sowjetologen mit, der obskure Gegenstand ihrer beruflichen Interessen werde sich nach seinen Berechnungen noch zu ihren Lebzeiten in Luft auflösen. Die USA befanden sich damals im Taumel von Vietnam, der wirtschaftlichen Stagflation und der Geiselnahme von

Teheran. Ronald Reagan baute seine Präsidentschaftskampagne darauf auf, dass die Vereinigten Staaten in ihrer atomaren Bewaffnung gefährlich hinter den Russen zurücklägen. Sie bedürften einer massiven Nachrüstung, wenn sie der kommunistischen Gefahr weltweit Herr werden wollten. Und da stand nun Randall Collins, selbst der Sohn eines amerikanischen Karrierediplomaten, und sprach von Abrüstung und Fortsetzung der Entspannungspolitik. Die gut gemeinte Empfehlung war aber keinem pazifistischen Wunschdenken entsprungen. Sie beruhte auf einer von Max Weber vorgedachten geopolitischen Theorie.[1]

In dem von Collins konstruierten weberianischen Modell schnitt die UdSSR bei allen fünf Kriterien geopolitischer Macht erstaunlich schlecht ab. Die große Unbekannte blieb die Frage, welche Form der Niedergang annehmen würde. Entgegen der damaligen Stimmungslage zeigte das gleiche Modell, dass Amerika in den 1980er Jahren keinen geopolitischen Abstieg erlebte. Für seine Sicherheit und die Welt war es deshalb absolut vorrangig, dass es keinen Atomkrieg mit den auf dem absteigenden Ast befindlichen Sowjets gab. Das historische Beispiel vieler früherer Imperien zeigt, dass für gewöhnlich nach einer Periode anhaltender Konfrontation, in der die Zahl der Kontrahenten nach und nach auf zwei große Rivalen und ihre Satelliten schrumpft, ganz plötzlich der Zerfall durch geopolitische Überdehnung eintritt. Der Untergang des strukturell schwächeren Imperiums erfolgt dann entweder in einem Ausbruch innerer Unruhen, die von separatistischen Gouverneuren und unzufriedenen Generälen angeheizt werden, oder in einem mit beispielloser Brutalität geführten Entscheidungskampf wie zwischen Rom und Karthago.

Bei aller gebotenen Fairness hatten die Sowjetologen guten Grund, auf die Barrikaden zu gehen. Collins bezog sich auf antike und mittelalterliche Imperien und entnahm seine Belege aus dem Geschichtsatlas. Zu den jüngsten Entwicklungen in Polen, Nicaragua und Afghanistan hatte die geopolitische Theorie genauso wenig zu sagen wie über Breschnews

---

1 Die Episode wird berichtet in Randall Collins, »Prediction in Macrosociology: The Case of the Soviet Collapse«, *American Journal of Sociology,* Jg. 100, 1995, H. 6, S. 1552–1593. Die ursprüngliche Vorhersage des Zusammenbruchs der Sowjetunion wurde von Collins veröffentlicht unter dem Titel »Some Principles of Long-Term Social Change: The Territorial Power of States«, *Research in Social Movements, Conflict, and Change,* Jg. 1, 1978, S. 1–34.

Gesundheitszustand. Auch war die Vorhersage des sowjetischen Zusammenbruchs äußerst vage datiert, auf einen Zeitpunkt irgendwann in den kommenden Jahrzehnten. Makrosoziologische Prognosen pflegen sehr allgemein zu sein. Sie können nur die Richtung des strukturellen Wandels bestimmen und grob dessen Tempo abschätzen. Bessere Vorhersagen dürften auf längere Sicht kaum möglich sein. Die der Sowjetologen haben sich sogar auf kürzere Sicht als weniger verlässlich erwiesen.

Wie verhalten sich die älteren Prognosen von Collins und Wallerstein zu dem, was wir heute über die sowjetische Entwicklung wissen? Die Debatte über die Aussichten des Kapitalismus setzt Klarheit über dessen kommunistische Alternative voraus. Unser Gegenstand wird aber vernebelt durch ideologische Auseinandersetzungen. Ich behaupte, dass sich Aufstieg und Fall des Kommunismus besser erklären lassen, wenn wir ihn in eine umfassendere makrohistorische Perspektive einordnen.

Die russische geopolitische Plattform

Der kommunistische Durchbruch auf den Trümmern des Zarenreichs war ein historischer Zufall. Er war aber nicht zufälliger als der ursprüngliche Durchbruch des Kapitalismus im Westen oder jede andere Veränderung der Machtverhältnisse. Das soll nicht heißen, dass die bolschewistische Revolution ein abnormes Ereignis war. Historische Kontingenz ist normalerweise die Realisierung von Möglichkeiten, die sich mit dem Aufbrechen früherer Zwänge in Momenten der Krise ergeben. Kreativität und visionäre Kraft sind – wie Blindheit für die Gelegenheit und Führungsversagen – Ergebnis menschlichen Einwirkens auf sich ergebende Zwänge und Möglichkeiten. Die Alternativen erscheinen als unwahrscheinlich für alle – außer natürlich für jene, die wir im Nachhinein als Visionäre betrachten. Was solche Visionäre tatsächlich tun, ist die Entdeckung neuer Möglichkeiten, die im Zuge des Handelns Wirklichkeit werden. Längst nicht alle Möglichkeiten werden jedoch verwirklicht. Der bolschewistische Aufstand von 1917 schloss die geringe Möglichkeit aus, dass Russland zu einer liberalen Demokratie werden konnte. Er schloss auch die weit größere Möglichkeit aus, dass das damalige Russland faschistisch wird. Lenin und sein kleiner Trupp von Genossen hatten offenbar großen Anteil daran, dass die Weichen für Russland und die Welt nach 1917 anders gestellt wurden. Der Zug fährt aber auch in die Gegenrichtung. Trotzdem war es wichtig, dass die kommunistischen Revolutionäre zuerst ein Land wie Russland übernahmen statt beispielsweise Italien, Mexiko oder auch China.

Wenn wir die geopolitische und wirtschaftliche Plattform Russland richtig einschätzen wollen, müssen wir auf die geschichtlichen Knotenpunkte zurückgehen, an denen das Russische Reich seine uns vertraute Gestalt annahm. Der erste dieser Punkte lässt sich beim Anbruch der Moderne ausmachen, irgendwann zwischen 1500 und 1550. Hätten wir die damaligen politischen Experten danach befragt, in welche Richtung ihre Welt sich entwickeln wird, dann hätten sie vor allem auf die spektakuläre Herausbildung neuer Reiche in der gewaltigen Landmasse zwischen Atlantik und Pazifik verwiesen. Für kaum der Rede wert hätten diese fiktiven Experten die protestantische Reformation im äußersten Nordwestzipfel Eurasiens gehalten, vielleicht nicht einmal die soeben erfolgte Entdeckung Amerikas. Das China der Ming-Dynastie war im Weltmaßstab der eindeutige wirtschaftlich-demographische Riese. Kurz nach 1500 begründeten auch die Mogule ihre imperiale Herrschaft im traditionell zerstrittenen Indien. Genau zur selben Zeit erfolgte im Iran der Aufstieg der Safawiden, und die osmanischen Türken beanspruchten kraftvoll das Erbe des Oströmischen Reichs, während sich im Westen die spanischen Habsburger auf dem Weg zu einem katholischen Weltreich befanden. Für fast alle war das finstere Mittelalter vorbei. Die neue Ordnung und Prosperität war durch die gewaltigen Imperien gesichert worden, und sie wurde wiederum gefestigt durch wichtige Innovationen – effizientere landwirtschaftliche und handwerkliche Techniken, verwaltungsmäßige Steuererhebung, konservative Staatsreligionen und nicht zuletzt neue großkalibrige Waffen.

Russland war in diesem umfassenderen Bild ein Randphänomen. Das erwies sich als vorteilhaft. Das aufstrebende Zarenreich war durch die bloße geographische Distanz geschützt vor den stärkeren deutschen und türkischen Rivalen im Westen und Süden. Gleichzeitig beseitigten die

Feuerwaffen das jahrhundertelange Ungleichgewicht zwischen nomadischer Reiterei und sesshafter Landbevölkerung. Der Schutz der slawischen Bauern vor den tatarischen Horden in den riesigen fruchtbaren Steppenregionen sicherte dem Russland des 16. Jahrhunderts einen gewaltigen Zuwachs an Arbeitskraft und Tributeinnahmen. Die russische Expansion war in ihrer Art und ihrem Ausmaß nur mit der spanischen zu vergleichen. Die Kosaken, bewaffnete Grenzbewohner, gefolgt von regulären Garnisonen, durchquerten die Steppe in der genauen Gegenrichtung zu den früheren Nomadeneinfällen. Bald befand sich Russland selbst an der Grenze zu China.

Es ist nicht weiter erstaunlich, dass im 16. Jahrhundert auch Russland zu einem auf Schießpulver begründeten Imperium wurde; erstaunlicher ist, dass es um 1900 nach wie vor eine expandierende Großmacht war. Weder China noch Indien und der Iran, nicht einmal die Türkei oder Spanien vermochten zu diesem Zeitpunkt ihre glanzvollen Positionen zu halten. Der Grund für diesen massiven Niedergang der restlichen Welt lag offenbar in den Entwicklungen, die sich zwischenzeitlich in der westlichen vollzogen hatten. Spaniens eindrucksvoller Anspruch auf die katholische Restauration des weströmischen Reichs rannte sich am geballten Widerstand kleinerer Königreiche, Fürstentümer, unabhängiger Kantone und Städtebünde im nordwestlichen Europa fest. Hätte die Habsburger Monarchie diesen Widerstand gebrochen, dann wäre die protestantische Reformation in der Geschichte nur eine weitere Häresie geblieben, die antihabsburgischen Kaufleute und Fürsten wären für uns heute nichts anderes als Piraten und aufrührerische Kriegsherren. Der tatsächliche Gang der Ereignisse sorgte für ein Machtgleichgewicht, mit dem sich die kapitalistische Allianz der durch kosmopolitische Handelsbeziehungen verflochtenen protestantischen Staaten perfekt arrangieren konnte. Dieses militärische und ideologische Gleichgewicht, und nicht so sehr der Protestantismus selbst, sicherte das Überleben frühkapitalistischer Staaten wie Holland und England.

Peter der Große startete seine absolutistische Reform wenige Generationen nach dem Durchbruch des Kapitalismus im Westen. Dieser erstaunliche Herrscher, der anonym als Zimmermannslehrling auf den Amsterdamer Werften gearbeitet hatte und in London wahrscheinlich

Isaac Newton traf, war dazu entschlossen, von den Besten zu lernen. Holland blieb seine erste und leidenschaftlichste Liebe. Die Macht dieses Hegemonievorbilds lässt sich daran ermessen, dass die russische Flagge eine Abwandlung der holländischen war und dass die Kanäle von Sankt Pietersburg (so der ursprüngliche Name) aus nichts anderem als seiner tiefsten Überzeugung entstanden, dass eine moderne Hauptstadt Kanäle wie Amsterdam haben muss.

Ähnliche Reformen durch Nacheiferung wurden von vielen zeitgenössischen Staatsmännern initiiert, etwa dem Marquês de Pombal in Portugal, Joseph II. in Österreich oder Alexander Hamilton in den Vereinigten Staaten. Die Erfolgsquote scheint rapide abzunehmen, je weiter wir uns vom westlichen Zentrum entfernen. Selbst Spanien verlor seinen imperialen Besitz und versank hinter den Pyrenäen im Abseits. Indien, China und der Iran scheiterten vollends und verfielen in ausländische Abhängigkeit. Das stolze, freiheitlich-aristokratische Polen-Litauen, einst das größte europäische Land, verschwand in den polnischen Teilungen. Die glorreiche Kavallerie der feudalen Szlachta stand in einer Zeit, in der Kriege durch ungleich kostspieligere Flotten, stehende Heere und Artilleriestreitkräfte gewonnen wurden, auf verlorenem Posten. Die osmanischen Türken nahmen ihre Tanzimat-Reformen ein ganzes Jahrhundert nach dem petrinischen Russland in Angriff, als es zu spät war, den Geruch des »kranken Mannes« noch loszuwerden. Der eindrucksvolle Albaner Muhammad Ali, jener skrupellose Kriegsherr Ägyptens, der sich in den Jahren 1810–1840 seine eigene Marine, seine Geschützgießereien und eine moderne Verwaltung aufbaute, ähnelt dem Beispiel Peters des Großen. Doch wurde der absolutistische Modernisierer Ägyptens bald von den Briten gestoppt, die dem Aufstieg einer mittelöstlichen Regionalmacht beiderseits der geplanten Suezkanalroute nach Indien nicht weiter zusehen wollten.

Unter den nichtwestlichen Staaten ist es nur Japan während der Meiji-Restauration nach 1868 gelungen, in der militärisch-industriellen Geopolitik jener Zeit zu einer wirklichen Macht aufzusteigen. Dieses seltsame Paar, das petrinische Russland im 18. Jahrhundert und das Meiji-Japan im nachfolgenden, könnte ein Schlüssel sein. Was die zwei sehr ungleichen Sonderwege verband, war ein ideologischer Komplex von starkem

Nationalstolz gepaart mit tiefer Unsicherheit, die sich entwürdigenden Konfrontationen mit überlegenen westlichen Mächten verdankte. Solche dualistischen Wahrnehmungen ihrer Stellung in der Welt konnten eine förderliche, aber keine notwendige Bedingung sein, waren sie doch kaum eine Besonderheit Japans und Russlands. Die verschanzten Imperien brauchten institutionelle Kapazitäten und finanzielle Mittel, um ihr ängstliches Gefühl von Vulnerabilität und Rückständigkeit loszuwerden. Die relative Abgeschirmtheit Russlands und Japans vor ausländischer Handelsinvasion und militärischem Druck verschaffte beiden die nötige Luft, ihre Fähigkeiten zu entwickeln und am damaligen Wettrüsten teilzunehmen. Die ungeheuren Kosten der imperialen Modernisierung trugen vor allem die Bauern. Sie mussten ihre Staaten mit immer mehr Abgaben, Wehrpflichtigen und Arbeitskräften für staatliche Baumaßnahmen versorgen. Die Zwangsgewalt über die Bauern reichte aber nicht aus. Die absolutistischen Reformer mussten auch ihre eigenen Eliten disziplinieren, umerziehen, belohnen und begeistern, indem sie diese massenhaft als Offiziere und Beamte in den Staatsdienst aufnahmen.

Dieses Modernisierungsmodell beruhte auf stark zentralisierter Zwangsgewalt und territorialer Expansion, die neue Ressourcen, Untertanen und imperialen Glanz verschaffte. Die Standardtheorie der neoklassischen Ökonomie pries den angelsächsischen Konstitutionalismus und das private Unternehmen mit sicheren Eigentumsrechten als den Königsweg zur Moderne. Doch gab es offenbar noch einen anderen Weg, mit den seinerzeit führenden Staaten mitzuhalten. Die Strategie des Zwangs kompensierte die Knappheit kapitalistischer Ressourcen, indem sie den Staat selbst zum Hauptunternehmer machte und per Dekret moderne Industrien und Institutionen schuf. Kein Wunder also, dass sich japanische wie auch russische Modernisierer, die den westlichen Vorsprung einholen wollten, gern auf deutsche Vorbilder besannen. Das Russische Reich hatte seit den Zeiten Peters und Katharinas der Großen Scharen unterbeschäftigter deutscher Aristokraten und Handwerker ins Land geholt. Das war die besondere geopolitische Plattform, derer sich die Bolschewiki 1917 bemächtigt hatten.

Festung Sozialismus

Die Revolution in Russland kam 1917 nicht unerwartet. Schon lange wurde der russische Adel vom Gespenst einer Revolte leibeigener Bauern verfolgt, die für ihre fast sklavische Situation Rache üben. Eine moderne proletarische Revolution war seit den europäischen Erhebungen von 1848 erwartet worden. Diese Angst, oder Hoffnung, wurde durch Streiks von Industriearbeitern genährt, dann niedergeknüppelt von berittenen Kosaken. Nicht weniger bedeutsam war das Anwachsen der modernen Intelligenz, jener gebildeten Mittelschicht, die sich von der alten aristokratischen Bürokratie und der allgemeinen Rückständigkeit ihres Landes blockiert fühlte. Die Intelligenz sah sich als Speerspitze einer epochalen Erneuerung. Dieses Sendungsbewusstsein drückte sich in einer Flut subversiver Strategien aus, von der Schaffung einer Weltliteratur über soziales Engagement bis hin zu Bombenattentaten gegen die Unterdrücker.

Trotzdem schlug sich das Zarenreich weiter durch und verzeichnete sogar beachtliche industrielle Wachstumsraten – vor allem deshalb, weil es fast ein halbes Jahrhundert lang das Glück hatte, verlorene Kriege vermeiden zu können, einen typischen Auslöser von Revolutionen. Die Wendepunkte – wie sie auch in vielen anderen Revolutionen zu beobachten sind – kamen mit den Niederlagen von 1905 und 1917. Die Soldaten rebellierten gegen ihre Befehlshaber, die Polizei verlor ihre Organisation. Der Zusammenbruch der Staatsgewalt setzte alle lang unterdrückten Gespenster frei – wütende Bauernrevolten auf dem Land, einen nun bewaffneten Arbeiterkampf in den Großstädten und den begeisterten Aufbruch der Intelligenz in einer Vielzahl politischer Parteien, genauso wie in nationalistischen Bewegungen, die bald zu unabhängigen Regierungen in den ethnisch nicht-russischen Provinzen wurden.

Es ist nicht allzu erstaunlich, dass die Bolschewiki in diesem Zusammenbruch der Staatsordnung die Macht übernahmen. Das eigentlich Erstaunliche ist, dass sie nach einigen Jahren noch immer an der Macht waren. Wie haben sie das geschafft?

Die Bolschewiki waren vor 1917 eine kleine Gruppierung aufständischer Intelligenz. Illegalität und Verfolgung zwangen sie zu strikter Organisationsdisziplin, konspirativer Heimlichkeit und strenger Wachsamkeit gegenüber den allgegenwärtigen Polizeispitzeln. Anders als ihre chinesischen Pendants waren die Bolschewiki keine Guerillas, sie traten außerhalb der Großstädte kaum in Erscheinung. Das begründete ihr Bild von den Bauern als ungebildeter Masse, die es in eine bessere Zukunft zu führen gilt. Und natürlich folgte ihre fast religiöse Hingabe der eschatologischen Vision von Karl Marx. Der Marxismus hatte aber auch eine stark wissenschaftliche Seite. Das machte die Bolschewiki zu einer besonders rationalistischen Fraktion ideologischer Visionäre, die sich der modernen Wissenschaft und Industrie bedienten. Von Anfang an waren diese antikapitalistischen und antiimperialistischen Revolutionäre darauf vorbereitet, die Waffen ihrer Feinde zu übernehmen – deutsche Militärorganisation, staatliche Wirtschaftsplanung und das Fließband von Henry Ford.

Die bolschewistische Staatspartei schuf zuerst ihre eigene Geheimpolizei – die berüchtigte Tscheka, die Scharen revolutionärer Terroristen aufnahm. Das sicherte die Monopolstellung des neuen Staates nach innen. Dann schuf sich die Partei ihre Rote Armee. Der Aufbau einer Armee inmitten von Bürgerkrieg und ausländischer Militärinvasion sicherte nicht nur den bolschewistischen Staat, er wurde zum Wesen des bolschewistischen Staats selbst. Die wehrhafte Partei mit ihrer Begeisterung und Disziplin erwies sich als hervorragend dazu geeignet, für alle möglichen Formen von materiellem und moralischem Rückhalt zu sorgen – die zusammengebrochenen Industrien wieder in Gang zu bringen, bei den Bauern Kartoffeln zu requirieren, aber auch mit dem Aufklärungsdrang der Intelligenz Museen, Theater, Alphabetisierungskurse und Universitäten zu eröffnen.

Ein bestimmter Grundzug des bolschewistischen Staatsaufbaus war jedoch für einen Vielvölkerstaat etwas ganz Neues – die Zusammensetzung der Sowjetunion aus nationalen Republiken. Der multilaterale Bürgerkrieg wurde durch politisch-militärische Bündnisse gewonnen, die über die Grenzen von Nationalität, Rasse und Religion hinweggingen. In einer entscheidenden Episode des Jahres 1919 wurde die konterrevolutionäre Weiße Armee des Generals Denikin von hinten durch muslimische Tschetschenen angegriffen. Sie hatten sich mit den Bolschewiki verbündet, weil sie den Marxismus für eine Art Dschihad hielten. Die kaukasischen Islamisten mochten als politisch naiv erscheinen. Für die nichtrussische Peripherie bedeuteten die Bolschewiki aber eine wirkliche Entwicklung, wenn auch zu deren Konditionen. Die leninistische Nationalitätenpolitik begründete die nationalen Republiken, in denen einheimische Funktionäre bevorzugte Aufstiegsmöglichkeiten und beachtliche Mittel zum Aufbau moderner ethnischer Kultureinrichtungen erhielten – der gleichen Schulen und Universitäten, Museen, Filmstudios, Opern- und Ballettbühnen, aber eigens für die nichtrussischen Nationalitäten bestimmt.

Der bolschewistische Sieg im russischen Bürgerkrieg lässt sich nicht darauf reduzieren, dass er aus dem Chaos eine staatliche Ordnung schuf, auch wenn schon dies eine ungewöhnliche Leistung war. Die Lehre bestand in der Herstellung der umfassenden Strukturen, in denen die Leidenschaften der von der Revolution ergriffenen Massen eingespannt und gelenkt wurden. Diese Millionen junger Männer und Frauen erhielten durch die Ausbildungen und Karrieren, die ihnen die neuen sowjetischen Institutionen boten, sprunghaft erweiterte Lebenschancen. Die sozialen Aufstiegsmöglichkeiten nahmen exponentiell zu, als mit ungeheurer Energie in den frühen 1930er Jahren der Aufbau neuer Städte und Industrien in Angriff genommen wurde. Trotz der alltäglichen Einschränkungen, der politischen Repression und der unmenschlichen Arbeitsbelastung produzierte die Industrialisierung auch eine Massenbasis patriotischer Sowjetbürger mit neuen Identitäten und Lebensweisen, die sich einem gewaltigen modernen Staat verdankte. Die Zerstörung traditioneller Gemeinschaften, Kirchen und patriarchaler Großfamilien ließ Millionen junger Männer und Frauen in die moderne Gesellschaft eintreten.

In völlig veränderten Maßstäben glich das Ergebnis der im 18. Jahrhundert betriebenen Verwestlichung durch Peter den Großen (der in sowjetischen Romanen und Filmen heroisiert wurde). Der Erfolg des aufgeklärten Absolutismus wurde zur damaligen Zeit möglich, weil er die Adelsränge vermehrte und der neuen Elite breite Möglichkeiten im Staatsdienst verschaffte, zusammen mit ideologischem Selbstbewusstsein und einem verwestlichten Lebensstil. In der Sowjetepoche konnten Kinder von Bauern – russischen genauso wie ethnisch nichtrussischen – die Bedienung moderner Maschinen erlernen, in staatseigene Wohnungen mit Elektrizität und fließendem Wasser ziehen, Uhren und Radios aus sowjetischer Produktion erwerben und in Werkskantinen industriell hergestellte Hot Dogs, Dosenerbsen, Mayonnaisesalate und Eiskrem verspeisen (diese ursprünglich amerikanischen Importe galten bald als heimische Produkte). Die staatliche Industrialisierung schuf eine ständig überheizte Mangelwirtschaft, zu der auch der Fachkräftemangel gehörte. Die Sowjetunion wurde zu einer riesigen Fabrik, verwandelte sich deshalb auch in eine gigantische Arbeitersiedlung. Der Staat als einziger Arbeitgeber sorgte für gesellschaftliche Wohlfahrt von der Wiege bis zum Grab.

Gelenkt wurden die Veränderungen von Parteifunktionären auf den besonderen Karriereleitern der »Nomenklatura«. Der Begriff ist schließlich zum Schimpfwort für träge Bürokraten geworden. Ihre ersten Generationen aber waren die kampfgestählten jungen Kommissare und Sonderbeauftragten, die vor revolutionärem Charisma und Tatendrang strotzten. Sie fühlten sich durch eine ungeheure Gunst der Geschichte – und durch das Genie Lenins – zu Vorkämpfern für den Fortschritt der Menschheit berufen. Der auch nur zeitweilige Verlust ihrer politischen Macht, wie er in einer auf Wahlen beruhenden Demokratie vorkommt, kam für sie einem Verrat am Gang der Geschichte gleich. Die revolutionären Greueltaten der Bolschewiki und ihr Aufklärungsenthusiasmus wollten vielen Beobachtern und Historikern als moralisch unvereinbar erscheinen. Doch beide Seiten des Kommunismus sind unumstößliche Fakten; ihr scheinbarer Widerspruch ist eine ideologische Illusion. Die Russische Revolution überzog ein riesiges, vorwiegend bäuerliches Land mit einer dünnen Schicht radikaler Intelligenz. Diese Aktivisten der Zeitenwende glaubten leidenschaftlich an allgemeinen Fortschritt und Elektrizität, hatten aber im voraufgegangenen Bürgerkrieg auch gelernt, auf die siegreiche Partei und ihr bewährtes Mausergewehr zu vertrauen. Kurz, die russischen Revolutionäre gewannen ihre Schlachten, indem sie zu einer charismatischen Bürokratie ganz neuen Typs wurden. Diese militanten Modernisierer verschmolzen die ideologischen, politischen, militärischen und wirtschaftlichen Institutionen des 20. Jahrhunderts zu einer diktatorischen Einheitsstruktur. Sie gipfelte in einem hohen Podest.

Die Persönlichkeit Stalins ist vielleicht nicht weniger verwickelt als sein erstaunlicher Lebensweg eines modernen Katakomben-Christen, der zum Großinquisitor und späteren Renaissancepapst wird. Die Persönlichkeit erklärt aber nicht die Führerkulte und Säuberungen in vielen Situationen, für die Stalin nicht unmittelbar verantwortlich war – etwa in Titos Jugoslawien, dem maoistischen China oder auf Kuba. Man denke aber auch an Gorbatschows Glasnost-Kampagne, die in den Jahren 1985 bis 1989 fast zwei Drittel der Breschnew-Nomenklatura den Job, wenn nicht sogar den Kopf kostete. Vom Standpunkt ihrer bürokratischen Opfer kam die von Moskau befohlene Demokratisierung einer weiteren verheerenden Säuberung gleich. Diese Erkenntnis trägt, wie wir noch sehen werden, viel zur Erklärung der verzweifelt defensiv-destruktiven Reaktion der Sowjet-Nomenklatura bei, die nach 1989 den Staat ruinierte. Alle großen kommunistischen Führer/Schurken entfesselten immer wieder politische Denunziationskampagnen, weil ihnen weniger plumpe Kontrollmechanismen nicht zu Gebote standen. Die Unterdrückung inoffizieller Strukturen und Informationen macht den obersten Führer praktisch blind für alles, was unter ihm geschieht. Das nährt sein systematisches Misstrauen, dass seine Anweisungen nicht richtig befolgt werden.

Diese hässliche Seite leninistischer Regime hatte mit der russischen, chinesischen oder irgendeiner anderen nationalen Kultur unmittelbar nichts zu tun. Sie hätte Marx mit Sicherheit abgestoßen, vielleicht sogar Lenin selbst. Das Problem lag aber direkt in den geopolitischen Ursprüngen der kommunistischen Staaten (und, wie wir hinzufügen könnten, ihrer nichtmarxistischen nationalistischen Nacheiferer in der Dritten Welt). Diese revolutionären Staaten gingen aus tödlichen Konfrontationen hervor. Große Führer traten an ihre Spitze, weil die ungeheure nationale Mobilisierung nach obersten militärischen, politischen und wirtschaftlichen Befehlshabern verlangte. Ihr Genie sah sich dann bestätigt durch ihre unglaublichen Siege. Napoleon Bonaparte dürfte das eigentliche historische Urbild aller revolutionären Imperatoren des 20. Jahrhunderts gewesen sein.

Die Revolutionen in einzelnen Staaten, selbst von der Größe Russlands, führten unmittelbar zu zwischenstaatlichen Konflikten. Daher die typisch moderne Sequenz siegreicher Revolutionen und äußerer Kriege. Revolutionäre Veränderungen beschworen militärische Auseinandersetzungen mit anderen Staaten herauf, die die alte Ordnung bewahren oder, wie im Falle des Dritten Reichs, eine Neuordnung der Welt durch einen Eroberungs- und Vernichtungskrieg vornehmen wollten. Die Herausbildung kommunistischer Staaten im 20. Jahrhundert war eine Großtat der Linken. Doch angesichts der schrecklichen Kriege, in denen die kommunistischen und nationalen Befreiungskräfte die Macht ergriffen, wurden ihre Regime von Anfang an repressiv und institutionell fehlkonstruiert. Die Revolutionäre des 20. Jahrhunderts hatten keine anderen Handlungsoptionen, wenn sie ihre systemverändernden Errungenschaften verteidigen und festigen wollten. Wenn man ein gutes rationalistisches Argument gegen den Militarismus sucht, dann ist es dieses.

Krieg die Sowjetunion wirklich sozialistisch, oder totalitär? Solche ideologischen Abstraktionen sind wenig hilfreich zur Erklärung der Realität. Sie war, was sie war – ein riesiger Zentralstaat mit einer ungewöhnlichen Ideologie und einer glänzenden militärisch-geopolitischen Position, die sich der gewaltigen Industrialisierungsanstrengung verdankte. Das geopolitische Erbe des Russischen Reichs, mit seiner einzigartigen Stärke in der globalen Semiperipherie, machte das Überleben eines solchen Staats zuallererst möglich. Das gleiche strukturelle Erbe gebot auch die staatlich gelenkte Zwangsindustrialisierung, die auf der Enteignung der Bauernschaft beruhte und alle Anstrengungen auf den Aufbau einer modernen Militärmacht verlegte.

Die UdSSR war ihrem Wesen nach modern und bewusst modernistisch. Sie übernahm die modernen Machttechniken ihrer Epoche – mechanisiertes Militär, Fließbandproduktion, Städteplanung, Massenbildung, Sozialpolitik und standardisierten Massenkonsum einschließlich Sport und Unterhaltungsindustrie. Nach den futuristischen 1920er Jahren machten die Bolschewiki auch die klassischen Formen von Musik, Ballett und Literatur als Erbe der zaristischen Intelligenz zu einer neuen Massenkultur. Am Ende mutete der stalinistische Staat in vieler Hinsicht zaristisch an. Und doch war die Fähigkeit der UdSSR, ihre vielen

Nationalitäten fast drei Generationen lang zu integrieren, fortschrittlich und modernistisch. Die Sowjets waren Wegbereiter positiver Diskriminierung und bewiesen durch Förderung und allgemeine Einbeziehung, dass sie es ernst meinten.

Viele Beobachter, ob Freund oder Feind, stimmten seinerzeit darin überein, dass diese auf Wirtschaftsplanung und Abschaffung des Privateigentums basierenden Leistungen alles in allem dem Sozialismus entsprachen. Die Grundzüge des Sowjetsystems wurden von einer Vielzahl nationalistischer Modernisierungsregime nachgeahmt oder wiedereingeführt, weil eine solche Machtkonzentration äußerst erfolgversprechend erschien, wenn man im 20. Jahrhundert bestehen wollte. Wir begegnen hier einer Reihe früherer Imperien, deren Völker auf Entschädigung für ihre historischen Demütigungen hofften und Anspruch auf eine bessere, stärkere Position in der Welt erhoben – den kommunistischen Partisanenstaaten China, Jugoslawien und Vietnam, aber auch der nationalistischen Türkei und später dem Iran mit seiner eigenen systemverändernden Ideologie des islamischen Nationalismus. Auch das kleine trotzige Kuba und, an der entgegengesetzten Front des Kalten Kriegs, der höchst eigentümliche Staat Israel gehörten zu der Vielzahl aufständischer Nationalismen, die die Grundzüge der »Festung Sozialismus« übernahmen.

All diese Staaten waren mit einer feindlichen Geopolitik konfrontiert. Nach der anfänglichen Revolutionsromantik brachen die strukturellen Realitäten des Weltsystems mit harten politischen Entscheidungen herein – Spontaneität oder Disziplin, Idealisten oder Einpeitscher, Begeisterung der Massen oder Zwangskollektivierung der Bauern, ideologische Reinheit mit riskanter Isolation oder unbequeme internationale Bündnispolitik. Wollten Kommunisten auf der Weltbühne ernsthaft mitspielen, dann musste ihre Antwort opportunistische Realpolitik sein. Trotz aller ideologischen Verlautbarungen kamen kommunistische Staaten nie ganz heraus aus dem kapitalistischen Weltsystem. Der Konflikt gehört zu den stärksten Bindungen in sozialen Zusammenhängen, sei es auf der Ebene kleiner Gruppen oder zwischen den Staaten. Die kapitalistischen Kernländer blieben für Moskau das Hauptthema und der zentrale Bezugspunkt. Deutschland vor 1945 und später die USA diktierten als wichtigste militärische Bedrohung die Prioritäten der sowjetischen Industrie und Wissenschaft. Der Westen blieb auch die entscheidende Bezugsquelle für moderne Maschinen und Prestigegüter, die vor allem mit dem Erlös von Rohstoffexporten bezahlt wurden. Die einst endlosen Debatten über kommunistische Alternativen wurden schließlich dadurch beendet, dass alle kommunistischen Staaten auf die eine oder andere Weise zum Kapitalismus zurückkehrten.

Der Preis des Modernisierungserfolgs

Damit sind wir wieder bei den frühen Prognosen von Randall Collins und Immanuel Wallerstein. Ihre Vorhersagen eines Zusammenbruchs des Kommunismus beruhten auf unterschiedlichen Theorien und konzentrierten sich auf ganz verschiedene Vorgänge – auf geopolitische Überdehnung bei Collins und auf die strukturellen Zwänge der kapitalistischen Weltökonomie bei Wallerstein. Sie bestätigten sich aber auf interessante Weise wechselseitig. Collins sah zwei fatale Auswege aus dem sowjetischen Dilemma der Überdehnung – entweder den Zerfall des Imperiums oder einen militärischen Rundumschlag als letztes Gefecht. Wallerstein erkannte die dritte Möglichkeit in einem paneuropäischen Wirtschafts- und Militärblock der Achse Paris–Berlin–Moskau. Dieses Szenario entsprach offenbar den alten Ambitionen de Gaulles und den Hoffnungen der neuen deutschen Ostpolitik der 1970er Jahre. Analytisch lenkt Wallersteins nicht eingetretene Vorhersage unsere Aufmerksamkeit auf eine kontrafaktische Annahme: Sie hält Gorbatschows Perestrojka für eine reale Möglichkeit. Natürlich setzt diese Annahme auch voraus, dass ein rekonstruiertes Russland und die EU in naher Zukunft strukturelle Gründe für die Bildung eines Militär- und Wirtschaftsblocks finden würden. Die frühen Prognosen von Collins und Wallerstein waren aber abstrakte Skizzen. Sie sind in vieler Hinsicht ergänzungsbedürftig in Bezug auf die sozialen Kräfte des Wandels, die spezifischen Mechanismen und den Gang der Ereignisse, der zu den beobachteten oder nicht-realisierten historischen Ausgängen führt.

Randall Collins leitete seine Vorhersage daraus ab, dass er die große geopolitische Umwälzung, die sich in Europa von 1914 bis 1945 vollzog und Russlands frühere Widersacher größtenteils beiseite geräumt hatte, in die Zukunft projizierte. Die radikale Vereinfachung der globalen Geopolitik nach 1945 – der Übergang von einer komplexen Multipolarität zum Kalten Krieg zweier gegensätzlicher ideologischer Blöcke – ließ die Sowjetunion zur Supermacht werden. Diese Position verursachte aber auch Kosten und Verpflichtungen nie dagewesenen Ausmaßes. In der anhaltenden Konfrontation mit Amerika, so erklärte Collins schon in den 1980er Jahren, hatte die UdSSR den Punkt erreicht, an dem die Kosten für die Kontrolle der Verbündeten und für die Konfrontation mit äußeren Rivalen untragbar werden mussten.

In einer wichtigen Konsequenz sah das gleiche Modell das wirtschaftliche Potential Chinas voraus. Zur damaligen Zeit wurde das gigantische asiatische Armenhaus unter dem eigenwilligen Vorsitzenden Mao nicht ernstgenommen. Die Rivalität der Supermächte beließ China aber geopolitisch in der Position des lachenden Dritten. Der exzentrische kommunistische Staat befand sich in Ostasien Ende der 1970er Jahre in einem beengten, aber stabilen zwischenstaatlichen Umfeld, in dem seine geopolitischen Kosten im Vergleich zu den sowjetischen gering waren. Die chinesischen Führer konnten, wie nach 1945 die Japaner, ihre staatlichen Macht- und Prestigeziele auf dem in der Region damals gängigen Wege verfolgen – dem der exportorientierten Industrialisierung auf Basis der amerikanischen Konsummärkte.

Immanuel Wallerstein hatte die kommunistischen Staaten lange (und sehr kontrovers) mit Fabriken verglichen, die im Arbeitskampf von einer Gewerkschaft besetzt werden.[2] Wollen die Arbeiter die Fabrik selbst betreiben, dann müssen sie sich an die Gesetze des kapitalistischen Marktes halten. Sie bekommen vielleicht eine bessere Verteilung des materiellen

---

2 Wallerstein hat die UdSSR vom Standpunkt des Weltsystems in vielen Büchern und Aufsätzen behandelt. Siehe seinen programmatischen Artikel von 1973, »The Rise and Future Demise of the World Capitalist System«, wiederabgedruckt in: *The Essential Wallerstein,* New York 2000, S. 71–105. Siehe auch seinen im Frühjahr 1991 (also vor dem Zusammenbruch der Sowjetunion) zusammen mit Giovanni Arrighi und Terence Hopkins verfassten Vortrag »1989, The Continuation of 1968«, *Review,* Jg. 15, 1992, H. 2, S. 221–242.

Lohns, aber keine Gleichheit oder Demokratie. Die »realistischeren« unter den Gewerkschaftern würden unter Hinweis auf die äußeren Marktzwänge wieder eine Produktionsdisziplin einführen. Das »eherne Gesetz der Oligarchie« in komplexen Organisationen besagt, dass sich der engere Kreis derer, die die Entscheidungen treffen, von der größeren Gruppe abspaltet und zu einer Führungselite wird. Es mag eine gewisse Zeit dauern, bis sich der ideologische Nebel gelichtet hat. Es kommt aber der Moment, in dem sich die zu Managern gewordenen Gewerkschafter nicht mehr gezwungen fühlen, die Realität zu verschleiern. Die Fabrik verwandelt sich in ein normales kapitalistisches Unternehmen, die Manager profitieren von ihrer Stellung. Das ist, wenn man so will, eine soziologische Version von Orwells *Farm der Tiere,* aber Wallerstein hat die strukturellen Bedingungen und kausalen Abfolgen logisch und klar analysiert. Er fügte auch eine wichtige politische Warnung hinzu: Sozialismus in einem Land – oder in einem Betrieb – kann nicht von Dauer sein, solange nicht das ganze kapitalistische Weltsystem abgelöst wird durch ein anderes historisches System, in dem die Kapitalakkumulation nicht mehr absolut vorrangig ist.

Wallersteins Bild der gewerkschaftlich kontrollierten Fabrik, die dem Kapitalismus verfällt, beruht auf den historischen Fakten. Schon 1953 hatte die sowjetische Führung ihre ideologischen und militärischen Positionen in eine wirtschaftliche Westintegration umzumünzen versucht. Wenige Tage nach Stalins Tod ordnete Berija, der abscheuliche Chef der Geheimpolizei, die erste massenhafte Freilassung von Gulag-Häftlingen an und signalisierte dem Westen die Bereitschaft Moskaus, sich aus Ostdeutschland zurückzuziehen. Die kurze Episode verweist auf eine denkwürdige Möglichkeit. Berija galt als zynischer Opportunist, war aber auch als skrupellos pragmatischer Wirtschaftsführer bekannt. Hätte er Erfolg gehabt, wäre der Kommunismus viel schneller zu Ende gewesen. Berija hätte zu einer Zeit, in der die sowjetischen Industrien mit ihren neu ausgebildeten Fachkräften in voller Blüte standen, als Alleinherrscher regiert und seine Günstlinge an den kapitalistischen Profiten beteiligt. Vielleicht hätte das den marktwirtschaftlichen Aufschwung Chinas nach dem Tod Maos noch übertroffen. Man stelle sich westliche Verbraucher vor, die heute einen eleganten Wolga fahren und Wostok-Uhren tragen. 1953 war aber die deutsche Wiedervereinigung für das westliche Bündnis kein Thema, und Europa verfügte nach den Jahrzehnten von Krieg und Depression selbst über jede Menge fleißiger und qualifizierter Arbeitskräfte.

In der historischen Realität wurde Berija von seinen Rivalen im Politbüro verhaftet und hingerichtet. Das war die Rache der Partei-Nomenklatura und der Militärführung für die Ängste und Demütigungen, die sie unter der Herrschaft der Geheimpolizei erlebt hatten. Im Jahre 1956 prangerte der neue Sowjetführer Nikita Chruschtschow die Verbrechen Stalins an – und überlebte seine Indiskretion. Er stürzte erst 1964 über den Versuch, die Bastionen bürokratischer Starrköpfigkeit in den riesigen, vertikal integrierten Industrieministerien zu schleifen, dem sowjetischen Gegenstück zu monopolistischen Konzernen. Die Nomenklatura wollte natürlich eine begrenzte Entstalinisierung. Sie wollte aber auch die Veränderungen stoppen, als das Beamtentum sein bürokratisches Paradies von Lebensstellung, großzügigen Vergünstigungen und geruhsamerem Arbeitstempo erreicht hatte. Der wuchernde Kommandoapparat von Branchenministerien, der auf den Industrialisierungsschub der 1930er Jahre zurückgeht, blieb im Wesentlichen erhalten. Seine Teile konnten sogar den Zusammenbruch von 1991 überstehen und verliehen dem postkommunistischen Kapitalismus seinen oligarchischen Charakter gewaltiger Reichtumskonzentration und korrupter Insiderpolitik.

Die Kosten der bürokratischen Selbstinkorporation traten schon nach Stalins Tod zutage. Eine Kommandowirtschaft braucht ihren Oberbefehlshaber, der über die Zuweisung der Mittel entscheidet. Wenn er fehlt, reduziert sich die Zentralregierung auf das bürokratische Trägheitsprinzip innerhalb des wirtschaftlichen Lobbyismus einflussreicher Ministerien und Gebietskörperschaften. Die alte ökonomische Debatte über Plan- oder Marktwirtschaft beruht auf der abstrakten und mithin falschen Annahme, dass es sich um einander ausschließende Alternativen handelt. Plan- oder vielmehr Kommandowirtschaften konnten kurzfristig effektiver sein, wenn standardisierte Massenproduktion das Gebot der Stunde war, etwa im Krieg, beim Wiederaufbau nach Katastrophen oder bei Industrialisierungssprüngen. Die Kommandostruktur ist aber ungeeignet für längere, normalere Zeiträume, die eine vielfältigere und flexiblere Anpassung verlangen. Doch wie konnte es jemand wagen, dieses gigantische und antiquierte Unternehmen anzutasten, das der Stolz des ersten Fünfjahresplans war und dessen Topmanager Sitz und Stimme im Zentralkomitee hatten? Genau darüber ist Chruschtschow 1964 gestürzt. Die Sowjetführer und -ideologen reagierten auf marktwirtschaftliche Ideen genauso allergisch wie ihre kapitalistischen Pendants im Zeitalter des Neoliberalismus auf Regulierung und öffentliches Eigentum. Freilich lagen die Gründe für den Starrsinn der Industriebosse und Politiker nicht nur in der Orthodoxie. Es war vor allem die Angst, ihre Sessel an ihre jüngeren und besser qualifizierten Untergebenen zu verlieren, wenn es offene Diskussion und Wettbewerb gibt.

Der innere Hauptkonflikt des späten Sowjetkommunismus konfrontierte die bürokratisierte Nomenklatura mit der aufsteigenden Mittelschicht qualifizierter Fachkräfte und kreativer Intellektueller. Die jungen, romantischen »Sechziger« gingen aus den unteren und mittleren Rängen der staatlichen Wirtschaftsplanungs-, Bildungs- und Kultureinrichtungen hervor. Sie waren buchstäblich die Kinder der sowjetischen Modernisierung. Die ursprüngliche Ideologie der jungen Spezialisten war eine Version des Denkens der Neuen Linken, die in den Jahren 1956 bis 1968 in aller Welt ihren Aufstieg nahm. Erst viel später, während der Krise von Gorbatschows Perestrojka, sollten die bürokratiefeindlichen Frustrationen der Nachwuchskräfte einen ganz anderen Ausdruck im neoliberalen Individualismus oder in ethnischen Nationalismen finden. Die offiziell systemkritische Ideologie des Sowjetblocks ließ also jugendliche Rebellen die Ideologien des westlichen Systems übernehmen, und zwar – durch die Logik der Polarisierung – in ihren extremsten Formen.

Auf keiner gesellschaftlichen Bühne entwickelte sich dieser Prozess so stark wie in der Kultur. Die amtliche Orthodoxie schreibt Sozialistischen Realismus vor? Sie bekommen absurdistische Komödien und spiritualistischen Mystizismus! Die Nomenklatura preist die Völkerfreundschaft? Also spielen wir mit ethnisch-lokalem Gedankengut. Das Kulturministerium propagiert die Pflege der klassischen Kunst und Musik? Es lebe abstrakte Malerei, Rock und Jazz. Die Ironie liegt natürlich darin, dass das alternde diktatorische Regime, das nicht mehr als eine Diktatur agierte, zur gefundenen Zielscheibe jugendlicher Streiche und Provokationen wurde. Die verkalkte Generation ergebener Sowjetbürokraten, die nach dem Ende der stalinistischen Säuberungen entstanden war, vermochte diesen ikonoklastischen Enthusiasmus nicht mehr zu vereinnahmen, wie dies den Bolschewiki noch in früheren Generationen gelang.

So wenig wie sie die Intelligenz einspannen konnte, gelang es dem Sowjetregime in seinem Spätstadium, die Arbeiter zur Arbeit zu bringen. Die unmittelbaren Gründe waren politischer Art. Nachdem die Nomenklatura zu ihrem Schutz die Geheimpolizei gebändigt hatte, war sie nicht mehr willens und in der Lage, erneut irgendeine Art massenhafter Repression zu entfesseln. Gleichzeitig verfügte die expandierende Industrie nicht über die disziplinierende Knute der Arbeitslosigkeit. Die sowjetischen Betriebsleiter benötigten Arbeit zur Erfüllung ihrer Planziele, und die Arbeiter konnten bessere Bedingungen aushandeln, oder sie konnten sich im besonders gut versorgten Moskau und in den gut bezahlenden Industrien Sibiriens nach etwas Besserem umschauen.

Doch die weitaus größte strukturelle Ursache, die sowjetischen Arbeitern mehr Macht verlieh, war der demographische Übergang. Die mittelrussischen Dörfer waren entvölkert von männlicher Arbeitskraft, was die soziale Macht der Frauen erheblich zunehmen ließ. Gleichzeitig veränderten Städte, industrielle Beschäftigung und Bildung deren Lebensweisen, und die Geburtenraten gingen in weniger als einer Generation rapide zurück. Arbeitskräftemangel war für Russland ein historisches Novum. Die Zaren bis hin zu Stalin konnten immer auf ein schier unerschöpfliches Reservoir von Landarbeitern und Rekruten zurückgreifen. In den 1960er Jahren war der demographische Quell plötzlich versiegt. Bauern zu Arbeitern zu machen, war der Triumph sowjetischer Zivilisation. Es war aber auch die Demontage der jahrhundertealten russischen Tradition, den Unterhalt der Eliten und die militärische Konkurrenz mit dem Westen auf Kosten der Bauernschaft zu bestreiten. Die demographische Verknappung entzog der traditionellen Despotie ihre Grundlage.

Die Formierung der sowjetischen Industriegesellschaft und ihre neue demographische Dynamik schufen zwei strukturelle Voraussetzungen, um aus den hoffnungslos antiquierten Strukturen des militarisierten Industrialismus herauszukommen. Die entstehende Demokratisierung benötigte aber noch eine dritte, explizit politische Voraussetzung, wenn sie die despotische Nomenklatura entmachten wollte. Das war ein Bündnis von liberaler Intelligenz und Fachkräften mit der gestärkten Arbeitermacht. Ein solches breites demokratisches Bündnis hatte seine Macht bereits in den eruptiven Volksbewegungen von 1968 in der Tschechoslowakei und 1980 in Polen bewiesen. Die poststalinistischen Regime waren – und fühlten sich – durch linke Volksaufstände äußerst verwundbar, weil sie ihre ideologischen und repressiven Möglichkeiten der gewaltsamen Niederschlagung sozialer Bewegungen verloren oder bewusst aus der Hand gegeben hatten. Der Klassenkonflikt in einer entwickelten Industriegesellschaft ist aber entgegen den klassischen marxistischen Vorstellungen kein zweiseitiger. Er spielt sich im Dreieck von sowjetischen Wirtschaftsführern, liberaler Intelligenz und Arbeitern ab. Für die Nomenklatura war es deshalb das Beste, die Arbeiter auf Kosten der Intelligenz zu bestechen.

Die politische Ruhigstellung der sowjetischen Arbeiterschaft wurde in der Breschnew-Ära durch zwei kostspielige Strategien sichergestellt – durch Steigerung des Konsums und durch stillschweigende Tolerierung der Ineffizienz. Die Nomenklatura lud die Arbeiter im Prinzip dazu ein, ihre Bequemlichkeiten und Vergünstigungen mit ihr zu teilen, während sie gleichzeitig Ingenieure und Intellektuelle verunglimpfte und ab und zu auf die dissidente Intelligenz wegen ihres »freischwebenden Kosmopolitismus« eindrosch. Der warme Regen der Petrodollars in den 1970er Jahren subventionierte mehr als zwei Jahrzehnte lang diesen konservativen Wohlfahrtspakt. Seine wirklichen Kosten spotten jedem Versuch, sie materiell zu beziffern. Die notorische Zunahme von Alkoholismus, Männersterblichkeit und Diebereien am Arbeitsplatz muss zusammen mit der Minderwertigkeit sowjetischer Waren als die pathologische Folge des zunehmenden Schlendrians und eines verbreiteten Zynismus gelten. Es war diese Vermeidung von Konsequenzen und eine für die Jugend erstickende soziale Immobilität, die in der »Stagnationsperiode« unter Breschnew den Unmut schürte.

War der Zusammenbruch unvermeidlich?

Der langerwartete jüngere und dynamische Führer Michail Gorbatschow gehörte zur Entstalinisierungs- und Sputnik-Generation. Die Erfolge der späten 1950er Jahre hatten deren Erfahrung und ihren Glauben an das Sowjetsystem geprägt. Gorbatschow ließe sich sogar dem 1960er-Aufbruch der Neuen Linken zurechnen. Er war aber auch stark eingebunden in die offiziellen Machtpositionen, und seine Ziele waren, objektiv gesehen, durchaus konservativ. Indem er den Sowjetblock in den Staatskapitalismus überführte, wollte er vor allem die bestehenden politischen Strukturen festigen und zumindest die jüngere Nomenklatura zu einem technokratischen Management großer Industrieholdings mit ausländischer Beteiligung umformen. Das waren die Widersprüche, die Gorbatschows überschäumenden Diskurs so verwirrend für seine Anhänger machten – und fatalerweise auch den letzten Generalsekretär selbst verwirrten. Nur wenige Beobachter glaubten damals, dass Gorbatschow wirklich meinte, was er sagte, aber jeder ging davon aus, dass dieser gewiefte Apparatschik genau wusste, was er tat. Tatsächlich verhielt es sich umgekehrt. Gorbatschows Maßnahmen wirkten so zufällig und dilettantisch, weil die jahrzehntelange Unterdrückung politischer Diskussion in der UdSSR zu einer stark ideologisierten Polarisierung geführt hatte. Zwischen den ritualisierten Verlautbarungen der Partei und dem abstrakten Humanismus der Dissidenten klaffte eine Leere, was Ideen und praktische Lösungen betraf. So blieb dem politischen Führer, wenn er auf wirkliche Reformen aus war, nur das Mittel dilettantischer Improvisation.

Aber stellen wir uns kurz vor, Gorbatschow hätte Erfolg gehabt. Wenn wir die Hauptrichtungen seiner Politik weiterdenken, ergäbe sich ein recht plausibles Endresultat. Die UdSSR hätte ihre weiträumigen Interessen in der Dritten Welt aufgegeben und sich aus Osteuropa zurückgezogen. Vom Standpunkt Moskaus wäre das kein allzu großer Verlust gewesen, hätten sich doch Polen und die Tschechoslowakei bald zwischen dem vereinigten Deutschland und seinem strategischen Wirtschaftspartner Russland wiedergefunden. Abrüstungsabkommen mit Amerika hätten die geopolitischen Lasten einschneidend reduziert, so dass Moskau seinen militärisch-industriellen Komplex hätte umbauen können. Die sowjetische Industrie, immer noch eindrucksvoll und ausgestattet mit qualifizierter, vergleichsweise billiger Arbeitskraft, hätte durch staatliche Wirtschaftsverträge westeuropäische Investoren angelockt.[3] Die aufgestaute Verbrauchernachfrage in den ex-kommunistischen Ländern hätte zusammen mit der Schaffung von Arbeitsplätzen für einen schnellen wirtschaftlichen Aufschwung gesorgt. Die kommunistischen Parteien hätten sich vielleicht in gemäßigt sozialdemokratische Regierungsmehrheiten und isolierte Minderheiten ideologischer Betonköpfe gespalten. Der ganze europäische Kontinent vom Atlantik bis zum Ural wäre zu einem geopolitischen Wirtschaftsblock geworden, mit Deutschland als wirtschaftlichem Motor und Russland als Lieferanten von Arbeit, Rohstoffen und militärischer Macht. Bei diesem Gang der Ereignisse wäre die amerikanische Hegemonie in der globalen Geopolitik noch viel schneller zerbröckelt. Ein sozialdemokratisches, paternalistisches Europa hätte im Verbund mit einer erneuerten UdSSR gute Gründe gehabt und auch die Macht, sich dem neoliberalen Washington Consensus zu widersetzen. Das ins geopolitische und ideologische Abseits gedrängte Amerika hätte sich aber wirtschaftlich nicht so schlecht aus der Affäre gezogen. Angesichts des europäischen Beispiels hätte Washington die nötigen Maßnahmen ergriffen, um die Binnennachfrage anzukurbeln und seinen eigenen Wirtschaftsblock mit Lateinamerika und China zu bilden. Die Welt wäre in diesem Falle zwar kapitalistisch geblieben, aber in einer anderen Version und Gestalt von kapitalistischer Globalisierung.

Wäre die Welt diesen Wag gegangen, dann erschiene Gorbatschow heute als die politische Sphinx, die mit ihren zweideutigen Botschaften unterschiedliche Adressaten versöhnt. Der visionäre Pragmatiker würde dafür gerühmt, er habe sein Land »von einem Stein zum anderen sich vortastend über den Fluss geführt«, hin zu den Ufern kapitalistischen Wohlstands. Das Bild von der Überquerung des Flusses ist natürlich ein chinesisches, es stammt von Deng Xiaoping. Man erinnere sich, dass Gorbatschow bis Ende 1989, oder vielleicht noch darüber hinaus, allge-

---

3 Sowjetische Manager haben sich ihren deutschen, französischen und italienischen Kollegen immer verwandt gefühlt, weil sie ganz ähnliche staatskorporatistische Einstellungen hatten.

mein als Förderer der Demokratie und kühner Einiger Europas gefeiert wurde, während Deng der Schlächter vom Tiananmen-Platz war. Der Unterschied zwischen dem chinesischen und dem sowjetischen Ausstieg aus dem Kommunismus lag aber nicht nur in den Führungspersonen und ihrem politischen Stil. Es gab auch viele strukturelle Unterschiede, die größtenteils historisch überkommen waren und nicht unbedingt mit den Kommunismus zu tun hatten.

Das Jahr 1989 bezeichnete auf zwei verschiedene Weisen den Untergang des Kommunismus. Der Fall der Sowjetunion vollzog sich noch rasanter als der Aufstieg Chinas. Auch die Volksrepublik war im Frühjahr 1989 nur knapp einer Katastrophe entgangen, als eine Spaltung an der Parteispitze die Studentenbewegung ausgelöst hatte, die sich symbolisch mit dem Tiananmen-Platz verband. Diese Bewegung hatte die gleichen Stärken und Schwächen wie die damaligen antiautoritären Bewegungen in der Sowjetunion, auch wie die westliche Neue Linke von 1968 oder der arabische Frühling von 2011. Der spontane Protest mobilisierte eine Woge jugendlicher Emotion, die sich vor allem gegen die heuchlerischen, in die eigene Tasche wirtschaftenden Älteren richtete. Der Bewegung fehlte es aber an Organisation, kurzfristigen politischen Zielen und festen Verbindungen zu den Provinzstädten, geschweige denn zu den ländlichen Regionen. 1989 stellten sich die chinesischen Parteifunktionäre geschlossen gegen die Bewegung. Sie hatten das frühere Beispiel einer Fraktionierung der Führungsebene, die studentische Militanz provozierte, das der ultramaoistischen Kulturrevolution der späten 1960er Jahre, in zu guter Erinnerung. Vielleicht noch wichtiger war, dass chinesische Spitzenfunktionäre Veteranen des bewaffneten Kampfs blieben, während Gorbatschow und seine Genossen als Karriere-Apparatschiks zwei Generationen von Bürgerkrieg und Revolution entfernt waren. Für Männer wie Deng Xiaoping war die Macht, die aus den Gewehrläufen kommt, nicht nur eine Metapher.

Die Niederschlagung der Tiananmen-Proteste hatte aber einen hohen ideologischen Preis. Die militanten Studenten beriefen sich auf dieselben Ideale, auf denen auch die Legitimität der kommunistischen Partei beruhte. Der Angriff von links auf ein linkes Regime führte zu einem Rechtsruck, auch wenn es niemand an der Spitze offiziell eingestand.

Das Jahr 1989 bezeichnete gleichzeitig das Ende des chinesischen Kommunismus. Die KPCh rückte stillschweigend von ihrer doppelgleisigen Ideologie ab und verlegte sich auf das, was man leistungsorientierte Legitimität nennen könnte. Das war ein bekannter Zug aus dem kommunistischen Maßnahmenkatalog. Schon 1921 hatten die Bolschewiki ihre marktwirtschaftliche Neue Ökonomische Politik (NÖP) im Bewusstsein früherer revolutionärer Präzedenzfälle kleinlaut als die notwendige Phase einer »thermidorianischen Restauration« im Fortgang der Revolution bezeichnet. Anders gesagt: Wir liberalisieren uns lieber selbst, indem wir angesichts des Klassenfeinds zeitweilig zurückweichen. Man denke auch an die bekannten Beispiele aus den 1960er Jahren, als Titos Jugoslawien und Kádárs Ungarn marktwirtschaftliche Experimente im Verbund mit gezielter politischer Repression unternahmen. Selbst die ereignislose Herrschaft Breschnews in der Sowjetunion, im Nachhinein nostalgisch zu den »guten Jahren« verklärt, war im Grunde eine konservative Reaktion auf die bewegte und verunsichernde Tauwetterperiode unter Chruschtschow. Die sowjetischen Führer sprachen aber in den 1970er Jahren nicht mehr von Marktsozialismus, weil ihnen die Einnahmen aus dem Öl- und Erdgasexport den vorübergehenden Luxus einer ungefährdeten bürokratischen Trägheit erlaubten.

Das postmaoistische China hatte natürlich kein Öl zu verkaufen. Stattdessen konnte die KPCh für ihre nachholende NÖP auf die riesigen Massen emsiger Bauern und Handwerker in den Provinzen zurückgreifen, desgleichen auf das marktwirtschaftliche Know-how der Auslandschinesen. Das unmittelbar politische Motiv für das Einlassen der Marktkräfte in die chinesischen Landregionen und Exportfelder war klar: Die Bauern sollten sich selbst und die Städte ernähren, um die Konflikte herunterzukochen. Durch diesen ersten defensiven Schritt stolperte der chinesische Kommunismus auf den langen Weg, der ihn aus der politischen Krise von 1989 herausführte. Nominell nach wie vor kommunistisch, reproduzierte China im größeren Maßstab das ostasiatische Vorbild der antikommunistischen Modernisierungsstaaten, die wie Korea und Taiwan ihren Aufstieg während des Kalten Kriegs unter dem Schirm der US-Hegemonie erlebten.

Der unverhofft glückliche Ausbruch des chinesischen Kommunismus macht umgekehrt deutlich, worin die Gründe für den unverhofften Absturz des sowjetischen liegen. Es war vor allem ein kolossales politisches Versagen der Nomenklatura. Die sich überschlagenden Ereignisse von 1989 verursachten Panik und zahlreiche Illoyalitäten in den Reihen der sowjetischen Staatsbeamten. Sie waren es, die ihren Staat zugrunde gerichtet haben – nicht die romantischen Nationalisten in den nicht-russischen Republiken, auch nicht die demokratische Intelligenz in Moskau und Leningrad. Bei all ihrer emotionalen Kraft hatten die Rebellen gegen die Nomenklatura noch nicht die Macht, den Kommunismus selbst stürzen zu können. Sie verfügten 1989 und noch 1991 nicht über die nötige Organisation, um schnell mobilisieren und die taumelnde politische Macht ergreifen zu können.

Erstaunlicherweise konnte auch die sowjetische Nomenklatura auf keine legitimen Strukturen zurückgreifen, um in einer kritischen Phase ihre Selbstverteidigung zu koordinieren. Michail Gorbatschow hatte in den Perestrojka-Jahren 1985 bis 1989 seine obersten Machtbefugnisse als Generalsekretär dazu genutzt, Vorkehrungen gegen einen bürokratischen Gegenschlag zu ergreifen, damit es ihm nicht wie Chruschtschow erging. Sein Taktieren sowohl in der Öffentlichkeit (Stichwort Glasnost) wie auch in den apparatinternen Intrigen, in denen er als so beschlagen galt, verwirrte und lähmte alle drei Stützen des Sowjetsystems – die Kommunistische Partei, die zentralen Ministerien und die Geheimpolizei. Als Gorbatschow 1989 den unumgänglichen Schritt vollzog, die kommunistischen Satelliten in Osteuropa zu opfern, wurde der bedrängten Nomenklatura mit einem Mal klar, worum es in diesem großen und unsicheren Spiel für sie ging. Nach 1989 spaltete sich die oligarchische Sowjetelite genau entlang den Linien der Zuständigkeitsgebiete in den industriellen Sektoren und in den nationalen Republiken. Zum ersten Mal seit den legendären 1920er Jahren traten innerhalb und im Umkreis der Kommunistischen Partei politische Fraktionen auf. Diese Fraktionen, gleichermaßen fortschrittlicher wie auch reaktionärer Art, erwiesen sich aber als kurzlebig, weil sie in dem sich entwickelnden Chaos kaum Zeit hatten, sich zusammenzuraufen. Notgedrungen war die Nomenklatura auf das angewiesen, worauf sie sich bestens verstand – auf die persönlichen Netz-

werke von Korruption und Kungelei. Dieser Prozess mutete zur damaligen Zeit ausgesprochen chaotisch an – er war aber nicht ganz zufällig.

Die Nomenklatura repräsentierte die oberste Verwaltungsebene. Ihre
Mitglieder waren deshalb allesamt weisungsgebunden und im Prinzip
austauschbar. Wie in jeder großen Verwaltungsbürokratie hatten die Ge-
heimnisse des Überlebens immer darin bestanden, die Insidernetzwerke
der Beziehungen auszuweiten, verstärkt zu intrigieren und sein Revier
abzusichern. Nach 1989 wurden diese Strategien opportunistisch in eine
ganz neue Dimension gedrängt. Die Nomenklatura zerfiel in drei sich
überschneidende Hierarchien – in die Territorialregierungen (einschließlich der ethnischen Autonomiegebiete), die wirtschaftlichen Branchenministerien und den zentralen Überwachungsapparat von Geheimpolizei
und ideologischer Partei-»Inquisition«. Die Überwachungshierarchie war
die wichtigste gewesen, sie war aber auch am schwierigsten zu privati-
sieren. Eine Geheimpolizei ohne Staat wird zu einer Mafia, eine ideologische »Inquisition« ohne herrschende Partei zu einer trotzigen Sekte.
Dagegen erwiesen sich die territorialen und wirtschaftlichen Einheiten
der früheren UdSSR als bestens geeignet zu einem selbstbereichernden
Separatismus. Wer konnte nun einen nationalen Präsidenten auf Lebens-
zeit absetzen oder einen privatkapitalistischen Oligarchen entmachten,
der sein Vermögen in einer exotischen Steueroase untergebracht hatte?

Das sowjetische Industrievermögen wurde durch alle möglichen,
ganz plumpen Methoden in private Hand überführt (um nicht zu sagen gestohlen), noch bevor die Privatisierung gesetzlich verkündet war.
Gleichzeitig wurden nationale Republiken und Rathäuser zu klientelis-
tischen Unternehmen, wie sie die Amerikaner als *political machines* kennen. Ironischerweise propagierte die liberale Intelligenz selbst diese neu-
en Methoden, zusammen mit ihrer ideologischen Rechtfertigung. Die
entstehenden »Zivilgesellschaften« (in der Praxis die mehr oder weniger
auf die Hauptstädte beschränkten Netzwerke der Intelligenz) wollten
nun ihre Länder in liberale Demokratien verwandeln, die sich direkt an
den kapitalistischen Westen angliedern sollten, unter Umgehung Moskaus und seines schwadronierenden, von den Ereignissen überrollten
Gorbatschow.

Dieser rasche ideologische Wandel von der einstigen Neuen Linken und dem Reformkommunismus hin zum Credo von Margaret Thatcher drückte die für jede Revolution typische Radikalisierung von Forderungen aus. Nach 1989 forderte die aufständische Intelligenz dreierlei – freie Wahlen, nationale Souveränität und Marktwirtschaft. Alle drei Forderungen wurden als Rammböcke gegen die herrschende Bürokratie eingesetzt, die auf wundersame Weise die Volksinitiativen freisetzen sollten. Andererseits erkannten aber auch die Präsidenten der Sowjetrepubliken, eingedenk der Ereignisse von 1989 in Osteuropa, dass eigenmächtige Unabhängigkeitserklärungen einen Schutz vor der von Gorbatschow betriebenen »Verjüngung der Führungskader« (sprich Säuberung) boten. Andererseits gaben schnelle Wahlen der Nomenklatura die Möglichkeit, die lautstarken, aber utopischen Bewegungen der Intelligenz abzufangen. Die marktwirtschaftliche Privatisierung kam dann vor allem den neuen und alten Präsidenten zugute, die ihren Verwandten und Günstlingen fabelhafte Deals zukommen ließen.

Der massenhafte Abfall der früheren Nomenklatura und ihre schwindelerregende Verwandlung in Kapitalisten und Nationalisten war verheerend für den Staat und die wirtschaftlichen Strukturen. An der südlichen Peripherie der kollabierenden Sowjetunion flammten ethnische Kriege auf. Sogar in den Kernländern, im dortigen Zusammenbruch der öffentlichen Ordnung, musste die sich absetzende Nomenklatura um ihr Leben bangen oder schmutzige Geschäfte mit der gewalttätigen Unternehmermafia machen. Diese Resultate verhöhnten die Absichten Gorbatschows. Er hatte aus der Position der Supermacht vorteilhafte Bedingungen für eine kollektive Einbeziehung in die kapitalistischen Strukturen Westeuropas aushandeln wollen. Doch die früheren Sowjetrepubliken verloren schnell die Vorteile von militärischem und internationalem Prestige, moderner Wissenschaft und öffentlicher Ordnung. Die dramatische Schwächung der Nachfolgestaaten machte jede gezielte wirtschaftliche Entwicklung unmöglich.

Die Sowjetunion hatte eine einheitlich durchorganisierte Industriegesellschaft entwickelt, in der alle Bereiche des öffentlichen Lebens zentral gelenkt waren. Der Verlust des staatlichen Zusammenhalts untergrub alle modernen Institutionen. Politisches Handeln wurde auf praktisch allen

Ebenen oberhalb der Familien- und Freundeskreise unmöglich. Diese Situation entwickelte ihre Eigendynamik. Individuell war es nun am vernünftigsten und einträglichsten, das Staatseigentum zu plündern und die Beute nach ein paar gelungenen Fischzügen ins Ausland zu schaffen. Die Regierenden selbst waren für die Schwächung ihrer Staaten in erheblichem Maße mitverantwortlich, weil korrupte Beamte und machtlose Justiz zur notwendigen Voraussetzung für Plünderung und Günstlingswirtschaft wurden. Traditionelle Staatsaufgaben wie militärische Stärke und innere Befriedung waren weitgehend unwichtig in einer Geopolitik, die von der Hegemonialmacht Amerika und den globalen Finanzinstitutionen kontrolliert wurde. Alle früheren Sowjetstaaten erklärten sich einvernehmlich zu marktwirtschaftlichen Demokratien, wenn auch mit verschiedenen »nationalen Besonderheiten«, die notdürftig die primitive Allmacht ihrer Herrscher kaschierten.

Der einst lautstarken Intelligenz, deren angesehene und gesicherte Stellungen mit ihren Berufsorganisationen in staatliche Institutionen eingebettet waren, versetzten die Privatisierungen einen vernichtenden Schlag. Liberale Intellektuelle, und gerade die gesellschaftskritischen, fanden sich schmählich verarmt, politisch ausmanövriert und ideologisch mundtot gemacht, weil ihre liberalen oder nationalistischen Programme zynisch vereinnahmt worden waren. Auch hatte der Übergang der elitären Machtstrategien von staatlicher Industrieproduktion und militärischer Aufrüstung zu privater Absicherung, Exporteinnahmen und Finanzspekulation die weitere Nebenwirkung, die postkommunistischen Oligarchien von der übrigen Bürgerschaft abzukapseln. Fachkräfte und Werktätige verloren ihr kollektives Gewicht als produktive Arbeitskräfte und patriotische Wehrpflichtige, ja sogar als Wähler und Steuerzahler. Was für einen Sinn hatte es noch, in den bankrotten Fabriken Streiks zu organisieren, auf den Straßen die diskreditierten Parolen von nationaler Unabhängigkeit und marktwirtschaftlicher Reform zu skandieren oder Wahlkampf für Politiker zu machen, die ihre Schäfchen ins Trockene brachten? Das Perestrojka-Klima öffentlicher Emanzipation und optimistischer Antizipation schlug um in zynische Apathie, wirtschaftlichen Überlebenskampf, Kriminalität und den verzweifelten Wunsch, auszuwandern. Statt im gelobten Land Westeuropa landeten Post-Sowjetbürger eher in den rauheren Gefilden des Mittleren Ostens.

Prognosen und historische Entwicklungswege

Randall Collins und Immanuel Wallerstein haben die strukturellen Tendenzen, die auf das bevorstehende Ende des Kommunismus hindeuteten, alles in allem richtig erkannt. Collins betonte die Paradoxie, dass die Sowjetmacht auf dem scheinbaren Höhepunkt ihrer Expansion geopolitisch an ihre Grenzen stieß. Er sagte auch die Form eines Zusammenbruchs voraus, der schlagartig durch die massive Abtrünnigkeit subalterner Eliten in den nationalen Republiken und Satellitenstaaten als Reaktion auf die politische Lähmung des imperialen Zentrums eintreten würde. Sein Modell antizipierte aber weder das Tempo noch die Richtung der Politik, mit der Moskau auf sein Supermachtdilemma zu reagieren versuchte.

Wallerstein ging mit seiner Analyse der vorhandenen Optionen noch weiter. Das bestmögliche Ziel von Reformen war für ihn eine ausgehandelte Rückkehr zum Kapitalismus in einer paneuropäischen Allianz. Im Klima des Kalten Krieges rechnete praktisch niemand mit dieser Möglichkeit, auch die sowjetischen Reformer nicht. Wallerstein unterschätzte aber das institutionelle Gewicht der im ethnischen Föderalismus und in den sowjetischen Industrieministerien enthaltenen Komplexität. Die zersplitterten Nachfolgesysteme mutierten allesamt zu einer – wenngleich schwächeren, peripheren – Spielart des Kapitalismus. Statt rational mit den Trümpfen der Supermacht eine lohnendere kollektive Einbeziehung in die globale kapitalistische Hierarchie auszuhandeln, wurden die sowjetischen Anlagegüter von der Nomenklatura verscherbelt und ausgeschlachtet in ihrem panikartigen Versuch, ihre oligarchischen Positionen vor Gorbatschows Säuberungsaktion und vor drohenden Volksrebellionen zu schützen. Die Theorie Wallersteins war im Grunde genommen richtig durch ihre makroperspektivische Betrachtung des Weltkapitalismus, sie konnte aber aus dem gleichen makroskopischen Grund nicht das stupende Unvermögen der sowjetischen Eliten erkennen, durch gemeinsame Politik das historisch Bestmögliche zu verfolgen. Das sollte uns als Warnung dienen: Oligarchische Eliten können zumal dann, wenn sie institutionell uneinig und ideologisch verblendet sind, Übergangsprozesse fatal hintertreiben.

Gegenüber dem damals vorherrschenden Rechts/Links-Schema, das die Sowjetunion nach ideologischen Maßstäben bewertet, erwiesen sich Collins' und Wallersteins Analysen als insgesamt richtig, weil sie systemisch und relational angelegt waren. Sie betrachteten den Sowjetblock als Bestandteil einer umfassenderen Welt. Collins begründete seine Prognosen mit den Langzeitgesetzmäßigkeiten militärischer Geopolitik. Wallerstein konzentrierte sich auf die Dimensionen der kapitalistischen Weltökonomie und auf die den politischen Eliten in ihren verschiedenen Regionen verfügbaren Optionen. Das sind unterschiedliche, aber analytisch komplementäre Dimensionen. Die Verbindung beider Ansätze erklärt auch am besten die strukturellen Faktoren, die zum glücklichen Ausstieg Chinas aus dem Kommunismus führten.

Der jeweilige Charakter und die divergierenden Ausgänge des russischen und des chinesischen Kommunismus wurden von der Geschichte sehr unterschiedlich gestaltet. Die Wirtschaftshistoriker haben inzwischen ausführlich belegt, wie bahnbrechend die Bedeutung des mittelalterlichen China für die Entwicklung der nahezu modernen Produktions- und Handelsniveaus war. Das kaiserliche China entwickelte sich aber nicht zur historisch ersten kapitalistischen Macht, und das hatte hauptsächlich geopolitische Gründe. Sie lagen vor allem in der eindrucksvollen Beständigkeit eines Imperiums, das mit der Aufrechterhaltung innerer »Harmonie« und der Abwendung nomadischer Angriffe beschäftigt war. Im Westen konnte sich nach dem Fall Roms kein solches Reich herausbilden. Die Kapitalisten mussten sich deshalb als ein System von Stadtstaaten schützen und konsolidieren, bevor sich moderne Nationalstaaten formierten. Das chinesische Kaiserreich zerbrach Ende des 19. Jahrhunderts. Diese katastrophalen Ereignisse konnten aber dem einheimischen Kapitalismus nur schaden. Chinesische Unternehmer waren nun gleichzeitig mit inneren Wirren und mit ausländischer Herrschaft konfrontiert, in Gestalt westlicher Mächte und Japans. Erst nach einem weiteren Jahrhundert konnten die kommunistischen Rebellen in China an die Macht kommen und sich dort festsetzen. Der maoistische Versuch, eine Industrialisierung sowjetischen Typs auf Kosten der Bauern zu starten, führte zu einer gewaltigen Hungersnot, gefolgt von einem Jahrzehnt politischer Machtkämpfe innerhalb der Parteiränge. Die menschliche Katastrophe war noch größer als die der 1930er Jahre in der Sowjetunion, ohne zu einer breiten modernen Industrie und Urbanisierung zu führen. China konnte nicht einmal seine unmittelbaren Ziele in den benachbarten Regionen erreichen, geschweige denn das ideologische der antikapitalistischen Weltrevolution.

Das erwies sich nach der geopolitischen Theorie von Randall Collins als ein nachträglicher Vorteil. China wurde zwar in Schach gehalten durch die globale und regionale Machtbalance, es wurde aber dadurch auch ferngehalten von den Frontlinien des Kalten Krieges, was ideologische Entspannung und wirtschaftliche Beziehungen zum Westen ermöglichte. Die chinesischen Funktionäre hielten den radikalen Maoismus für nicht weniger bedrohlich für sie selbst als die sowjetische Nomenklatura nach 1953 den Stalinismus. Chinas lange geschichtliche Tradition gebot dann die Wiederherstellung innerer »Harmonie« durch die Genehmigung eines vor allem ländlichen Kleinunternehmertums, das in den Nachwehen der misslungenen stalinistischen Industrialisierung zum Glück überlebt hatte. Die Hinwendung zum Markt trug natürlich auch dazu bei, die örtlichen Parteifunktionäre bei der Stange zu halten. Sie konnten sich durch Patronage persönlich bereichern, während die sich loyal verhaltenden Günstlinge nicht wegen Korruption belangt wurden. Der Kommunismus brach in China nicht zusammen. Auch die offizielle kommunistische Ideologie überlebte in einer Light-Version. Die chinesischen Führer, die nach Mao ans Ruder kamen, gerieten in eine Konstellation struktureller Bedingungen, die im großen Stil das ostasiatische Modell des exportorientierten autoritären Entwicklungsstaats reproduzierten. Das bestätigte die alte Vorhersage Wallersteins: Die Kommunisten fanden Anschluss an den Weltkapitalismus als pragmatische Vermittler zwischen ausländischem Kapital und ihrer nationalen Arbeitskraft.

Der Kapitalismus und die Herausforderungen des 21. Jahrhunderts

Die militärische Geopolitik taucht in unserer Analyse des Kommunismus immer wieder auf, weil sie als der wichtigste Faktor für die Revolutionen des 20. Jahrhunderts erscheint. Der Kommunismus entstand nicht, um es noch einmal zu sagen, aus den Ideen von Karl Marx. Er ging auch nicht aus den einheimischen Traditionen Russlands oder Chinas hervor. Er war das Ergebnis einer bestimmten linken Bewegung, der russischen Bolschewiki, die im Gefolge eines verheerenden Krieges eine ausgesprochen gut zu verteidigende Plattform der globalen Geopolitik übernehmen und technologisch aufrüsten konnten. Bewusst dem Beispiel der französischen Jakobiner folgend, haben die Bolschewiki gezeigt, dass die radikale Intelligenz die Volksmassen dazu bewegen kann, alte Ordnungen zu stürzen, ausländische Invasionen zurückzuschlagen und stärkere neue Staaten auf einer viel breiteren sozialen Basis zu errichten.

Durch direkte Unterstützung oder hauptsächlich durch seine bloße Präsenz auf der Weltbühne des 20. Jahrhunderts ermöglichte das sowjetische Beispiel den Erfolg zahlreicher patriotischer Erhebungen, die von einer radikalisierten einheimischen Intelligenz angeführt wurden. Längst nicht alle von ihnen wurden kommunistisch, aber alle übernahmen die eine oder andere der von den Bolschewiki entwickelten Strategien. Die Unterschiede lagen vor allem im Ausmaß der von den neu formierten Staaten betriebenen Enteignung. Überall da, wo sie alles kontrollieren wollten, bis hinunter zu den bäuerlichen Haushalten, nannte sich der Staat sozialistisch. In Staaten, die nur den Besitz von Ausländern und gewisser »zweifelhafter« oder unpatriotischer Eigentümer wie der Grundherren oder großer Kompradoren beschlagnahmten, wurde der Prozess und sein Resultat Nationalismus genannt. Die Nachbeben der bolschewistischen Revolution traten am heftigsten in den anderen früheren agrarischen Imperien auf, die vom westlichen Kapitalismus gedemütigt und auf einen Dependenzstatus reduziert worden waren. Das ist es, was wir als die Befreiungsbewegungen der Dritten Welt kennen, vom frühen Beispiel der kemalistischen Türkei nach 1918 und des gewaltigen indischen Unabhängigkeitskampfs bis zur iranischen Revolution von 1979.

In diesem letzteren Fall entfesselte eine postmoderne Studentenbewegung vom 68er-Typus eine typisch prämoderne Rebellion von städtischen Armen und Gewerbetreibenden gegen die gottlose Schah-Despotie. Das Ergebnis war aber ein moderner Revolutionsstaat, der eher mit den Regimen sowjetischen Typs als mit dem mittelalterlichen Kalifat zu vergleichen ist. Wie die zwei Weltkriege bestimmend wurden für die Sowjetunion, so wurde auch das eigenwillige Regime der Islamischen Republik durch den ungeheuren patriotischen Widerstand der Iraner gegen den Angriff von Saddam Husseins Irak konsolidiert, hinter dem mit Sicherheit eine breite konterrevolutionäre Koalition ausländischer Interessen stand.

Trotz des Wirbels, der nach 2001 um den militanten sunnitischen Dschihad entstand, war dieser nur ein kleines Nachbeben im Gesamtbild systemfeindlicher Herausforderungen, das durch die Dummheit der amerikanischen Invasion im Irak und in Afghanistan überdramatisiert wurde. Al-Kaida suchte die globale geopolitische Konfrontation durch die terroristische Provokation moralischer »Reinigungs«-Revolten und ausländerfeindlicher Widerstandsaktionen. Diese Strategie geht nicht auf die Bolschewiki zurück – eher schon auf die russischen Narodniki des 19. Jahrhunderts, die als erste Selbstmordattentate verübten. Und weniger noch als den früheren russischen Terroristen gelang es den Dschihadisten, politisch einen Volksaufstand zu entfachen.

In den kapitalistischen Kernländern hingegen stießen kommunistische Parteien auf den ungeheuren Reichtum westlicher Gesellschaften mit ihrem etablierten Parlamentarismus, der die gemäßigte Politik der Sozialdemokratie begünstigte. Im Italien und Spanien der Zwischenkriegszeit, vor allem aber in Deutschland wurden sie brutal von den Faschisten gestoppt, einer konterrevolutionären Kraft, die gleichermaßen die militanten Staatseliten und den Chauvinismus des »kleinen Mannes« mobilisierte. Die faschistische Variante systemfeindlicher Bewegungen muss sorgfältig betrachtet werden, sie könnte im Gefolge großer Krisen wieder auftauchen. Nach 1945 setzte die westliche Ideologie des Kalten Kriegs Faschismus und Kommunismus als die beiden Seiten des Totali-

tarismus gleich. Die Übereinstimmung in den Techniken von Massen-
propaganda, industrieller Kriegführung, Wirtschaftsplanung und staatlicher Herrschaft war durchaus real, nur erlangten diese Methoden im
20. Jahrhundert weitere Verbreitung, als viele wahrhaben wollten. Wie
der Historiker Eric Hobsbawm sagte, hat das Zeitalter von Massenkrieg
und wirtschaftlicher Depression alle Regierungen zum Regieren gezwungen. Dieser Trend schloss auch die stärker sozialdemokratischen Systeme
Skandinaviens und die liberalen anglo-amerikanischen Demokratien mit
ein, die in einem gewissen Maße selbst die neuen Methoden von Wirtschaftsplanung, Massenkonsum und polizeilicher Überwachung einführten. Oder man denke nur an die Staatsarchitektur und die kraftstrotzen-
de Ikonographie der 1930er Jahre.

Das Ausmaß an staatlicher Gewalt – wirklicher oder symbolischer –,
so erheblich es in menschlicher Hinsicht auch war, hing vor allem von
den Unterschieden der geopolitischen Stellung und von der daraus entspringenden Stärke innerer revolutionärer Herausforderungen ab. Die
herrschenden Klassen der anglo-amerikanischen Demokratien fühlten
sich weniger bedroht als die des kontinentalen Europa, sie sahen sich
deshalb auch weniger dazu veranlasst, auf den Straßen linke Revolutionäre von gewalttätigen Rassisten bekämpfen zu lassen oder auswärtigen
»Lebensraum« zu erobern. Als es zur Konfrontation mit dem Ultramilita-
rismus Hitlers kam – der den Kapitalismus nicht durch eine Revolution,
sondern durch ein gigantisches Blutbad bedrohte –, verbündeten sich die
anglo-amerikanischen Liberalen mit der kommunistischen Gegenmacht.
In einer großen, aber nicht unerklärlichen Ironie des 20. Jahrhunderts
wurde das kapitalistische Weltsystem durch die sowjetische Rüstungs-
industrialisierung gerettet, die sich einer kommunistischen Revolution
verdankt.

Faschismus und Kommunismus stellten radikale Eskalationen dar,
entfesselt durch die verheerenden Erfahrungen des Ersten Weltkriegs in
den zwei rivalisierenden politischen Strömungen des 19. Jahrhunderts,
Nationalismus und Sozialismus. Beide kämpften erbittert um die sich
überschneidenden Massenwählerschaften in den aufsteigenden unteren
Gesellschaftsschichten der Angestellten, kleinen und mittleren Beamten,
Intellektuellen, Arbeiter und Bauern. Beide Bewegungen boten ihren

Anhängern ein ungeheuer gesteigertes Selbstwertgefühl, mehr persönliche Macht und beispiellose Aufstiegschancen in der Partei-, Verwaltungs- und Militärhierarchie. Beide brachen mit den Tabus aristokratischer Rangordnungen und förderten alle, die sie als ihre eigenen Leute ansahen.

Es ist eine unbequeme Erkenntnis, dass das moderne Ideal allgemeiner Gerechtigkeit und politischer Rechte in Theorie und Praxis nicht nur eine, sondern zwei gegensätzliche Ausdrucksformen finden kann. Gerechtigkeit als soziale Gleichheit und Einheit der Menschlichkeit wurde für gewöhnlich Sozialismus genannt. Das ist offenbar das ursprüngliche Aufklärungsideal, das sich einer großen geistigen Tradition und anhaltender Wirkung erfreut. Politisch war dieses Programm aber nie leicht zu vertreten, weil es über die sozialen Spaltungen von Gruppenstatus, Herkunft, Religion, Rasse und Geschlecht hinweggreift. Gerechtigkeit in weniger allgemeinen Begriffen, als Vorrecht nur einer bestimmten Gruppe, äußert sich normalerweise in der Politik von Nationalismus, Sexismus, Rassismus, religiösem Fundamentalismus oder wie auch immer deren kontingente Mischformen aussehen. Die geistige Tradition solcher Ideen ist viel kruder. Sie erwiesen sich aber im Zeitalter der Massenpolitik oft als wirksamer. Der Nationalismus hat während der letzten zwei Jahrhunderte eine große Zahl leidenschaftlicher oder schlicht bösartiger politischer Mobilisierungen beherrscht. Er ist auch heute noch das wirksamste aller politischen Programme.

Der Kommunismus war kein Doppelgänger des Faschismus. Beide waren ideologische Gegenspieler und Todfeinde, die aus der imperialistischen industriellen Kriegführung des frühen 20. Jahrhunderts entstanden. Weder Kommunismus noch Faschismus können in ihren bekannten Formen wiedererstehen, weil ihre geopolitischen und ideologischen Voraussetzungen glücklicherweise beseitigt sind. Das soll nicht heißen, dass eine weitere große Krise in Zukunft keine starken Reaktionen auf den zwei Extremen des politischen Spektrums hervorrufen kann. Tatsächlich werden solche antagonistischen Reaktionen wahrscheinlich, wenn die konventionelle politische Mitte an Kohärenz verliert. Wenn aber meine Koautoren in diesem Band mit ihren Zukunftsprognosen Recht haben –

wie sie es schon in der Vergangenheit hatten –, dann könnten wir noch einige weitere Vorhersagen wagen.

Schluss

Die Krise des Kapitalismus im 21. Jahrhundert wird sich vor allem in der Weltökonomie entwickeln, weniger in der Geopolitik. Ihre Folgen werden eher die Gestalt von Klassenkämpfen haben – weit gefasst unter Einschluss der qualifizierten Fachkräfte – als die von Weltkriegen zwischen Staatenbündnissen. Auch werden die Kämpfe vor allem die kapitalistischen Kernregionen betreffen, wo demokratische Politik über starke Institutionen und dauerhafte Traditionen sozialer Bewegungen verfügt. Es wird eher um öffentliche Kontrolle über private Wirtschaftsunternehmen gehen als um staatliche Armeen oder ideologische Paramilitärs. Die hässliche xenophobische Seite wird sich weiterhin zeigen, weil Klassenkämpfe in einer globalen Welt voller Migranten zwangsläufig die Aspekte von Rasse, Religion und Ethnizität aufweisen. Extreme Nationalismen werden die modernen Staatsgewalten auf eine extreme Repression und polizeiliche Überwachung ausrichten wollen, die früheren totalitären Praktiken gleicht, vielleicht auf einem neuen technologischen Niveau. Hier liegt eine große Gefahr. Auf der anderen Seite werden sich politische Bündnisse um das linksliberale Programm allgemeiner Gerechtigkeit formieren, das in der modernen Welt spätestens seit der Aufklärungsepoche seinen Aufstieg erlebt. Alles in allem haben beide kapitalistische Klassen und beide soziale Bewegungen, die ihre Lektion nach 1945 gelernt haben, viel dafür getan, zwischenstaatliche Kriege und Bürgerkriege weit weniger wahrscheinlich zu machen. Wenn Krieg vermieden werden kann, dann könnten auch gewalttätige Revolutionen und Diktaturen von links- wie auch rechtsextremer Seite im 21. Jahrhundert vermieden werden.

Wenn diese Analyse zutreffen sollte, wäre das bolschewistische 1917 zum Glück von keiner allzu großen Bedeutung für die Prognose, wie das Ende des Kapitalismus aussehen wird. Es könnte eher massenhaften Bürgerbewegungen gleichen, wie denen des Prager Frühlings von 1968 oder der sowjetischen Perestrojka auf ihrem Höhepunkt 1989. In beiden Fällen reagierten die herrschenden Eliten mit mehr Panik als direkter Gewalt. Die aufständischen Bewegungen scheiterten aber noch erbärmlicher daran, die momentane Desorganisation in den Reihen der herrschenden Klassen zu nutzen. Der Ausgang war beide Male unglücklich. Ein entschlossenes und verantwortungsbewusstes Nachdenken über die Zukunft sollte also nicht nur die politischen und wirtschaftlichen Programme, sondern auch die möglichen Bündnisse und Kompromisse berücksichtigen, um angesichts der großen Krise die Unsicherheiten des Übergangs zu vermindern. Letzten Endes könnte das die nützlichste Lehre des Kommunismus sein.

Was den Kapitalismus heute bedroht

Craig Calhoun

Der Kapitalismus scheint die schlimmste Finanz- und Wirtschaftskrise seit der Großen Depression zu überstehen. Auch wenn die Konjunktureinbrüche im Vergleich zur damaligen Weltwirtschaftskrise nicht ganz so dramatisch waren, hat sie den reichen Ländern eine noch längere Phase der Rezession oder des Nullwachstums beschert. Mehr noch, die aktuelle Krise folgt auf eine verheerende Periode von unausgewogener Finanzialisierung, neoliberalem Sozialabbau und verstärkter Ungleichheit. Das verschärft die Probleme, untergräbt die Fähigkeit, sie zu bewältigen, und zehrt an den finanziellen Reserven, die die Bürger vor den Folgen wirtschaftlicher Umwälzungen schützen. Die Anleger verdienen immer noch gut, kein Staat ist völlig bankrott. Aber die Zukunft sieht unsicher aus.

Freilich drückt sich in diesen wie in den meisten Zusammenbruchsdiskursen der Standpunkt der alten Kernländer des kapitalistischen Weltsystems aus, die ihre einträgliche Vorrangstellung verlieren. An vielen Orten in Asien, Afrika und Lateinamerika sieht es ganz anders aus. Die aktuelle Krise offenbart und beschleunigt eine Verschiebung der wirtschaftlichen Dynamik von den bisherigen Kernländern in Europa und Nordamerika hin zu den Schwellenregionen. Eine entscheidende Frage für die Zukunft des Kapitalismus ist, ob diese Dynamik erhalten bleibt. Der Kapitalismus wird durch die West-Ost- und Nord-Süd-Verschiebung transformiert – vielleicht in einer Form, die ihm neuen Schwung verleiht. Doch auch die Wachstumsökonomien sind mit Herausforderungen konfrontiert. Und die Möglichkeit neuen Wachstums in den alten »Zentrums«-Ökonomien hängt auch von Veränderungen ab, besonders im Verhältnis des Kapitalismus zu Staat und Gesellschaft. Der Kapitalismus ist nicht nur anfällig für Marktumbrüche, Spekulationsrisiken oder marode Banken, sondern auch für Kriege, Umweltschäden, Klimafolgen oder Krisen der sozialen Solidarität und des Sozialstaats.

Wenn wir begreifen wollen, ob es mit dem Kapitalismus bergab oder aufwärts geht oder ob er sich transformiert, müssen wir erkennen, dass er kein völlig autonomes System ist. Wir können zwar von den komplexeren historischen Bedingungen abstrahieren und ein vermeintlich reines kapitalistisches System ausdestillieren. Die lebendige Realität des Kapitalismus beinhaltet aber stets die Verbindung mit nichtkapitalistischen Wirtschaftsformen und mit politischen, gesellschaftlichen oder kulturellen Faktoren; der Kapitalismus ist nicht nur ein Wirtschaftssystem, sondern auch ein Rechts- und Institutionensystem. Und viele der größten Bedrohungen, mit denen er konfrontiert ist, beruhen auf seiner Abhängigkeit von nicht rein wirtschaftlichen Faktoren.

Ich werde gegen die Vorstellung vom bevorstehenden Zusammenbruch des Kapitalismus argumentieren. Sollte er seine Vorherrschaft in der Weltökonomie verlieren, dann dürfte dies eher durch langwierige Transformationen und durch das Aufkommen anderer Wirtschaftsformen erfolgen, die sich neben der weiterbestehenden kapitalistischen Wirtschaft entwickeln. Das soll aber nicht heißen, dass die Zukunft des Kapitalismus langfristig gesichert ist.

Erstens besteht nach wie vor das Problem der systemimmanenten Risiken und des finanziellen Gleichgewichts mit anderen Wirtschaftsbereichen. Zweitens hängt die Rentabilität kapitalistischen Wirtschaftens oft davon ab, dass seine Kosten – die ökologischen wie auch die menschlichen – externalisiert werden. Probleme wie Umweltverschmutzung oder Arbeitslosigkeit in unbeständigen Märkten verlangen die Aufmerksamkeit von Regierungen und anderen sozialen Institutionen. Es gibt aber zu wenige Institutionen, die sich darum kümmern. In Schwellenländern mit raschem kapitalistischem Wachstum bleibt die soziale Entwicklung hinter der wirtschaftlichen zurück, und in den westlichen Ländern hat der Neoliberalismus die institutionellen Kapazitäten geschwächt und sogar Probleme politischer Legitimität geschaffen. Drittens ist der Kapitalismus nicht nur anfällig für »innerökonomische« oder institutionelle Faktoren, sondern auch für externe Probleme wie Kriege oder den Klimawandel. Die Frage ist, inwiefern der Kapitalismus – diese historisch beispiellose Maschinerie zur Produktion von Wirtschaftswachstum – gegen ökologische Wachstumsgrenzen und gegen geopolitische, durch ungleiches Wachstum verschärfte Konflikte gewappnet ist.

Auf all diesen Gebieten kann der Umgang mit den Gefahren, die ihn bedrohen, den Kapitalismus verändern – aber nicht zu seinem Zusammenbruch führen. Diese Veränderungen können alles in allem zu einer Welt führen, in der der Kapitalismus ungemein wichtig bleibt und seine Vitalität teilweise wiedererlangt, aber nicht mehr dazu imstande ist, in dem Maße, wie er es in der neueren Geschichte getan hat, ein Weltsystem zu organisieren und zu beherrschen.

Warum kein Zusammenbruch?

Die Vorstellung, dass der Kapitalismus einfach zusammenbricht – wie beispielsweise die Sowjetunion – ist ziemlich abwegig. Sie setzt eine Plötzlichkeit voraus, einen Übergang vom Sein zum Nichtsein in ganz wenigen Jahren. Die Sowjetunion konnte fast über Nacht ihren Geist aufgeben, weil sie eine bestimmte institutionelle Struktur war, ein Staat, dessen Rechtsform aufgelöst werden kann. Der Kapitalismus ist aber nicht ganz dasselbe.

Als Staat war die UdSSR eine Art Unternehmen, und es war in erster Linie dieses Unternehmen, das liquidiert wurde. Natürlich brachte die Auflösung eines solchen rechtlich-politischen Gebildes auch weitreichende Veränderungen in anderen Macht- und Tätigkeitsbereichen mit sich. Trotzdem bestehen viele Institutionen, aus denen der sowjetische Staat bestand, auch ohne ihn mit diversen Veränderungen weiter. Die Stadt Moskau hatte in der Sowjetunion rechtlich und institutionell keinen völlig anderen Status als in ihrem Nachfolgestaat, der Russischen Föderation. Gazprom hat sich stärker verändert. Die Gründung dieses Unternehmens im Jahre 1989 reorganisierte die Rechtsform und betriebliche Organisation der russischen Gasindustrie. Nach Auflösung der UdSSR wurde Gazprom 1992 privatisiert und ist seither eine Aktiengesellschaft. Das Unternehmen wurde in den 1990er Jahre zerschlagen, dann teilweise reintegriert und in den 2000er Jahren unter staatliche Kontrolle gebracht. Man könnte in dieser Form eine lange Liste partieller Kontinuitäten und partieller Transformationen erstellen.

Aufschlussreich ist aber, wie Derluguian zeigt, dass die UdSSR bis fast zum Zeitpunkt ihres Untergangs als ein stabiles und beständiges Unternehmen erschien. Die Zukunft lässt sich nicht nur durch lineare Projektionen antizipieren, man muss auch die Möglichkeit abrupter Brüche berücksichtigen. Derluguian erinnert uns daran, dass der wachsende Druck ein System zerbrechlich machen kann, anfällig für kleinere Aktionen und Ereignisse, die durch die Instabilität des Ganzen weitreichende Folgen haben. Er erinnert uns auch daran, dass sogar eine Großorganisation, die zur selbstverständlichen Grundlage und Voraussetzung für das ganze Leben geworden ist, viel veränderlicher sein kann, als ihre oberflächliche Beständigkeit vermuten lässt. Wir sollten aber erkennen, dass die Sowjetunion nicht gleichbedeutend mit dem Sozialismus war; sie lässt sich deshalb auch nicht direkt mit dem Kapitalismus vergleichen. Sie war etwas Konkreteres und von anderer Art.

Das gilt es festzustellen, ob wir nun den Kapitalismus als einen Komplex von Tätigkeiten begreifen, die sich überall ausüben lassen, oder als ein Wirtschaftssystem, das weltweit Unternehmen, Märkte, Investitionen und Arbeit verbindet. Der Kapitalismus ist eine historische Formation, die, wie Michael Mann sagen würde, auf einem Komplex von Machtstrukturen beruht. Er existierte in den letzten vierhundert Jahren vor allem in Form des modernen Weltsystems, das Immanuel Wallerstein untersucht hat – einer hierarchischen und ungleichmäßig integrierten Organisation, deren Grundeinheiten Nationalstaaten sind und in der die wirtschaftlichen Akteure wesentlich abhängig sind von Beziehungen zur politischen Macht und von den durch sie geschaffenen Bedingungen.

Freilich ist die Vorstellung des Nationalstaats in gewisser Hinsicht ein Ideal. Die soziokulturelle Identität deckt sich nie nahtlos mit staatlichen Institutionen, die wirtschaftliche Integration kann ihrerseits die nationale befördern, und natürlich können wirtschaftliche Akteure auch den Staat beeinflussen. Auch wenn der Nationalstaat teilweise eine Fiktion ist, ist er aber eine entscheidende formale Einheit für die Partizipation an den globalen Angelegenheiten, die sich in politischer Isomorphie reproduzieren. Die meisten internationalen Organisationen sind buchstäblich genau das, nämlich strukturiert durch national organisierte Partizipation. Und Staaten, die auf diese Weise organisiert sind, schaffen wichtige Grundlagen für den Kapitalismus. Sie schaffen die rechtlichen und monetären Voraussetzungen für Unternehmen und Märkte. Sie verwalten oder bieten Rahmenbedingungen für die Verwaltung des Zusammenhangs zwischen unterschiedlichen Firmen, Industrien und Sektoren. Indem sie – wie unvollkommen auch immer – kulturelle und soziale Zugehörigkeit organisieren und manchmal auch Märkte regulieren, sorgen sie für Arbeitskräfte, Konsummärkte und Vertrauen. Der Begriff Nationalstaat ist vielleicht nur ein Kürzel für: »der Versuch, Politik und soziokulturelle Zugehörigkeit nationalstaatlich zu organisieren«, aber die Epoche des Kapitalismus fiel zusammen mit der des Nationalstaats. Es gibt keinen »wirklichen« Kapitalismus, sei er noch so global, der nicht durch diese politisch-ökonomische und soziokulturelle Organisation bedingt ist. Das bedeutet nichts anderes, als dass der kapitalistische Wohlstand von Nationalstaaten und ihren institutionellen Angeboten abhängt. Diese müssen erneuert oder reformiert werden, aber die OECD-Länder haben sich seit vierzig Jahren vor dieser Aufgabe gedrückt. Stattdessen haben sie den früheren »Sozialstaat« abgebaut, indem sie Kosten senkten und die unmittelbare Wettbewerbsfähigkeit förderten und dabei das langfristige Wohlergehen ihrer Bevölkerungen, deren soziale Sicherheit und das kollektive Engagement vernachlässigten, das zukünftige wirtschaftliche Partizipation erst möglich macht.

Trotzdem stehen die meisten alten europäischen oder europäisch besiedelten kapitalistischen Länder nicht vor dem Zusammenbruch. Das staatliche Gesundheitswesen in Großbritannien funktioniert nach wie vor, trotz steigender Kosten und drohender Einsparungen. Die Vereinigten Staaten haben soeben, und sehr verspätet, die Gesundheitsfürsorge verbessert (vor allem für die große Zahl derer, die beruflich keinen Anspruch auf medizinische Leistungen haben). Und so weiter. Es gab einen großen Sozialabbau. Die Staatshaushalte sind defizitär und erlauben keinen schnellen Neuaufbau. Es ist aber nicht zu spät, die Häuser wieder in Ordnung zu bringen. Ein Weckruf kommt aus jenen europäischen Volkswirtschaften, die eine so schlimme Finanzkrise erleben, dass sie ih-

ren Bürgern die Unterstützung kürzen müssen, gerade dann, wenn diese
sie am nötigsten haben. Spanien, Portugal, Irland, Italien, Griechenland
und Zypern standen am Abgrund – und vielleicht in Zukunft noch andere. Das ist aber eine Gefahr, die größer ist für die Europäische Union,
als dass sie den Kapitalismus als solchen bedroht.

Der Kapitalismus kann mehr und mehr aus dem Gleichgewicht geraten. Das könnte die irreversible »Bifurkation« eines quasi-natürlichen
Systems darstellen, von dem Wallerstein im Anschluss an Prigogine
spricht; es könnte das Versagen von Regulation, Unternehmenspolitik
und vorsichtigem Anlegerverhalten auf chaotischen Kapitalmärkten sein
oder einfach schlechte institutionelle Koordination zwischen verstreuten
Akteuren mit unterschiedlichen Interessen. Es könnte die Unfähigkeit
darstellen, den Wohlstand breit genug zu verteilen, um Nachfrage für
Produktivitätszuwächse zu schaffen – eine mögliche Folge des von Collins betrachteten Stellenabbaus (obwohl die politischen Folgen der Arbeitslosigkeit drängender sein könnten). Was auch immer die zugrunde
liegenden Entwicklungen sind, der Verlust eines stabilen Gleichgewichts
steigert die Kosten des Versuchs, den Kapitalismus zusammenzuhalten,
vergrößert die politischen Zwänge und führt zu sozialen Konflikten. Ein
solches Ungleichgewicht ist eine mögliche Erklärung von Krisen – und
je größer das Ungleichgewicht, desto schwieriger und kostspieliger die
Wiederherstellung des Gleichgewichts.

Trotzdem sehe ich nicht, dass der Kapitalismus zusammenbricht. Er
kann durch den sozialen Wandel einiges von seiner Macht verlieren. Er
kann das gesellschaftliche, wirtschaftliche und politische Leben in geringerem Maße organisieren. Das Bild des Zusammenbruchs ist aber irre-
führend. Man kann sagen, dass das Römische Reich zusammenbrach,
sollte aber bedenken, dass es dafür mehr als zweihundert Jahre gebraucht
hat. Es war nicht die Folge einer einzelnen Krise. Man kann nicht so
einfach sagen, dass der Feudalismus zusammenbrach und dadurch der
moderne Kapitalismus entstand (das Schema des Kommunistischen Ma-
nifests). Erstens ist der Feudalismus kein »System«, wie es der moderne
Kapitalismus ist. Und zweitens gab es keinen bestimmten Moment, in
dem die Feudalbeziehungen oder ihre Institutionen zusammenbrachen.
Der lange Niedergang feudaler Verhältnisse vollzog sich in einer Epo-

che von Staatenbildung und Kriegen, landwirtschaftlicher Innovation und zunehmendem Welthandel, religiöser Erneuerung und Reformation – und er dauerte mindestens dreihundert Jahre. Er war kein bloßer Zusammenbruch. Die katholische Kirche wurde während dieses Niedergangs tiefgreifend verändert. Sie hat nie wieder dieselbe Rolle gespielt, hat aber überlebt. Viele Monarchien verschwanden, aber nicht alle; manche konnten sich in einer Zeit, die kaum feudal zu nennen wäre, genügend verändern, um weiterzubestehen – und manchmal ihre Bedeutung behalten.

Das Ende des kapitalistischen Zeitalters, wenn es denn kommt, dürfte vergleichsweise holprig, ungleichmäßig und für die unmittelbar Beteiligten unmerklich heranrücken. Manche Institutionen werden es überleben, und sehr wahrscheinlich auch viele Unternehmen, die nicht unbedingt aufhören müssen, Handel zu treiben, zu produzieren oder zu spekulieren, nur weil die epochale Triebkraft nicht mehr der Kapitalismus ist. Das Bestreben, billig zu kaufen und teuer zu verkaufen, hat es lange vor dem Kapitalismus gegeben, und es wird auch lange danach noch bestehen.

Kapitalismus im Allgemeinen und Finanzkapitalismus im Besonderen

Der Kapitalismus schafft eine Vielzahl von Problemen für sich selbst, für die Gesellschaft und für die Natur, aber die meisten dieser Probleme treiben ihn nicht in potentiell fatale Abwärtsspiralen. Die extreme Finanzialisierung lässt aber eine solche Anfälligkeit entstehen.

Das Finanzwesen ist natürlich ein Grundbestandteil des Kapitalismus. Es verleiht ihm Dynamik, die Fähigkeit zu rascher Expansion und Instrumente der zeitlichen Kostenbewältigung. Es war entscheidend für technische Revolutionen. Ganz allgemein ist es von zentraler Bedeutung für die grundlegende Fähigkeit, Kapital aufgrund höherer Gewinnerwartungen an anderer Stelle zu investieren.

Kapitalismus ist, wie der Name schon sagt, eine Form der Wirtschaftstätigkeit, die sich durch die fluktuierende Investition von Reichtum – Kapital – in verschiedene Arten gewinnbringender Unternehmen vollzieht. Kapital ist investierter oder investierbarer Reichtum. Das Finanzwesen – unter Einschluss direkter Kredite, aber auch eines Spektrums veräußerlicher Wertpapiere – ist ein wichtiger Bestandteil davon, entscheidend nicht nur für die Liquidität und Mobilität des Kapitals, sondern auch für die zeitliche Streckung und Verteilung der Kosten. Unternehmerische Dynamik beruht auf finanziellem Spielraum. Einseitige Finanzialisierung kann aber zu bestimmten Schieflagen führen. Sie hat die ungleiche Einkommensverteilung in allen großen kapitalistischen Volkswirtschaften dramatisch gesteigert, sie hat zu einem Abzug von Investitionsmitteln aus produktiven Unternehmen geführt. Sie hat eine anhaltende »Megablase« bei Vermögenswerten produziert, vor allem die Preisblase bei hypothekenbelasteten Immobilien, die zur Finanzkrise von 2008/2009 beitrug. Sie fördert die Spekulation.

In den Jahren vor der Finanzkrise von 2008/2009 hat der Handel mit Aktien und Anleihen in der traditionellen Kernregion des kapitalistischen Weltsystems die Industriezweige überholt, die für Beschäftigung und Gewinnbeteiligung sorgen. Entfiel auf Finanzinstrumente in den 1970er Jahren nur ein Viertel der Kapitalanlagen, so erreichte im Jahre 2008 der Anteil der Finanzialisierung alles in allem 75 Prozent. Weltweit machten Finanzanlagen etwa den vierfachen Wert aller Anteilswerte und den zehnfachen des globalen BIP aus.

Das war ein weltweites Phänomen, bestimmt durch eine Reihe von Faktoren, die größtenteils auf die 1970er Jahre zurückgehen und sich Ende des 20. Jahrhunderts beschleunigt haben. Die Vereinigten Staaten haben die letzten Jahre des Vietnamkriegs wegen dessen Unpopularität größtenteils auf Kreditbasis finanziert. Zur Bewältigung der wirtschaftlichen Probleme der 1970er Jahre verabschiedeten sie sich zusammen mit anderen kapitalistischen Kernländern vom Bretton-Woods-System und ersetzten die Edelmetalldeckung durch flexible, unbegrenzt handelbare Fiatwährungen. Nach dem arabisch-israelischen Krieg von 1973 drosselten die OPEC-Länder die Ölzufuhr und konnten in einer zutiefst erdölabhängigen Welt kräftige Mehreinnahmen erzielen, die sie zum großen

Teil in staatlichen Investitionsfonds anlegten. Am stärksten war aber die Finanzialisierung in den alten kapitalistischen Kernökonomien (denen sich schwächere assoziierten, zum Beispiel durch asymmetrischen Warenhandel oder EU-Mitgliedschaft). Obwohl vom Großkapital betrieben, zog sie auch Normalbürger an, die trotz stagnierender Einkommen hohe kreditfinanzierte Ausgaben tätigten. Ein ausgewogeneres Verhältnis zwischen dem Finanzsektor und produktiven Industrieunternehmen ist gerade ein Vorteil, den heutige Hochwachstumsökonomien wie China oder Indien ausspielen können, wenn sie aus der Semiperipherie ins Zentrum des globalen Kapitalismus rücken.

Die jüngste Finanzkrise deckt die Achillesferse des Kapitalismus auf. Es handelt sich um eine systemimmanente Gefahr – um eingebaute Risiken im komplexen Innenleben des modernen Finanzsystems. Es ist wichtig, sich darüber klar zu werden und über die Art der Krise. Dies ist keine »klassische« Überproduktions- und Unterkonsumtionskrise. Auch wenn sie alle möglichen Auswirkungen auf die »Realwirtschaft« hatte, war sie zuallererst eine Finanzkrise. Ihre Wirkung wurde potenziert durch das enorme Wachstum des globalen Finanzwesens in den voraufgegangenen Jahrzehnten, besonders durch das Ausmaß, in dem Finanzanlagen vor allem in westlichen Industrieländern vorherrschend wurden. Dadurch sind Überschuldung, schwache oder fehlende Regulation und der kräftige Gebrauch und Missbrauch einer ganzen Reihe neuer Finanztechnologien so gefährlich und letztlich verheerend geworden. Die Finanzialisierung hat nicht nur das Spektrum der Finanzanlagen vergrößert und die Wirkung der Finanzkrise dadurch verschärft. Sie hat zusätzlich und vor allem die Verflechtung kapitalistischer Institutionen verstärkt, die nicht mehr nur in mehr oder minder transparenten Markttransaktionen zusammenhängen, sondern in einem Wust verwickelter und oft undurchsichtiger Finanzbeziehungen. Das galt besonders für die Finanzindustrie. Wenn es in den Jahren 2008/2009 hieß, Großbanken seien »zu groß, um pleitezugehen«, müsste dies eigentlich heißen: »zu verflochten, um pleitezugehen«. Die Finanzialisierung betraf aber nicht nur Finanzunternehmen, sie wurde zu einem Grundelement des globalen Großkapitalismus. Automobilfirmen wurden zu Kfz-Finanzierungsgesellschaften, Bergbauunternehmen wurden vor allem von Wechselkursdifferenzen beherrscht.

Die Finanzialisierung steigert die Dynamik des Kapitalismus. Sie fördert die »produktive Zerstörung« vorhandener Strukturen des Kapitals (z.b. bestimmter Formen der Industrieproduktion) und stimuliert die Entwicklung neuer Technologien, Produkte, Produktionsprozesse und Produktionsstandorte. In ihrer extremen Form drängt sie aber die Investitionen zu immer kurzfristigeren Profiten und verunmöglicht langfristiges und nachhaltiges Wachstum. Sie führt auch zu Spekulationsblasen und Pleiten. Sie verschärft den Marktdruck auf Firmen, die dem Kapital unterdurchschnittliche Gewinne bescheren, und führt zu einem Kapitalabzug aus noch rentablen älteren Wirtschaftszweigen, was wiederum die Löhne senkt und die industriekapitalistische Tendenz zur Gewinnaufteilung durch Lohnerhöhungen einschränkt. Sie verschärft die Ungleichheit.

Die Finanzialisierung führt zu Gewinnen aus Geldanlagen, die solche aus Beschäftigung weit übertreffen. Sie belohnt Händler mehr als materielle Produzenten (und, trotz bekannter Ausnahmen, weit mehr als die meisten Unternehmer). Sie lässt alle anderen Geschäftszweige mehr für Finanzdienstleistungen bezahlen. Der Bonuspool für Mitarbeiter der Wertpapierbranche bezifferte sich im Jahre 2010 allein in New York auf 20,8 Milliarden Dollar; die 25 erfolgreichsten Hedgefonds-Manager verdienten 22,7 Milliarden. Und das, nachdem der Finanzcrash gezeigt hatte, welchen volkswirtschaftlichen Schaden die Finanzialisierung anrichtet.

Technologische Veraltung und Standortverlagerung gehören zum Kapitalismus, werden aber durch die Finanzialisierung beschleunigt. Sie verstärkt das Ausmaß, in dem Investitionen von alten zu neuen Wirtschaftszweigen und von alten zu neuen Standorten wandern. Das Ergebnis ist nicht nur technologischer und ökonomischer Wandel, sondern auch soziale Verschiebung. Die rapide Verstädterung in Entwicklungsländern und die verfallenden Industriestädte in Ländern des alten Zentrums sind zwei Seiten eines Prozesses. Auf die Gewinneinbrüche im verarbeitenden Gewerbe reagierten europäische und amerikanische Unternehmen mit der Forderung nach Senkung der Lohnkosten, mit der Einführung neuer Technologien, mit der Forderung nach Steuererleichterungen oder direkten staatlichen Subventionen und mit der Auslagerung der Produktionsstandorte. Manchmal findet die Standortverlagerung trotz aller eingegangenen Verpflichtungen auch statt, nachdem die Löhne gesenkt und die Subventionen einkassiert wurden. Neoliberale Regierungen halfen den Unternehmen, die gewerkschaftlichen Widerstände zu brechen. Das hat zu dem von Collins als langfristige Gefahr erkannten Stellenabbau geführt, der aber nicht nur technologische Ursachen hat. Das Finanzkapital ermöglichte die rapide Auslagerung der Industrieproduktion.

Liquide Finanzmittel lassen auch Spekulationsblasen entstehen. Der lange internationale Immobilienboom des späten 20. Jahrhunderts ist dafür ein Beispiel. Er führte zu gewaltigen Preissteigerungen für Wohneigentum, besonders in Städten und touristischen Gebieten. Dies verstärkte oft das wirtschaftliche Ungleichgewicht und sorgte für weitere Schieflagen, verknüpfte aber vor allem Immobilien und Hausbau, Ersparnisse von Hauseigentümern und die einstmals vorsichtigen Geschäfte lokaler Banken zu einem gigantischen internationalen System. Es war diese Verflechtung, die die Systemrisiken heraufbeschwor und zur Finanzkrise von 2008/2009 führte.

Diese systemimmanente Gefahr wurde verschärft durch neue Finanz- und Investmenttechniken. Hedgefonds und Derivate erhielten zentrale wirtschaftliche Funktionen, gefördert durch fehlende Regulierung. Im Kern bedeutete dies die Entwicklung einer ganzen Reihe neuer Finanzinstrumente, die unterschiedliche ökonomische Akteure in einem Netz von wechselseitigen Verpflichtungen wie Krediten und Versicherungen verknüpften und ungeheure Geldsummen in diese neuen Anlageformen lenkten, während der Handel mit diesen Geldern der öffentlichen Wahrnehmung größtenteils entzogen war. Eine Unmenge scheinbar sicherer lokaler Vermögenswerte – wie Hypotheken auf Wohneigentum – wurden zu Wertpapieren gebündelt und weltweit von Anlegern gehandelt, die gar nicht einschätzen konnten, was sich dahinter verbarg. Obwohl viele der neuen Instrumente dazu gedacht waren, Risiken zu minimieren und den Kapitalismus kalkulierbarer zu machen, wurden sie zum Gegenstand größtenteils spekulativer Handelsgeschäfte. Das Risiko wurde stärker konzentriert und gefährlich. Bestimmte Firmen konnten nicht mehr so genau wissen, wie stark sie von wem abhängig waren.

Derivate – besonders Wertpapiere basierend auf Wetten auf mögliche Preise – wurden als Sicherheiten für weitere Risikoanlagen benutzt. Auch sie wurden zu potentiell hochprofitablen, aber hochriskanten Anlagen, nicht zuletzt durch Hedgefonds. Das in diesen »alternativen« Formen angelegte Kapital hatte in den 1990er Jahren die Marke von 50 Billionen Dollar überschritten und belief sich in der Finanzkrise von 2008 auf rund 600 Billionen. Das könnte Fondsmanager und Anleger dazu verleitet haben, das Risiko für kontrollierbar zu halten, aber wiederholt fehlschlagende Absicherungsgeschäfte bewiesen das Gegenteil. Plötzliche Liquiditätsprobleme und politische Maßnahmen konnten zu grandiosen Pleiten führen. »Eine abgesicherte Position kann zum ungünstigsten Zeitpunkt unabgesichert werden«, erklärte der frühere IWF-Chefökonom Raghuram Rajan vor dem Hintergrund der russischen Schuldenkrise von 1998, »was denen, die glauben, auf der sicheren Seite zu sein, erhebliche Verluste beschert.«

Die völlige Beseitigung dieser Probleme wäre das Ende des Kapitalismus. Es würde ihn nicht mehr geben, wenn Kapital nicht gewinnbringend in anderer Form angelegt werden könnte und ohne den Drang zu Investitionen, die durch höhere Produktivität für Akkumulation und Innovation sorgen. Eine Regulation, die dies verhindern wollte, gefährdet die Wirtschaftskraft und die Vermehrung des Wohlstands. Andererseits könnte ein gewisses Maß an Regulation zusammen mit gezielten Staatsausgaben wichtig für den Aufschwung und die wirtschaftliche Dynamik sein. Und Volkswirtschaften mit breiter gestreutem Unternehmertum könnten besser fahren als solche, die sich weiter der Herrschaft des Finanzkapitals ausliefern. Jedenfalls ist es erschreckend, wie wenig sich seit der Finanzkrise geändert hat. Es wurde praktisch nichts getan, um mögliche Systemrisiken einzudämmen.

Lehren aus der Krise

Im März 2008 gingen die Aktienkurse auf Talfahrt. Kleinanleger verloren ihre Altersrücklagen, große Banken brachen zusammen, beson-

ders in Großbritannien und den Vereinigten Staaten. Andere wurden als
»systemrelevant« eingestuft (was, wie wir heute wissen, teilweise in Insi-
derverhandlungen zwischen Regierungsvertretern und Bankvorständen
geschah). Sie wurden in großem Stil mit Staatsbürgschaften gerettet, wodurch Steuergelder nicht nur zu einem Ausgleich für übertriebene private Risiken, sondern auch zur unmittelbaren Quelle privaten Reichtums
wurden. Auch Industrieunternehmen wurden durch Bürgschaften gerettet, der weitaus größte Teil der Gelder ging aber an die Finanzindustrie.
Dort wurden sie direkt in Kapital verwandelt – nicht auf dem Wege der
Schaffung von Arbeitsplätzen oder der Unterstützung von Hauseigentümern, die gegen den Verfall ihrer Hypotheken kämpften. Hätten die Regierungen diese Hilfen verweigert, dann hätten die Finanzmärkte noch
weiter abtrudeln können, mit noch verheerenderen Folgen für den globalen Kapitalismus.

Die Vereinigten Staaten tätigten enorme antizyklische Investitionen
in die Infrastruktur und durch direkte Hilfen für die Finanzindustrie
(wenn auch vielleicht nicht in der geforderten Höhe). Großbritannien
entschied sich für ein Austeritätsprogramm und zwang sich noch größere
Einsparungen ab, als die Kreditmärkte verlangten. Und der europäische
Norden – besonders Deutschland – zwang seinen Süden zu einem Spar-
programm, das die Europäische Union vor eine Zerreißprobe stellte.

Die Kontinentaleuropäer glaubten der Krise besser gewachsen zu sein
als die anglophonen Institutionen, bis die Staatsfinanzen verschiedener
EU-Mitgliedsstaaten unter dem Druck kollabierten. Bankenrettungen,
besonders in Südeuropa, verwandelten die Krise der privaten Finanzwirt-
schaft in eine Finanzkrise von Staaten. Griechenland, Irland, Portugal
und Spanien standen auch nach strengen Austeritätsmaßnahmen am
Rande des Staatsbankrotts. Die Finanzkrise offenbarte die Schwächen
im Aufbau der EU und der Eurozone – die zum großen Teil aus der
Epoche der Finanzialisierung herrührten. Der verstärkte globale Wettbewerb schien damals nach einem erweiterten Europa zu verlangen, um
konkurrenzfähig mit China und den Vereinigten Staaten zu sein – eine
Logik, wie sie in ähnlicher Form auch den übereilten Expansionsdrang
der Citigroup und der Bank of Scotland beherrscht hatte. Der Wunsch
nach einer Gemeinschaftswährung – attraktiv für europäische Finanz-

und Wirtschaftsführer – hatte dazu veranlasst, sie einzuführen, ohne für eine gemeinsame Finanzpolitik oder überhaupt für die nötigen politischen Institutionen zu sorgen. Die Europäische Zentralbank wird durch einen Rat geführt, der die nationalen Regierungen mit ihren konkurrierenden Interessen vertritt. Die verschiedenen Länder betrieben ihre eigene Finanzpolitik mit ihren besonderen Maßnahmen. Und mit der Erweiterung der EU über ihre ursprünglichen Kernländer hinaus band die europäische Integration ganz unterschiedliche Volkswirtschaften zusammen. Umverteilungsmaßnahmen, die man in den Wachstumsjahren stillschweigend gebilligt hatte, wurden auf dem Höhepunkt der Krise zu Streitfragen.

Die Zukunft des Euro und der Eurozone bleibt ungewiss. Spanien und Portugal erreichten eine gewisse Stabilität, nur damit Italien ins Wanken und Zypern ins Trudeln geriet. Niemand weiß, bis wohin sich die europäische Krise noch ausbreiten wird – vielleicht auf den alten Mitgliedsstaat Belgien oder das neue Mitglied Slowenien, vielleicht auch auf die EU selbst durch die Gefährdung der Währungsunion. Mittlerweile betreiben Austeritätsprogramme makroökonomische Korrekturen, indem sie staatliche Sozialleistungen kürzen und die soziale Sicherheit abbauen. In wechselnden Kombinationen waren die Einsparungen national selbstauferlegte Reaktionen auf Marktzwänge und Ergebnis äußerer Diktate, nicht unähnlich den strukturellen Anpassungsmaßnahmen, die den Schuldenländern der Dritten Welt in den 1980er Jahren vom IWF auferlegt wurden. Die Staaten wurden dazu eingespannt, die Anleger vor Verlusten und die globalen Märkte vor der Depression zu bewahren. Obwohl es die Anleger und die transnationale Finanzindustrie waren, die die gewaltigen Profite der Blasenzeit eingesteckt hatten und von Rettungspaketen und staatlichen Liquiditätsspritzen direkt profitierten, wird die Krise und ihre Bewältigung als Sache der Nationalstaaten behandelt. Dies alles als eine Frage griechischer Verschwendung und deutscher Solidität zu betrachten, verschleiert natürlich die zentrale Rolle der Finanzialisierung selbst (und verstärkt andere Seiten des Nationalismus wie zunehmende Ausländerfeindlichkeit und insbesondere Islamophobie). Die Gewinne der Finanzinstitute förderten die EU-Erweiterung und machten die Union blind für die Finanzprobleme der Mitgliedsstaaten. Inzwischen beklagen sich die Bürger von EU-Ländern mit stärkeren Banken und besserer Zahlungsbilanz, dass sie andere Länder retten sollen, was die Europäische Union vor eine Zerreißprobe stellt und vergisst, in welchem Maße die Rettungspakete der Finanzindustrie und den Besitzern großer Kapitalvermögen zugute kamen.

Auch nach massiven Infusionen von Steuergeldern bleiben die europäischen und amerikanischen Finanzinstitute anfällig. Manche mussten sich von »faulen Krediten« trennen; nur internationale Finanzhilfen konnten den Zusammenbruch abwenden. Fast alle müssen dauerhafte Anstrengungen vornehmen, um nach der unüberlegten Expansion ihre Bilanz auszugleichen. Aber die Kurse steigen; die meisten haben ihre Verluste wieder hereingeholt, manche erreichen neue Höchstwerte. Börsengänge sind wieder gewinnträchtig (das gilt für eine Mischung von rentablen Firmen mit soliden Produkten und solchen, die von kaum mehr als Vorstellungen und Erwartungen leben). Investmentbanken und andere beginnen wieder fette Boni zu zahlen, die neue Anreize für riskante Geschäfte schaffen (auch wenn dies zunehmend in Form von nicht unmittelbar verkäuflichen Anteilen geschieht, um die Interessen der Mitarbeiter an den Erfolg des Unternehmens zu binden). Manche entlassen aber auch Mitarbeiter aufgrund von »Überkapazitäten«; das Gespenst einer neuen Rezession geht um. Die Reform der Bankenaufsicht war minimal, was die Derivatenmärkte alles andere als transparent macht und massive Fremdfinanzierung bei geringem Kapitaleinsatz erlaubt. Die Bankenkonzentration in ein paar wenigen Großunternehmen ist noch größer als vor der Krise. Die Immobilienpreise bleiben niedrig; wenn sie mancherorts steigen, gehen sie anderswo nach scheinbarer Stabilisierung nach unten. Die Kreditvergabe bleibt restriktiv; die Zinsen bleiben niedrig mit der Befürchtung, sie könnten anziehen.

Die »Realwirtschaft« bleibt depressiv auch ohne eine wirkliche »Depression«. Das Wachstum des BIP ist gering bei nach wie vor hoher Arbeitslosigkeit; die Schaffung neuer Arbeitsplätze bleibt hinter den Erwartungen regelmäßig zurück. Die Angst vor Inflation und Staatsverschuldung lässt viele glauben, finanzielle Austerität sei jetzt wichtiger als wirtschaftliches Wachstum. Die langfristige Finanzlage vieler US-Staaten ist kaum weniger trostlos wie in Spanien oder Griechenland (auch wenn manche einen kurzfristigen Aufschwung erleben); die amerikanische Bundesregierung verfügt zwar über zusätzliche Fiskalinstrumente, aber über keinen verabschiedeten Haushalt, um ihre massiven Defizite in irgendeinem Verhältnis abbauen oder finanzieren zu können. Wirtschaftliche Unzufriedenheit ist ein wichtiger Faktor der allgemeinen Politikverdrossenheit. Populistische Empörung über die Selbstbedienungsmentalität korrupter oder unfähiger Politiker verbindet sich mit einem herkömmlicheren Angebot rechter und linker Ideologien. Schwindende politische Legitimität ist eine Herausforderung für den Bestand des Kapitalismus.

Was sich demgegenüber in Europa entwickelt, scheint weder zum Zusammenbruch noch zur Revolution zu führen, sondern in die Stagnation. Europa fehlt es an Wachstum, es hat aber noch einen relativ hohen Lebensstandard und funktionierende Wirtschaftssysteme. Die Schaufenster sind voller Waren (auch wenn zunehmend die Rolläden heruntergehen). Die Staaten sind größtenteils zahlungsfähig (auch wenn sie weiter ihre Ausgaben kürzen). Die vorherrschende Politik war auf Austerität orientiert, um die defizitären Haushalte zu konsolidieren. Da dies trotz aller weisen Voraussicht kaum etwas bewirkt, setzen die Politiker zunehmend auf Wachstum, finden aber kaum praktikable Rezepte.

Da Europa seine Finanzprobleme als Union nicht bewältigen konnte, steht es vor einem Scherbenhaufen nationaler Finanzkrisen. Es verfügt aber noch über die Wirtschaftskraft und den politischen Willen, von Fall zu Fall Banken und die Finanzmärkte zu retten. Es gibt eine verbreitete Unzufriedenheit in der Bevölkerung, bisher aber keine breiten sozialen Bewegungen, die die bestehenden Parteien oder Prozesse in Frage stellen. Großdemonstrationen und manchmal Besetzungen öffentlicher Räume bekunden die Unzufriedenheit, haben aber noch keinen Weg gefunden, daraus neue politische Programme zu machen anstelle einer bloßen Bekämpfung der alten. Rechtspopulisten haben die Gunst der Stunde mit migrationsfeindlichen und anderen reaktionären Programmen genutzt, doch obwohl sie immer mehr Zulauf finden, bleiben sie bislang Randbewegungen, die allenfalls die etablierten konservativen Parteien nach rechts drängen. Die europäische Linke ist kaum sichtbar, abgesehen von eigennützigen Streiks und staatlichen Verlautbarungen in Frankreich.

Was sich stattdessen entwickelt hat, sind eine Reihe von »antipolitischen« Bewegungen, deren Musterbeispiel Beppe Grillos italienische Fünf-Sterne-Bewegung ist, die aber auch Resonanz in anderen Ländern finden, wo die Wähler nicht für eine bessere Regierung, sondern gegen die Regierung und vor allem gegen die Politiker stimmen. Zur Reaktion der Bevölkerung auf Wirtschaftskrisen und staatlichen Legitimitätsverlust gehörte oft rechtsgerichtete und ausländerfeindliche Agitation.

Die Vereinigten Staaten haben stärker auf konjunkturelle Anreize gesetzt und werden mit einem bescheidenen Aufschwung belohnt – einem vielleicht 2-prozentigen Wachstum, erheblich besser als die 0 bis 1 Prozent in Europa, aber kein Grund zur Euphorie. Die Aussichten werden zumindest vorübergehend verbessert durch neue Energieressourcen und längerfristig durch eine stärker unternehmerische Wirtschaft. Das Land wird aber durch einen verfahrenen politischen Prozess blockiert. Auch wenn die Tea Party bei Wahlen vor allem als republikanischer Parteiflügel auftritt, hat sie viel stärker antipolitische Wurzeln – nicht unähnlich der italienischen Fünf-Sterne-Bewegung. Ihr Gewicht drängt die Republikanische Rechte weniger zu alternativen Lösungen als vielmehr zum Widerstand gegen Kompromisse und damit gegen alle vorhandenen politischen Optionen. Die Obama-Administration agiert vor allem technokratisch-zentristisch, auch wenn ihre wichtigsten politischen Reformen auf einer Handvoll liberaler Themen beruhen. Sie hat aber nach der Krise für keinen wirklichen Kurswechsel gesorgt. Der Finanzsektor wird nach wie vor von denselben Organisationen beherrscht, die ganz ähnliche Strategien verfolgen wie vor der Krise. Einige der größten Gefahren für die amerikanische Wirtschaft liegen in den Haushaltslöchern der Bundesstaaten und Kommunen. Auf diesen Ebenen vorgenommene Einsparungen lassen die auf Bundesebene verabreichten Konjunkturspritzen ins Leere laufen. Vor allem aber sehen sich die Staaten und Lokalbehörden langfristigen Verpflichtungen ausgesetzt. Sie könnten zum finanziellen Kollaps führen, wenn die Lasten nicht durch irgendeine Mixtur von Wachstum und Inflation abgebaut werden.

Auch wenn die Ursprünge der Krise von 2008 in den Vereinigten Staaten und der Europäischen Union lagen, waren ihre Auswirkungen weltweit. Die dichten Verflechtungen und raschen Fluktuationen des globalen Kapitalismus und der globalen Medien ließen sie unmittelbar als eine globale Krise erscheinen. Das war teils richtig, teils illusionär, vielleicht auch eine verzerrte Sicht. Die Turbulenzen auf den Kapitalmärkten hatten weitreichende Auswirkungen. Die abstürzenden Vermögenswerte beschädigten die staatlichen Investitionsfonds in Abu Dhabi und trieben das Nachbaremirat Dubai fast in den Ruin. Die verstärkte Arbeitslosigkeit – besonders bei Jugendlichen – gehörte zu den Auslösern des Arabischen Frühlings (auch wenn die Wirtschaftskrise nur ein Teil dieser komplexeren Geschichte sein kann). Die Börsenkurse in Schanghai, Tokio und Johannesburg brachen genauso ein wie in London und New York, auch wenn sie viel schneller Tritt fassten. In China und Vietnam wurden Fabrikarbeiter mit dem Rückgang der globalen Nachfrage entlassen; die dortige Wirtschaft befand sich aber nach kurzem Einknicken wieder auf Wachstumskurs. Die Preise für Energie und andere Naturressourcen wurden extrem instabil. Nachdem sie zuerst in den Keller gingen, erholten sie sich durch die Nachfrage von nach wie vor wachsenden Ökonomien wie China, um in manchen Fällen wieder zu schwächeln, wenn in der chinesischen Wirtschaft das gleiche geschah.

Eine Zeitlang – und selbst dann, als die Vereinigten Staaten gegen eine Doppelrezession kämpften und Europa sich mit den Staatsschulden verschiedener Mitgliedsstaaten herumschlug – konnten China, Indien und andere Entwicklungsländer ein nach wie vor rapides Wachstum verbuchen. Tatsächlich war im Jahre 2011 die Hauptsorge chinesischer Politiker kein wirtschaftlicher Abschwung, sondern eine »Überhitzung«, in der das Wirtschaftswachstum die Reserven an Rohstoffen, Arbeit und anderen Inputs zu erschöpfen und eine schwer kontrollierbare Inflation auszulösen drohte. Da China zu einem Hauptgläubiger der Vereinigten Staaten geworden war, musste es (wie andere ausländische Anleger) um den Wert seiner in Dollar bezifferten Anlagen und um seine Exportmärkte fürchten. Zum Zeitpunkt der Niederschrift verzeichnet es nach wie vor Wachstumsraten, vor denen die Europäer erblassen, aber das Tempo ging rapide zurück und beweist, dass China nicht immun gegen den globalen Abschwung ist. Die überhitzten Finanzmärkte sind eines der Probleme. In Peking und Schanghai stehen Tausende von Wohnungen leer, aufgekauft von Spekulanten in der Hoffnung auf schnellen Weiterverkauf. Wenn des Wachstum nicht bald Fahrt aufnimmt oder, schlimmer, weit unter 5 Prozent absinkt, könnte diese Immobilienblase platzen und zu einer Abwärtsspirale führen, wenn überschuldete Eigentümer ihre Bestände abstoßen. Dies ist ein relativ lokales und begrenztes Beispiel von Systemrisiken. Es gibt aber noch weitere in einer ganz anderen Größenordnung, in der hochriskante Finanzmärkte eng miteinander verflochten sind. Auch das ist ein Faktor, der die Angst der chinesischen Führung vor inneren Unruhen schürt.

In Indien ist der Kapitalismus vergleichsweise vital, stärker unternehmerisch und weniger an die Zentralregierung gebunden. Das ist ein Vorteil, weil die Zentralregierung erheblich weniger effektiv ist. Indien hat mehr innere Armut und eine weniger entwickelte Infrastruktur. Die Ineffizienz ist lähmend. Das Wachstum war jedoch erheblich und scheint weniger durch Spekulationsblasen bedroht. Wie in China wird aber die wirtschaftliche und politische Leistungsfähigkeit durch die verbreitete Korruption geschwächt. Und wie China ist auch Indien mit ökologischen Problemen konfrontiert (wenngleich keinen so katastrophalen wie der chinesischen Luftverschmutzung). Durch größere Offenheit für autonome Institutionen verfügt es über ein erheblich größeres Spektrum an philanthropischen Bemühungen zur Abmilderung von Risiken und zur Bekämpfung der Armut. Es ist aber mit massiver Ungleichheit konfrontiert, und diese zeigt sich durch die rasche Urbanisierung in neuen, besorgniserregenden Formen. Staatliche Institutionen zur Unterstützung derer, die keine Möglichkeit zu marktwirtschaftlichen Lösungen haben, gibt es immer noch wenige.

Anhaltendes Wachstum gab es auch in weiten Teilen Afrikas und auf manchen Schwellenmärkten Asiens und Lateinamerikas. Die Türkei, von der EU jahrelang gemobbt, hat heute eine für Europa traumhafte Wachstumsrate, auch wenn die öffentliche Unzufriedenheit dadurch nicht kleiner wird. Viele Volkswirtschaften in aller Welt sind aber bestenfalls unbeständig, der globale Aufschwung ist nahezu abgewürgt. Das führt zu der Illusion, dass die BRICs und andere Schwellenmärkte den kapitalistischen Aufschwung nahtlos fortsetzen könnten, die Krise also völlig auf die reicheren Länder lokalisiert war. Sie war aber eine globale Krise, und sie ist eingebettet in die kapitalistische Globalisierung. Natürlich hatte sie nicht überall ähnliche Auswirkungen. Sie hat die mit der Finanzialisierung der reicheren Industrieländer entstandene Verlagerung der globalen Wirtschaftsmacht nach China (und in unterschiedlichem Maße in andere Schwellenländer) beschleunigt. Ironischerweise wurde dadurch die Kluft zwischen armen und reichen Ländern stärker geschlossen als durch die Entwicklungshilfe und -politik vergangener Boomperioden. Langfristiges Wachstum hat China nicht vor dem globalen Abschwung geschützt, und andere BRICs haben (wie Russland) noch größere Unbeständigkeit oder (wie Brasilien) noch stärkere Flauten erlebt.

Unterm Strich bleibt, dass sich der Kapitalismus nicht schon durch eine bestimmte Wirtschaftskrise verabschieden dürfte. Die Überlagerung wirtschaftlicher und politischer Krisen ist es, was ihn am stärksten bedroht – die Aushöhlung des stillschweigenden Deals, der die Menschen soziale oder ökologische Schäden hinnehmen lässt, solange es Wachstum gibt. Europa präsentiert das Gespenst eines Kapitalismus ohne Wachstum – fast ein Widerspruch in sich –, und es ist nicht klar, wie es damit zurechtkommen wird. Asien scheint weiter zu wachsen, aber in Verbindung mit unbeständiger und anfälliger Politik. Und politische Unruhe ist allgegenwärtig – sowohl da, wo stockendes Wachstum gestiegene Erwartungen enttäuscht, als auch dort, wo gewählte Führer abweichende Meinungen unterdrücken und politische Rechte beschneiden.

Die kapitalistische Ära war zwar von der Vorstellung einer reinen »Wirtschaft« geprägt, die deutlich von Staat und Zivilgesellschaft zu unterscheiden ist. Der Kapitalismus selbst wurde und musste aber durch Praktiken und Organisationen hervorgebracht werden, die über diese Grenzen hinweggreifen. Der Zusammenhang von Wirtschaft und Staat ist grundlegend, nicht beiläufig. Der Kapitalismus beruht nicht nur auf der Organisation von Märkten als »objektiven« Systemphänomenen, sondern auch auf sozialen und kulturellen Gebilden wie dem Unternehmen – das nicht nur eine Rechtsform ist, sondern eine Arbeitsorganisation. Seine Expansion hat nicht nur auf Staaten und Gesellschaften beruht, sondern auch auf Ausbeutung der Natur. In allen drei Fällen ist der Kapitalismus zerstörerisch für seine eigenen Grundlagen – und diese Tendenz wird durch extreme Finanzialisierung und Neoliberalismus verschärft. Seine Zukunft hängt davon ab, ob sich die Zerstörung einschränken oder zurückdrängen lässt, ohne den Kapitalismus selbst zu beseitigen.

Institutionelle Defizite

Man spürt die Veränderung und Erneuerung, die sich in einem Großteil Asiens und in Teilen Afrikas und Lateinamerikas vollzieht. Hohe Wachstumsraten sorgen für verbreiteten Optimismus hinsichtlich einer kapitalistischen Zukunft. Sie lassen sogar Regierungen zusammen mit Aktivisten von »grünem Wachstum« und verbesserten Sozialsystemen träumen. Der Gegensatz zum austeritätsgeplagten Europa und zu den politisch blockierten, nur wenig schneller wachsenden Vereinigten Staaten ist mit Händen zu greifen. Und doch gibt es bei allen Unterschieden in der Entwicklung und in der Stimmungslage eine wichtige Gemeinsamkeit.

Das kapitalistische Wachstum verursacht ungeheure Kosten in Bezug auf Umweltverschmutzung, soziale Umwälzungen und Ungleichheit. Die Aneignung unverhältnismäßigen Reichtums durch eine kapitalistische Elite ist sichtbar, sogar ostentativ, auch wenn die Zahl derer, die an der Entwicklung teilhaben durften, bisher hinreichend war, um Proteste ersticken zu können. Die Korruption setzt der Ungleichheit die Krone auf. Gleichzeitig sind gewaltige Investitionen in Infrastruktur und Ressourcen nötig, für die Industrie selbst wie auch für die sich rapide verstädternden Bevölkerungsmassen. Diese Kosten werden größtenteils externalisiert, während der neue Reichtum von denen angeeignet wird, die über kapitalistische Gewinne verfügen oder daraus Löhne und Steuergelder abzweigen können. Die ökologischen und sozialen Kosten werden also nicht durch Abgaben auf Unternehmensbilanzen beglichen. Noch dazu übernehmen die Staaten einen Großteil der Rechnung für notwendige Infrastrukturmaßnahmen.

Ist der Kapitalismus damit passé? Er beruht auf einem »Externalisierungsprinzip«, das seinen Unternehmen erlaubt, die Kosten sowohl für die notwendige Infrastruktur als auch für die Kollateralschäden des Wachstums auf Staaten, gemeinnützige Organisationen, ja Familien und ganz allgemein auf die Bürger abzuwälzen. Seine Wirtschaftlichkeit und sein Wachstum beruht zum großen Teil auf Externalisierung der Kosten. Unternehmen bezahlen selten die Rechnung für alle öffentlichen Investitionen, von denen sie profitieren – für die Gesundheitsfürsorge, für die Ausbildung der Arbeitnehmer, für den Aufbau der notwendigen Infrastruktur. Sie produzieren Verschmutzung und Müll, ohne die finanziellen, menschlichen oder ökologischen Kosten zu übernehmen. Der Kapitalismus schafft, um es mit dem Begriff zu sagen, den John Ruskin im verschmutzten, von Armut geplagten England des 19. Jahrhunderts prägte, ungeheuren Wohlstand *(wealth)*, aber immer mit dem Nebenprodukt eines gravierenden »Übelstands« *(illth)*. Er kann den Wohlstand nur so lange hervorbringen, wie der Übelstand toleriert wird. Die Staaten versuchen einen Handel zu organisieren. Den Kapitalismus adäquat zu besteuern, damit er seine Kosten begleicht, würde aber ihre internationale Wettbewerbsfähigkeit untergraben und könnte gerade die kapitalistische Dynamik abtöten, die für den Wohlstand sorgt.

Kapitalistische Unternehmen beziehen noch weitere Vorteile vom Staat – vom Schutz ihrer Eigentumsrechte bis hin zur kommerziellen Verwertung staatlich finanzierter Forschungsergebnisse. Der Staat stellt notwendige Betriebsmittel bereit, von Währungen über Straßen bis hin zur Rechtssicherheit von Verträgen. Das Kapitalismus beruht auch auf sozialer Solidarität und allen möglichen Institutionen, von Schulen bis hin zum Gesundheitswesen. Sie bieten oft Möglichkeiten für privaten Gewinn, auch wenn sie teilweise staatlich oder gemeinnützig sind. Vor allem aber liefern sie Dienstleistungen, die von den Unternehmen sonst internalisiert werden müssten, zusammen mit einem stabilen Umfeld für ihre Geschäftstätigkeit.

Tatsächlich werden auch Unternehmen nicht restlos vom Kapitalismus als einem Wirtschaftssystem bestimmt; sie haben eine Rechtsform, sind in die Politik eingebunden und arbeiten auch für ihre Beschäftigten, nicht nur für den Profit ihrer Eigentümer. Private Beschäftigung war eine wichtige Quelle von Sozialleistungen wie Renten oder Krankenversicherungsbeiträgen, auch wenn dies in der Ära extremer Finanzialisierung abgebaut wurde, weil Firmen durch Desinvestition oder Übernahmen nicht mehr langfristig planen konnten und ihre Kosten drückten, um im Interesse der launischen Finanzmärkte kurzfristig mehr abzuwerfen. Noch wichtiger zur Bewältigung der Lebensrisiken – einschließlich der vom Kapitalismus geschaffenen oder verschärften – sind staatliche Institutionen wie das Gesundheits- und Bildungswesen, Arbeitslosenunterstützung oder Altenpflege. Viele von ihnen waren in der Ära der Finanzialisierung einem lähmenden Druck ausgesetzt. Gleichzeitig können ältere Institutionen wie Familie, Gemeinschaft und religiöse Organisationen nur manche der zusätzlichen Lasten auffangen. Es gibt neue gemeinnützige Organisationen, die zu sozialen Zwecken oder zur Selbsthilfe geschaffen wurden. Für diejenigen, die es sich leisten können, gibt es weitere Angebote der Risikobewältigung, von Versicherungen bis hin zu Kapitalrücklagen. Jedenfalls beruht der Kapitalismus als ein Wirtschaftssystem, das zwangsläufig Risiken und Unsicherheit produziert, auf einer Basis unterstützender Institutionen, die den Bürgern helfen zu überleben. Es hat bereits einen kräftigen Abbau der sozialen Netze in den alteingesessenen kapitalistischen Ökonomien gegeben, und es vollzieht sich nur eine relativ langsame Entwicklung solcher Institutionen in den kapitalistischen Schwellenökonomien. Das wirft die Frage auf, ob der Kapitalismus, zusammen mit den ihn tragenden Regierungen, seine politische Legitimität aufrechterhalten kann.

Der Kapitalismus hat seine allgemeine Legitimität und Prosperität auf der Basis von Institutionen und sozialen Verhältnissen behauptet, die in den letzten Jahrzehnten beschädigt wurden. Von ihrer Erneuerung hängt auch seine eigene ab. Es geht einesteils darum, für Legitimität, Solidarität und soziale Sicherheit zu sorgen. Wir müssen uns aber auch mit der Tatsache auseinandersetzen, dass kapitalistisches Wachstum gleichbedeutend ist mit Verstädterung, Umweltverschmutzung, Migration und einer Unmenge weiterer Probleme – und nicht nur mit Investitionen, Produktion und Profit. Die Fähigkeit, damit umzugehen, verdankt sich nicht allein dem Markt, sondern dem Staat und einer ganzen Reihe gesellschaftlicher Institutionen. Wie Karl Polanyi in der Zeit von Krieg und Weltwirtschaftskrise im Rückblick auf das 19. Jahrhundert und zugleich vorausschauend bemerkte, untergräbt eine ungezügelte kapitalistische Entwicklung stets ihre eigenen sozialen Bedingungen – und noch dazu das Gemeinwohl. Der Versuch, neue institutionelle Voraussetzungen zu schaffen, kann das kapitalistische System stabilisieren und für eine bessere Verteilung der Früchte kapitalistischen Wachstums sorgen.

Ein stillschweigender Sozialvertrag liegt der Legitimität nicht nur des kapitalistischen Unternehmens, sondern auch des für seinen Bestand sorgenden Staates zugrunde: Die Bürger tolerieren Ungleichheit und die Externalisierung langfristiger Kosten, solange das Wachstum brummt. Die heutigen Hochwachstumsländer in Asien, Afrika und Lateinamerika haben allesamt ernsthafte Probleme, ihr Wachstum so ausgewogen zu gestalten, dass der staatliche Zusammenhalt und die notwendigen Zukunftsinvestitionen in die Voraussetzungen des Wachstums gewährleistet bleiben. Natürlich werden sie ihre bisherigen Raten nicht aufrechterhalten, schon gar nicht in einer globalen Niedrigwachstumsökonomie. Und ohne dieses Wachstum werden sie mit platzenden Spekulationsblasen und Bürgerunzufriedenheit konfrontiert.

Europa und die Vereinigten Staaten stehen vor den gleichen Herausforderungen, ohne die Trümpfe von Optimismus oder Wachstum im Ärmel zu haben. Die Schwäche der Politik und die Beklemmung angesichts eines Wirtschaftswachstums, das auf sich warten lässt, ist greifbar, hat aber noch zu keiner Reaktion in Form einer sozialen Bewegung geführt, in der sich mögliche Ausgänge wirklich abzeichnen würden. Die Reaktion der Bevölkerung auf die Wirtschaftskrise und den staatlichen Legitimitätsverlust äußert sich zum großen Teil in oftmals ausländerfeindlichen Agitationen von rechts. Die Reaktion des Staates ist in Europa der aufreibende Versuch, durch Austeritätsprogramme die Haushalte zu konsolidieren und gleichzeitig das Kapital derer zu schützen, die von der Finanzialisierung hauptsächlich profitiert hatten und die Krise ins Rollen brachten. Die Vereinigten Staaten haben mehr Wachstumsanreize geschaffen, leiden aber unter politischen Blockaden und der ganz ähnlichen Entscheidung, dass die Kosten eher vom Steuerzahler aufzubringen sind als von den Finanzinstituten oder ihren Anlegern.

In Zeiten nachhaltigen und anhaltenden Wachstums, vor allem nach dem Zweiten Weltkrieg, hatte der Kapitalismus für Beschäftigung und Lohnzuwächse gesorgt. Gleichzeitig ermöglichte der wirtschaftliche Aufschwung einen Ausbau des Bildungs-, Gesundheits- und Verkehrswesens und andere Verbesserungen, an denen die Bürger durch höhere Steuereinnahmen und staatliche Investitionen in breitem Maße teilhaben konnten. Heute wissen sie nicht, ob ihre Kinder über größeren Wohlstand und bessere Möglichkeiten verfügen werden. Das Bedürfnis der Bürger wohlhabender Länder nach größerem Wohlstand ist mit der Notwendigkeit konfrontiert, dass ihre Länder international wettbewerbsfähig bleiben (nicht nur für den Export, auch im Interesse von Eliten und Unternehmen, die bei zu hohen Abgaben ins Ausland gehen). Es gibt gute Gründe für die Erwartung, dass die Wachstumsraten in den alten kapitalistischen Wohlstandszentren hinter dem globalen Wachstum zurückbleiben. Die Verbesserungen dürften also auch bei anhaltendem Wohlstand geringer werden, wenn es keine strukturellen Reformen gibt. Gleichzeitig sind institutionelle Strukturen, die lange für die allgemeine Legitimität des Kapitalismus sorgten, seit den 1970er Jahren und noch stärker im Kontext der Finanz- und Fiskalkrise abgebaut worden.

Der Begriff des Neoliberalismus bezieht sich auf ein Bündel politischer Maßnahmen, die für weniger Staatsausgaben und staatliche Eingriffe sorgen und die Regulierung des Marktes abbauen sollten. Dieser Liberalismus der Nach-1970er Jahre war stark dem des 19. Jahrhunderts verpflichtet. Ein wichtiger Unterschied ist, dass die spätere Version auf den Abbau eines Netzes sozialer Sicherungen und wirtschaftlicher Vorkehrungen zielt, die als Bestandteil des entwickelten Kapitalismus entstanden sind. Die Hauptangriffspunkte waren Einrichtungen, die als Reaktion auf die Große Depression und im Zuge des langen Nachkriegsbooms eingeführt wurden. Der Vergleich mit dem Liberalismus des 19. Jahrhunderts ist aber aufschlussreich, weil er daran erinnert, dass der Konflikt zwischen einem »ungezügelten« Kapitalismus und dem Versuch, einen Ausgleich für dessen Grenzen und Exzesse zu schaffen, nicht neu ist. Im 19. Jahrhundert waren Liberale häufig bestrebt, traditionelle Institutionen, die dem kapitalistischen Profit im Weg standen, zu schleifen oder neu geschaffene Einrichtungen einzuschränken. Dieses Problem gibt es heute in allen Schwellenländern.

In China zum Beispiel kollidiert die Entwicklung eines Hochgeschwindigkeitskapitalismus nicht nur mit alten lokalen Gemeinschaftsbeziehungen, sondern auch mit alternativen Institutionen aus kommunistischer Zeit wie der Danwei – der »Dienststelle«, die (mit gewissen

Parallelen zu paternalistischen Arbeitersiedlungen in einer früheren Phase kapitalistischer Entwicklung im Westen) für Wohnung, Gesundheitsfürsorge und Beschäftigung sorgt. Arbeitnehmer, die eine neue Stellung annehmen, vor allem in den schnell wachsenden Ballungszentren, verlieren nicht nur ältere Formen sozialen Kapitals in ihren Herkunftsgemeinschaften, sondern auch die institutionelle Vorsorge der Danwei. Sie führen ein neues, städtisches Leben und es geht ihnen gut, solange sie das Geld haben, um auf dem Markt Ersatzformen für ältere Formen der Vorsorge zu kaufen, sonst haben sie zu kämpfen. Manche gründen neue Selbsthilfeinrichtungen, so wie eine Generation zuvor die Zuzügler in Städten wie Schanghai Heimat- und Sippenverbände aufbauten. Häufig führen sie ein randständiges Leben, versuchen Geld anzusparen, um es nach Hause zu schicken oder ihre Familien nachholen zu können. Der Staat sucht dies zu regulieren, indem er zum Beispiel durch das Hukou-System unauthorisierten Migranten den Zugang zu städtischen Einrichtungen wie den Schulen verwehrt. Das macht das institutionelle Defizit ebenso deutlich, wie es sich als ein Instrument sozialer Kontrolle erweist.

Wenn China sich weiter kapitalistisch entwickelt, benötigt es aber stärkere Institutionen. Es gibt die Sorge, wer in einer alternden Gesellschaft, wenn die Familiensolidarität nicht nur durch veränderte Einstellungen, sondern auch durch die Arbeitsmigration und die Ein-Kind-Politik zerbricht, für die Älteren aufkommen soll. Was sich entwickeln wird, um für Sozialleistungen oder Absicherung gegen Arbeitslosigkeit zu sorgen, steht noch in den Sternen. Die neuen Institutionen könnten Wohlfahrts- oder Solidareinrichtungen sein, obwohl der Staat noch vor soviel Autonomie zurückschreckt. Es ist klar, dass er den kapitalistischen Weg verfolgt. Aber unklar ist, ob dies zu einer Nachbildung westlicher Einrichtungen führen wird oder zur Angleichung an den westlichen Neoliberalismus mit dem Kleinhalten derartiger Einrichtungen – oder aber zu einer Art von Staatskapitalismus »mit chinesischem Antlitz«.

Der Staatskapitalismus war in den letzten 450 Jahren die Ausnahme gewesen. Eine mögliche Transformation des Kapitalismus könnte ihm aber zu größerer Normalität verhelfen. Vielleicht beinhaltete schon der Sowjetkommunismus so etwas wie Staatskapitalismus, ganz bestimmt aber der Faschismus. Wo sich Regierungen heute eines reaktionären

Nationalismus bedienen, um ihre Legitimität abzustützen, könnte der Staatskapitalismus wahrscheinlicher werden. Entscheidend ist, dass der zukünftige Kapitalismus nicht unbedingt eine Fortsetzung des in den letzten zweihundert Jahren westlicher Geschichte vorherrschenden »liberalen Kapitalismus« sein muss. Der allgemein festgestellte Zusammenhang von Kapitalismus und liberaler Demokratie könnte sich als nur eine mögliche, durch besondere historische Bedingungen und Kämpfe bestimmte Form erweisen, Kapitalismus und Politik zu verbinden.

Natürlich hing der innenpolitische Neoliberalismus eng mit der internationalen Förderung des »Freihandels« zusammen. Der Abbau von Zöllen und Gewerbeordnungen gleicht in gewisser Weise dem Abbau von Einschränkungen der Freizügigkeit und von marktregulierenden Staatseingriffen. Für militärische Sicherheit (oder militärische Vorteile) und für soziale Sicherheit zu sorgen, verträgt sich demgegenüber gut genug mit den vermeintlichen Vorteilen staatlicher Investitionen und der Abschottung gegenüber den globalen Märkten, um ein plausibles Modell zu sein. Das gilt besonders für Länder mit wenig Erfahrung in liberaler Demokratie. Natürlich haben auch westliche Staaten Unternehmen betrieben – vor allem auf dem Verkehrs-, Kommunikations- oder Energiesektor –, aber selten zum Zwecke der Kapitalakkumulation, sondern zum Ausgleich von Marktdefiziten. Es war ein Markenzeichen des Neoliberalismus, ihre Privatisierung zu fordern, und sie wurde ausgiebig betrieben – nicht nur in alten Kernökonomien wie Großbritannien, sondern auch in einer Reihe von Entwicklungs- und Schwellenländern, vor allem in Lateinamerika. Es bleibt jedenfalls eine offene Frage, ob das für den voranschreitenden Kapitalismus charakteristische Institutionengefüge eine so deutliche Unterscheidung von Staat, Wirtschaft und Zivilgesellschaft aufweisen wird, wie sie heute in der westlichen Welt existiert.

Ressourcenknappheit und Naturzerstörung

Die fortgesetzte Kapitalakkumulation wird nicht nur durch die innerökonomischen Probleme eingeschränkt, die in der Reproduktion der politisch-soziale Grundlagen des Kapitalismus entstehen, sondern auch durch die Zerstörung seiner »natürlichen« Umwelt. Kapitalismus beruht auf Rohstoffen, auf der Unterhaltung einer Bevölkerung und auf der Bereitschaft der in unterschiedlichen Gesellschaften lebenden Menschen, die von den Unternehmen betriebene Externalisierung der ökologischen Kosten auf die Allgemeinheit zu akzeptieren – sei es in Form von staatlichen Ausgaben oder von gesellschaftlich verteiltem menschlichen Leiden.

Der Umgang mit Umwelt- und Klimaproblemen wird erschwert durch unseren Begriff von »Natur«. Die Natur wurde lange – vor allem (aber nicht nur) in der westlichen Welt – als das Andere der Gesellschaft betrachtet, oft als ein Hindernis, das es zu überwinden gilt. Dadurch wird unsichtbar, wie sehr auch wir natürliche Geschöpfe sind und nur als ein Teil der Natur leben. Stärker mit dem Aufstieg und dem Aufblühen des Kapitalismus verbunden war die Auffassung von Natur im Sinne von *Ressourcen*. Für den Kapitalismus war die Natur dazu da, genutzt und ausgebeutet zu werden. Die Beispiele sind bekannt, von den Wäldern bis hin zum Wasser. Der globale Trinkwasserverbrauch, um nur das letztere aufgreifen, hat sich in der zweiten Hälfte des 20. Jahrhunderts verdreifacht (während sich die Bevölkerung verdoppelte). Durch den technischen Fortschritt können Bauern und andere Wasserverbraucher das Grundwasser aus größeren Tiefen abpumpen, was den Grundwasserspiegel senkt und die Aquifere austrocknen lässt. Der Bau von immer mehr und größeren Staudämmen hat elektrischen Strom erzeugt und Überschwemmungen verhindert, aber auch Menschen vertrieben, Dörfer versenkt und Fische getötet. Flüsse laufen buchstäblich leer, Seen verschwinden. Diese Probleme durch Kostenrechnungen bewältigen zu wollen, unterschätzt fast immer den Preis, den der heutige Verbrauch kommende Generationen bezahlen lässt.

Weil Natur im Sinne von Ressourcen immer begrenzt ist und der Kapitalismus als ein System fortwährender Expansion funktioniert, fördert er auch Bemühungen, die natürlichen Grenzen zu überschreiten. Die Verbindung von moderner Wissenschaft mit Wirtschaft und staatlicher Förderung war ungeheuer produktiv für neue Technologien. Dazu gehören technische Hilfsmittel zur Vermehrung von Naturressourcen, wie Verbesserungen in der Landwirtschaft, neue Materialien und neue

Formen der Energiegewinnung. Der Kapitalismus war auf diese Weise grundlegend für die gesteigerte Fähigkeit der Erhaltung menschlichen Lebens, indem er das »natürliche« Potential durch intensivierte Landwirtschaft auf der Basis von Düngemitteln, Mechanisierung, Drainage, Bewässerung und neuen, durch Forschungen entwickelten Nutzpflanzen ergänzt. Er brachte auch die wissenschaftliche Medizin hervor mit ihrem eigenen Spektrum neuer Technologien, von Medikamenten bis hin zu hochausgerüsteten Krankenhäusern. Diese haben das »natürliche« Leben verlängert und mehr Menschen ihr Leben voll ausleben lassen. Zu den neuen Technologien gehören auch Produktionsprozesse und Anlagen, die die Bedeutung lebendiger Arbeit bei der Herstellung neuer Waren grundlegend verändern und reduzieren. Ebenso Verkehrs- und Kommunikationstechnologien, die das Hindernis geographischer Entfernung überwinden, und andere Infrastrukturtechnologien, die ganz neue Formen städtischen Lebens ermöglichen. Zusammen mit enormen infrastrukturellen Investitionen brachten sie eine ungeheure Bevölkerungsexpansion, eine massive Verstädterung und einen gewaltigen Zuwachs an geographischer Mobilität.

Die neue Organisation gesellschaftlichen Lebens führt aber auch zu einem vermehrten Energiebedarf, der vor allem durch fossile Brennstoffe gedeckt wird – von der Kohle bis hin zum Erdöl –, aber auch durch Atomkraft und andere Energieträger. Neue Technologien haben die Nachfrage nach einer Reihe von Mineralien erhöht. Und die große Ausweitung menschlicher Lebensmöglichkeiten hängt nicht nur von knappen Rohstoffen ab, sie verursacht auch die Kosten einer großangelegten Umweltzerstörung, einschließlich des potentiell katastrophalen Klimawandels. Schon die Intensivierung der Landwirtschaft zum Zwecke gesteigerter Nahrungsmittelproduktion führt zu Bodenerosion und anderen Schäden. Neu entwickelte Materialien sind oft weniger biologisch abbaubar. Fossile Brennstoffe verschmutzen die Luft. Und ein breites Spektrum von Tätigkeiten, die sich mit dem kapitalistischen Wachstum ausweiten, fördern den Klimawandel. Das ist auch einer der Gründe dafür, warum es von Rio über Kioto bis Doha so schwierig war, zu einem internationalen Konsens über ernsthafte Maßnahmen zur Bekämpfung des Klimawandels zu kommen.

In einer Epoche der Finanzialisierung werden die Versuche einer Bewältigung der Umweltschäden zum Gegenstand geschäftlicher Transaktionen. Die Regulierung des CO_2-Ausstoßes ist dafür ein Musterbeispiel. Der »Emissionshandel« soll den Ausstoß begrenzen, gibt aber denen, deren Verschmutzungsleistung unter einem bestimmten Limit liegt, die Möglichkeit, ihre »Guthaben« an die Großverschmutzer zu verkaufen, die dadurch noch mehr ausstoßen können. Dass diese Systeme Zuspruch fanden, hängt mehr damit zusammen, dass sich Verschmutzungsrechte gewinnbringend zu Wertpapieren bündeln lassen, die von Investmentbankern gehandelt werden, als mit dem dadurch bewirkten Rückgang der Emissionen.

Das Ausmaß, in dem die Natur vernutzt oder irreparabel zerstört wird, ist ein Problem für die Zukunft des Kapitalismus (und für das Leben überhaupt). Es ist ein Problem, das über die Kategorien ökonomischen Denkens hinausgeht. Das liegt teilweise daran, dass der Preis natürlicher Ressourcen äußerst schwer zu beziffern ist (besonders unter dem Gesichtspunkt der Nachhaltigkeit). Es liegt auch daran, dass ein Denken, das Natur nur als Ressource begreift, zu einem stark eingeschränkten Verständnis der menschlichen Teilhabe an der Natur und unserer Abhängigkeit von der übrigen Natur führt.

Natur im Sinne begrenzter Ressourcen ist auch Gegenstand der Aneignung durch konkurrierende kapitalistische Organisationen und die dahinter stehenden Staaten. Die Politik und Ökonomie des Erdöls war dafür das Paradebeispiel seit hundert Jahren und besonders seit den 1970ern. Die nahe Zukunft wird aber geprägt sein durch neue Konkurrenzkämpfe um knappe Ressourcen, die das Kapital wie auch die Staaten und Gesellschaften vor Herausforderungen stellt. Energie ist grundlegend. Mineralien sind nötig für moderne Technologien. Wasser ist ein knappes Gut mit unsicherer Versorgung und häufig verschmutzt. Selbst Ackerland wird zum Gegenstand der Konkurrenz, wenn das trockene Saudi-Arabien und das dichtbevölkerte China um den Erwerb von Anbaurechten im fruchtbaren Afrika kämpfen.

Ressourcenkämpfe sind auch ein wichtiger Faktor unter den möglichen Auslösern geopolitischer Konflikte. Sie sind bereits grundlegend für eine Reihe zumeist kleinerer bewaffneter Kämpfe, die sich in der Grauzone zwischen Bürgerkriegen, zwischenstaatlichen Kriegen und kriminellen Aktivitäten bewegen. Auch ist die Sicherung von Rohstoffen – wie Erdöl oder einer Reihe von Mineralien – von zentraler Bedeutung für das Wachstum Chinas, das dadurch in Beziehungen zu entfernten Ländern verwickelt wird, darunter so instabilen, aber wichtigen wie den zwei Hälften des neuerdings geteilten Sudan, die ihr Öl größtenteils an China verkaufen. Die Ausfuhr von Rohstoffen ist wichtig für Russland und andere Teile der früheren Sowjetunion. Europa ist ein Hauptimporteur und war auch schon in Konflikte um Ressourcen verstrickt, von denen es abhängig ist. Der Iran ist eine unberechenbare Macht im Mittleren Osten, auch was seinen breiteren Einfluss auf muslimische Bevölkerungsgruppen angeht. Die Golfstaaten sind internationale Großinvestoren und wichtige Faktoren für die Sicherheit der Region. Wenn sie zunehmend instabil werden, dürfte dies weitreichende Auswirkungen haben. Nigeria, lange ein Musterbeispiel für die »Ressourcenfalle«, scheint auf einem erfolgreicheren, aber noch immer prekären Weg zu sein. Verschiedene lateinamerikanische Länder sind bedeutende Ölexporteure, manche von ihnen, wie Brasilien, auch Schwellenmächte. Die Vereinigten Staaten haben ihre Abhängigkeit von internationalen Energiequellen teilweise durch Investitionen während der Finanzkrise reduziert, unter anderem in die neuen Fracking-Technologien. Die Gewinnung von Öl und Gas aus Schiefergestein ist vielleicht das beste Beispiel einer möglichen technologischen Lösung für eine der großen Gefahren für die Zukunft der Kapitalakkumulation (mehr noch als »grüne« Technologien, die sich bisher als schwieriger aufskalierbar erwiesen im Verhältnis zum Energiebedarf). Die technologische Lösung schafft aber neue Umweltprobleme. Und der Kapitalismus bleibt tief verstrickt in die globale Rohstoff- und Energiepolitik. Die Liste einflussreicher Länder, die darin verwickelt sind, ließe sich fortsetzen. Das Energieproblem verbindet sich mit ideologischen Souveränitätsansprüchen im Streit um ostasiatische Inseln genauso wie in der Zentralasien-Politik, ja sogar in Großbritanniens postkolonialer Fehde mit Argentinien.

Energieressourcen dürften zu den wichtigsten Faktoren gehören, die gewalttätige Konflikte wahrscheinlicher machen. Sie sind aber nicht die einzigen. Wasser und nutzbare Böden sind vielleicht gleichermaßen knapp. Und über Ressourcen hinaus gibt es Spannungen in Bezug auf Religionsfragen, Migration, Grenzen und quasi-imperiale Gebietsansprüche – ganz zu schweigen von den Spannungen, die daraus entstehen, dass Nachbarn Waffen anhäufen oder nukleare Kapazitäten erwerben. Eine Vielzahl von Diktatoren und nichtstaatlichen Akteuren sind zusätzliche Quellen der Instabilität und potentielle Funken, an denen sich mögliche Konflikte entzünden. Und die tatsächlichen Konflikte der letzten zehn Jahre – besonders die Invasion im Irak und der sich fortschleppende Krieg in Afghanistan – haben die Spannungen verschärft und gleichzeitig die Fähigkeit der USA reduziert, ihre Hegemonialmacht um eine wirksame Befriedungspolitik zu ergänzen. Das alles lässt in Zukunft Kriege wahrscheinlicher werden und macht es auch wahrscheinlicher, dass sich kleinere oder regionale Scharmützel zu geopolitischen Konflikten auswachsen. Die 45 Jahre des Kalten Krieges erscheinen in vieler Hinsicht als ein Zwischenspiel in einer längeren Geschichte geopolitischer Konflikte und Umgruppierungen.

Der informelle Sektor und der illegale Kapitalismus

Finanzialisierung und Neoliberalismus haben eine Vielzahl von Institutionen geschwächt, die für die Stabilität des Kapitalismus in den wohlhabenderen Ländern wichtig sind. Dazu gehörten nicht nur Aufsichtsbehörden, sondern auch Gewerkschaften, ja sogar Unternehmen. Unternehmen, die nicht mehr als feste Rahmenbedingungen für Berufswege erscheinen, können nicht mehr für Krankenversicherungsansprüche, Renten und einen sicheren Arbeitsplatz sorgen; vielfach gibt es sie gar nicht mehr, weil ihr Betriebsvermögen auf den Kapitalmärkten veräußert wurde, bar aller Verpflichtungen gegenüber Beschäftigten, Gemeinden oder Geschäftspartnern. Gemeinschaften wurden durch Bevölkerungsbewegungen und Zerstörung ihrer wirtschaftlichen Grundlagen ausgehöhlt. Formelle Organisationen boten immer weniger ein soziales Netz für die Bürger und auch weniger Möglichkeiten. Der Übergang war kein solcher Schock wie die Institutionenkrise nach dem Zusammenbruch der

UdSSR, ging aber in dieselbe Richtung. Religiöse Institutionen sprangen nicht nur mit Wohltätigkeit, sondern mit einer Reihe sozialer Dienstleistungen ein, von Beschäftigungsmöglichkeiten bis hin zur Bürgerberatung. Und in allen OECD-Ländern entstanden lokale Zusammenhänge, die eine zum Teil bargeldlose Tauschwirtschaft organisierten.

Die Schwäche formeller Institutionen bedingt das Anwachsen des informellen Sektors. Der Begriff stammt aus den Versuchen (vor allem von Arthur Lewis und Keith Hart), Verhältnisse in der Dritten Welt zu beschreiben, in denen es auf nationaler Ebene noch keine formellen Institutionen gibt, so dass die offiziell registrierte Geldwirtschaft nur ein Teil der gesamten Wirtschaftstätigkeit ist. Der Rest, überlebensnotwendig für einen Großteil der Bevölkerung, umfasst in verschiedenen Kombinationen den Rückgriff auf »traditionale« Beziehungen, die unter neuen Bedingungen zu Unterstützungszusammenhängen werden, die Entwicklung von Alternativen für formelle Marktbeziehungen wie dem Tauschhandel und die Herstellung persönlicher Beziehungsnetze, in denen Geschäfte ohne gesetzliche oder steuerliche Regelungen getätigt werden. Manche der Aktivitäten dieses informellen Sektors können als kriminell gelten, andere nicht. Klar ist aber, auch wenn der Begriff aus Dritte-Welt-Studien herrührt, dass sich ein informeller Sektor immer mit dem Kapitalismus und mit dem Versuch der Nationalstaaten verband, zu dessen Unterstützung und Regelung rechtliche Rahmenbedingungen zu schaffen.

Der informelle Sektor hat sich in den letzten vierzig Jahren ungeheuer ausgeweitet. Er ist eine wichtige Dimension des wirtschaftlichen Lebens in reichen genauso wie armen Ländern, ein wichtiger Bestandteil dessen, wie die Menschen mit staatlicher Misswirtschaft umgehen (wie in den späteren Jahren von Kommunismus und formeller Planwirtschaft), und von zentraler Bedeutung für die Bewältigung einer schlechteren Versorgung mit öffentlichen Gütern (nicht zuletzt in postkommunistischen Übergangsländern, aber auch in kapitalistischen Ländern im Zeichen von Neoliberalismus und Austerität). Vieles davon wird auf Gemeinschaftsebene organisiert – kleine Tauschgeschäfte, Kooperativen, Geldgeschäfte unter Umgehung des Finanzamts und der Finanzindustrie. Der informelle Sektor ist keine bloße Brutstätte sozialer Probleme, er ist auch ein Brutkasten der Kreativität. Die Garagentüftler, auf denen der Mythos von Silicon Valley basiert, organisierten ihre entstehenden Unternehmen oft informell (jedenfalls in Zeiten, in denen Startkapital schwer aufzutreiben war). Ähnlich tun es heute angehende Unternehmer in Indien und Nigeria. Und Künstler oder Filmemacher tun es auch. Der informelle Sektor kann »alternativ« aussehen und manchmal erstaunlich bürgerlich. Seine dynamischen, attraktiven Unternehmen zahlen aber Steuern oder auch nicht, und seine Beschäftigten haben Krankenversicherungs- oder Rentenansprüche oder auch nicht.

Der informelle Sektor besteht nicht nur aus lokalen Gemeinschaftsbeziehungen und anderen Face-to-Face-Alternativen zu formellen Märkten und Institutionen. Er hat auch eine großräumige Dimension transnationaler kapitalistischer Strukturen, die zumindest teilweise außerhalb der Legalität operieren. Dazu gehören Geldwäsche oder Bank- und Investmentgeschäfte in sowohl vertraglicher als auch gewalttätiger Form. Dazu gehören Steuerflucht, Schmuggel und eine Reihe illegaler Geschäfte – mit Mineralien (Blutdiamanten oder Coltan), Waffen (vor allem Handfeuerwaffen, aber auch Panzern, Flugzeugen oder Raketen), Drogen oder Menschen. Dieser häufig illegale Kapitalismus ist oft stärker formell organisiert, als der Name »informeller Sektor« besagt, und seine Einkünfte und Kapitalanlagen gehen in die Billionen (auch wenn sie naturgemäß schwer zu beziffern sind).

Das schon beachtliche Geschäft mit Steuerflucht und illegalen Kapitalanlagen erhielt einen gewaltigen Schub durch die Art und Weise, wie in Russland der Kommunismus dem Kapitalismus wich. In sehr hohem Maße gehörte dazu der Diebstahl von Staatseigentum durch frühere Staatsvertreter und dessen Umwandlung in eine Mischung von kapitalistischen Unternehmen und organisiertem Verbrechen. Das ließ einen gewaltigen illegalen Handel entstehen und hat ungeheure Geldsummen in ein schon florierendes globales Geflecht illegaler Märkte gepumpt. Vielleicht eine Billion Dollar an unregistriertem Kapital ergoss sich aus Ländern wie Russland in Steueroasen wie Zypern oder die Kaiman-Inseln, um wiederum in Russland und in aller Welt in legale oder illegale Geschäfte reinvestiert zu werden.

Die Bedeutung von sowohl relativ lokaler informeller Wirtschaftstätigkeit als auch illegalem Kapitalismus im großen Stil offenbart die Defizite des formell registrierten kapitalistischen Wachstums. Zunächst einmal sorgt dieses Wachstum nicht für die nötige Verteilung, die das soziale Leben und die Reproduktion aufrechterhält. Der formelle Kapitalismus braucht den informellen Sektor, um die Grundbedingungen des Lebens in vielen Gesellschaften erhalten zu können – und damit den sozialen Frieden, der für den Wohlstand in den auf legitimen Märkten beruhenden Gesellschaftsbereichen notwendig ist. Ersteres betrifft vor allem diejenigen Teile kapitalistischer Gesellschaften, die am stärksten unter formellem Marktversagen leiden – zum Beispiel Slums, deren Bewohner zum Überleben größtenteils aufeinander und auf ein bescheidenes Kleinunternehmertum angewiesen sind, weil Großkapitalismus und Staat beide ineffektiv sind. Es gilt aber manchmal auch für größere Zusammenhänge, in denen Korruption nicht nur von persönlicher Gier, sondern auch von institutioneller Unterentwicklung zeugt.

Zweitens ziehen die gewaltigen Kapitalbeträge, die in den illegalen Welthandel abfließen, stillschweigend Mittel aus dem formellen Sektor ab und machen Märkte und Risiken weniger kalkulierbar. Natürlich kann Kapital aus dem illegalen Sektor auch in legitime Kapitalmärkte wandern und direkt (ob mit oder ohne illegitime Methoden wie Bestechung, Drohungen und Gewalt) in legitime Geschäfte investiert werden. Informalisierung und Korruption untergraben beide die nötige staatliche Regulation und verbinden legitime Geschäfte direkt mit illegitimen wie Drogen- oder Sexhandel.

Ein Großteil der globalen politischen Ökonomie ist in Formen organisiert, die über das »offizielle« Weltsystem der Nationalstaaten hinausgehen. Die Verfilzung von Staaten und Unternehmen, die verschiedenen Ebenen des organisierten Verbrechens, die politische Macht von Kartellen und Kriegsherren, die keine politischen Ämter bekleiden, die wirtschaftliche Macht halbautonomer Teile von Staaten, einschließlich Truppenverbänden, all das offenbart eine komplizierter gewordene Welt – die den uns bekannten Kapitalismus bedroht. Das gilt auch für die Herausforderung der Datensicherheit durch Wikileaks oder Hacker, Trojaner, Spear-Phishing und andere Methoden, die mal von Freelancern, mal von Staats wegen, mal gegen Unternehmen, mal gegen Staaten angewandt werden. All das ist Teil einer Transformation des Kapitalismus, die nicht durchweg historisch beispiellos ist, seine Zukunft aber ungewiss macht.

Schluss

Auch wenn es unwahrscheinlich ist, dass der Kapitalismus von heute auf morgen zusammenbricht, ist es nicht weniger unwahrscheinlich, dass er ewig weiterbesteht. Es ist voreilig, die Zukunft nur als lineare Fortschreibung der Gegenwart zu begreifen.

Der Kapitalismus könnte durch innere Widersprüche zugrunde gehen, zum Beispiel durch seine Krisenanfälligkeit und durch die verschärften Risiken, die in einem Großteil der Welt mit der einseitigen Finanzialisierung verbunden sind. Erstaunlich wenig wurde nach der Finanzkrise von 2008/2009 zur Verbesserung der Regulation oder der Marktstrukturen getan; die gleichen Firmen und Personen sind größtenteils immer noch tätig. Wir haben es nach wie vor mit denselben Risiken zu tun.

Genauso wichtig sind aber die Möglichkeiten einer Zerstörung von außen, sei es durch Umweltkatastrophen, Krankheiten, Kriege oder Rebellionen. Zerstört werden, etwa durch politische Akteure, könnten auch die infrastrukturellen Systeme, auf denen der Kapitalismus beruht, zum Beispiel die Kommunikationsnetze oder die Energieversorgung. Was bisher ein Prozess der immer stärkeren weltweiten Integration war, kann aus all diesen Gründen partiell zunichte gemacht werden. Die Bewältigung von zerstörerischen Einwirkungen kann auf lockerer verbundenen Systemen mit unterschiedlichen Widerstandspotentialen beruhen.

Der Kapitalismus könnte auch einen Niedergang erleben, ohne deshalb zusammenzubrechen, indem er einfach weniger wirtschaftliche Aktivität entwickelt als andere Systeme. Das Wachstum könnte zurückgehen. Das könnte weltweit geschehen oder, was wahrscheinlicher ist, je nach Land und Region in unterschiedlichem Maße. Die immer stärkere Integration der globalen Märkte, die der Kapitalismus vorantrieb, könnte verlangsamt oder durch unterschiedlich organisierte Systeme in unterschiedlichen Umfeldern revidiert werden. Der Kapitalismus könnte für manche dieser Systeme zentralere Bedeutung haben, in anderen stärker gehemmt oder marginal sein. Unternehmen, die im festen Verbund mit Staaten agieren, könnten die wirtschaftlichen Beziehungen straffer lenken und weniger Raum lassen für »freie« Märkte. Sie könnten stärker auf andere Ziele als die Kapitalakkumulation orientiert sein. Gesellschaftliche und politische Institutionen könnten stärkere oder schwächere Gegengewichte zum Kapitalismus bilden; der illegale Kapitalismus könnte sich auswachsen oder zurückgehen. Der Kapitalismus könnte also ein dynamischer Bestandteil der globalen politischen Ökonomie bleiben, aber weniger dominant sein. Oder es entwickelt sich eine ganz neue Wirtschaftsordnung.

Die aktuelle Krise ist nicht die erste, die der Kapitalismus nur deshalb überlebt hat, weil Staaten dazu bereit waren, einzugreifen und die enormen Kosten kapitalistischer »Auswüchse« zu übernehmen. Natürlich sind die Bürger, auf die diese externalisierten Kosten verteilt werden, oft unzufrieden. Die Staaten helfen aber nicht nur dem Kapitalismus, indem sie die von den Unternehmen externalisierten Kosten tragen, sie helfen auch den Bürgern, Risiken wie Krankheit oder Arbeitslosigkeit zu bewältigen. Bisher gibt es wenig Anzeichen dafür, dass Staaten, die Austeritätsmaßnahmen zur Rettung kapitalistischer Finanzinstitute durchsetzen, von sozialen Bewegungen umgestürzt werden könnten. Das erinnert uns aber daran, wie wichtig nicht nur die kapitalistische Krisenanfälligkeit, sondern auch die Wahrscheinlichkeit ist, dass der Kapitalismus durch die Zerstörung seiner politischen, gesellschaftlichen oder ökologischen Grundlagen ausgehöhlt wird.

Die Bewältigung institutioneller Defizite ist eine Hauptaufgabe. Natürlich können nicht nur Staaten diese Aufgabe übernehmen, sondern auch nichtstaatliche Organisationen – vor allem gemeinnützige, manchmal aber auch kapitalistische Unternehmen, die hinreichend stabil sind, um als soziale Institutionen für ihre Beschäftigten zu fungieren. Für viele wird der globale Kapitalismus heute auch abgefedert durch einen informellen Sektor, der Bevölkerungsgruppen unterstützt, die durch das Raster der bestehenden Institutionen fallen, der sich aber auch zu großangelegter Korruption auswächst. Ein gewaltiger illegaler Sektor verquickt Steuerflucht mit kriminellen Geschäften. Der informelle und der illegale Sektor stehen beide in einem Verhältnis wechselseitiger Abhängigkeit zum formellen und legitimen Kapitalismus. Sie untergraben aber die ihn tragenden Institutionen, einschließlich der Staaten.

Ob Staaten dazu imstande sind, weiter für die Bedingungen kapitalistischen Wachstums zu sorgen, ist eine ernsthafte Frage – in Teilen Europas nicht weniger als in jenen unterentwickelten Ländern, die man »fragile Staaten« nennt. Fiskalkrisen verbinden sich hier mit Sicherheitsfragen, infrastrukturelle und andere wachstumsorientierte Investitionen waren kaum möglich. Die Regulierung des globalen Finanzsektors und die Bewältigung ökologischer Herausforderungen verlangt nach wirklich umfassenden, transnationalen Governance-Strukturen, die aber erst zaghaft in Angriff genommen wurden. Der Zusammenhalt eines globalen Weltsystems beruht auf der Hegemonie und auf den überproportionalen Beiträgen bestimmter Mitglieder. Die Bereitschaft der Vereinigten Staaten, diese Lasten einseitig zu tragen, nimmt ab, ohne dass sich ein Ersatz oder eine multilaterale Alternative abzeichnen würde. Das Weltsystem könnte an Kohäsion verlieren zugunsten konkurrierender regionaler Strukturen – in denen der Kapitalismus mal mehr und mal weniger Bedeutung hat.

Der Kapitalismus trägt auch selbst zu manchen Zerstörungen bei, die seine Zukunft »von außen« bedrohen – wie vor allem Umweltzerstörung und Klimawandel. Es mag Möglichkeiten eines »grünen Wachstums« geben, die ihn erhalten könnten und auf die ökologische Herausforderung reagieren. Es kann aber auch Grenzen des Wachstums geben, die den Kapitalismus selbst problematisch und unhaltbar machen, denn er ist letztlich eine Wachstumsmaschine.

In Bezug auf jede dieser Herausforderung gilt es Maßnahmen zu ergreifen, die den Schaden ausgleichen könnten und die Gefahren einseitig kapitalistischer Entwicklung begrenzen. Sie könnten von kommerziellen oder gemeinnützigen Unternehmen genauso wie von Staaten kommen. Sie könnten von sozialen Bewegungen verfolgt werden – auch wenn bisher keine von ihnen dem Ausmaß der globalen Herausforderungen gerecht wurde. Der Kapitalismus jedenfalls kann nicht gedeihen, wenn nicht Institutionen umgestaltet, Beschäftigung wiederhergestellt und ökologische, gesundheitliche und andere Herausforderungen in Angriff genommen werden.

Der allgemeine, mehr oder minder gleichzeitige Zusammenbruch der kapitalistischen Märkte wäre eine Katastrophe, die nicht nur eine wirtschaftliche Umwälzung zur Folge hätte, sondern den Umsturz der politischen und gesellschaftlichen Institutionen. Er könnte durch Systemkrisen beschleunigt oder, was wahrscheinlicher ist, durch Gewalt oder ökologische Veränderungen herbeigeführt werden. Die Gefahr wird vergrößert durch die kapitalistische Externalisierung der Kosten und Schäden, die für die Umwelt entstehen, aber auch für potentiell stabilisierende Institutionen. Diskontinuierliche Veränderungen müssen aber nicht immer plötzlich oder katastrophal erfolgen.

Wie ich eingangs schon sagte, ist es mindestens genauso wahrscheinlich, dass sich der Kapitalismus von einer Generation zur anderen – vielleicht ganz unmerklich – transformiert. Vielleicht waren im feudalen Europa stärkere Staaten, bessere landwirtschaftliche Produktivität und religiöse Erneuerung allesamt Lösungen für bestimmte Probleme gewesen. Sie haben es auch verändert und auf Dauer in eine neue Zeit geführt. Das Aufkommen von staatlichem Risikomanagement, Wirtschaftsförderung und Aktiengesellschaften bot Lösungen für Probleme im Kapitalismus des mittleren 20. Jahrhunderts. Sie haben zu Veränderungen geführt, wenn auch in einer nach wie vor kapitalistischen Ordnung.

Diese kapitalistische Ordnung ist ein sehr umfassendes, hochkomplexes System. Die letzten vierzig Jahre haben die Institutionen, die den Kapitalismus relativ gut durch die Nachkriegszeit brachten, von Grund auf beschädigt. Sie wiederherstellen oder ersetzen zu wollen, wird das System verändern, genauso wie es neue Technologien und neue Geschäfts- oder Finanzpraktiken tun. Auch eine erfolgreiche Erneuerung des Kapitalismus wird ihn verändern – und mit ihm das moderne Weltsystem, in dem er vierhundert Jahre lang für Wachstum sorgte. Wenn nichts dazwischenkommt, wird er in dem Maße transformiert, wie das Wachstum weiter vorangetrieben wird von außerhalb seiner traditionellen westlichen Zentren. Das wird ihn mit anderen Geschichten, Kulturen und gesellschaftlichen Institutionen verbinden.

Die Frage ist, ob der Wandel dazu imstande sein wird, die Systemrisiken zu bewältigen und äußere Bedrohungen abzuwenden. Und wenn nicht, wird es dann eine allgemeine Zerstörung geben, bevor eine neue Ordnung entsteht?

Ein Weckruf an die Sozialwissenschaften

Gemeinsamer Schluss

Wo stimmen wir also überein und wo nicht? Gemeinsam ist uns der Versuch einer Einschätzung unserer heutigen Weltlage – einschließlich ihres geistig-politischen Klimas –, in der wir die blinden Flecken ausmachen und damit die Gefahren, die sich in der Zukunft zusammenbrauen. Diese Übereinstimmungen bilden den Hauptgegenstand unserer Abschlusserklärung. Wir verbergen aber auch nicht unsere theoretischen Differenzen, was unsere Deutung der Welt und ihrer Zukunftsaussichten betrifft. Als wir uns zu diesem Buch zusammenfanden, geschah dies zunächst in der Hoffnung, dass unsere Gemeinsamkeiten genauso wie unsere Differenzen zu einem umfassenden Bild und zu einer fruchtbaren Diskussion beitragen können. Die noch größere Hoffung war, das Interesse einer hinreichend großen Zahl von Lesern zu finden, um auch etwas bewirken zu können.

Wir sind uns einig, dass die Welt in eine stürmische und dunkle Geschichtsperiode eingetreten ist, die einige Jahrzehnte andauern wird. Historische Großwetterlagen brauchen ihre Zeit, bevor sie sich verändern oder verziehen. Die jüngste Große Rezession zwingt uns dazu, über die globalen Perspektiven gründlicher nachzudenken. Die zentrale Frage ist nicht, wie es um die Aussichten einer weiteren wirtschaftlichen und geopolitischen Vorherrschaft Nordamerikas steht oder wohin diese Vorherrschaft sich verlagern wird, sondern ob ein größerer Strukturwandel wahrscheinlich ist. Auch wenn wir in manchen Punkten der Prognose unterschiedlicher Meinung sind, besteht große Gemeinsamkeit in unserer soziologischen Betrachtungsweise. Wir alle argumentieren auf der Basis des gesammelten Wissens auf dem Gebiet der makrohistorischen Soziologie – der vergleichenden Untersuchung von Vergangenheit und

Gegenwart, die sich in der Tradition von Marx und Weber mit gesellschaftlichen Macht- und Konfliktstrukturen beschäftigt. Wir unterscheiden verschiedene Dimensionen von Kausalität und stimmen in vieler
Hinsicht darin überein, wie Kapitalismus, Politik, militärische Geopolitik und Ideologie funktionieren. Unsere Differenzen betreffen vor allem
die Überlagerungen unterschiedlicher Kausalitätsformen – die Frage, ob
ein bestimmter Bereich eine solche Dynamik entwickeln kann, dass er
sich über andere Kausalsphären hinwegsetzt, ob die multikausale Welt
stets ein hohes Maß an Unvorhersehbarkeit generiert und ob eine übergreifende Perspektive ein höheres System sichtbar macht, das alle Kausal-
bereiche in eine umfassendere historische Struktur einordnet.

In diesem Schlusskapitel entwerfen wir zunächst die Umrisse einer
makrosoziologischen Beschreibung der heutigen Globalisierung, ihrer
Ursprünge und ihrer möglichen Zukunft. Der zweite Teil beschäftigt sich
mit der Sozialwissenschaft in ihrem jetzigen, größtenteils blockierten Zu-
stand und ihren Möglichkeiten, in unmittelbarer Zukunft von größerem
Nutzen zu sein. Wir wollen also an dieser Stelle das entwerfen, was wir
für ein realistischeres Bild der Welt und der Formen halten, uns mit ihr
auseinanderzusetzen.

Die Herstellung unserer Gegenwart

Die (bislang) westliche Große Rezession bezeichnet das Ende der mit-
telfristigen historischen Phase, die vor etwa vierzig Jahren mit der Krise
der 1970er Jahre begann. Diese jüngste Periode hat einige Verwirrung
gestiftet, wie die Vielzahl ihrer Pseudonyme als einer neoliberalen, postindustriellen, postfordistischen, Post-Kalten-Kriegs-, postmodernen oder
postkonsumistischen Epoche belegt. Seit Ende der 1980er Jahre ist »Globalisierung« zum modischen Oberbegriff für die heutige Weltlage geworden. All diese Bezeichnungen scheinen uns problematisch. Die Globalisierung wird als der historische Ursprung all dessen betrachtet, was in
Wirklichkeit die geoökonomischen Konsequenzen der 1970er-Krise und
der nachfolgenden Veränderungen in der weltweiten Allokation der Pro-

duktionsprozesse waren – oder dessen, einfacher gesagt, was man Standortverlagerung nennt. Diese Benennungsprobleme haben aber damit zu tun, dass die jetzige Phase in der historischen Langzeitentwicklung des Kapitalismus nichts Zusammenhängendes oder wirklich Neues war. Selbst die Einführung des Internet hat nur, wie Randall Collins bemerkt, die alten Probleme der Verdrängung von menschlicher Arbeit und Existenzsicherung durch Maschinen wiederbelebt. Die Grundlage, auf der die Periode von den 1970er bis zu den 2000er Jahren beruht, war nicht das Aufkommen neuer gestaltender Kräfte, sondern die Auflösung der alten. Wir denken vor allem an die Erschöpfung oder Auslöschung der drei Hauptströmungen der Alten Linken – des sozialdemokratischen und liberalen Reformismus der »Ersten Welt« westlicher Kernländer, der revolutionären kommunistischen Industrialisierungsdiktaturen der »Zweiten Welt« und der nationalen Volksbefreiungsbewegungen der »Dritten Welt«.

Die früheren Triumphe der Alten Linken verdankten sich direkt den geopolitischen Umwälzungen des 20. Jahrhunderts – nicht dem abstrakten Gang des Fortschritts oder dem zunehmenden Klassenbewusstsein, sondern den schrecklichen Erfahrungen der Weltkriege und den Mobilmachungen an der Heimatfront, die den Menschen – weißen wie nichtweißen, Männern wie Frauen – neue Möglichkeiten boten. In diesem Buch zeichnen Immanuel Wallerstein und Michael Mann, jeder auf seine Weise, die Grundzüge dieser Transformation innerhalb des Kapitalismus nach, während Georgi Derluguian genauer zeigt, was den Aufstieg der kommunistischen Staaten ermöglicht hat und welche Prozesse und Kräfte die so unterschiedlichen Formen dessen hervorbrachten, was aus ihnen geworden ist.

Die zwei Weltkriege haben den langfristigen Trend zu extensiveren und invasiveren modernen Staaten ungeheuer verstärkt. Nach 1917 waren plötzlich linke Kräfte in vielen Ländern dazu imstande, den Staatsapparat der Kriegszeit zu übernehmen und seine Möglichkeiten der Industrialisierung und gesellschaftlichen Umverteilung für ihre eigenen Zwecke zu nutzen. Die Weltwirtschaftskrise der 1930er Jahre eröffnete politische Möglichkeiten, mit denen die Linken – aber auch die Faschisten – die verbliebenen Monarchien und liberalen Oligarchien mit ihren Kolonial-

reichen aus dem 19. Jahrhundert empfindlich diskreditieren und demon-
tieren konnten. Der Kalte Krieg stabilisierte nach 1945 jahrzehntelang
die Resultate dieser epochalen Transformation. Dieser Kalte Krieg (ein
weiteres Pseudonym, das in Wahrheit den »Kalten Frieden« aller möglichen Waffenstillstände und damit verbundener diplomatischer Abspra-
chen benennt) institutionalisierte den inneren reformistischen Kompromiss und Wohlfahrtspakt in den westlichen Demokratien und bannte
das im Westen lange umgehende Schreckgespenst der Revolution. Er sicherte die friedliche Koexistenz mit dem Sowjetblock und bannte damit
zugleich das alte westliche Gespenst des Krieges. Indem er die internationale politische Patronage und Wirtschaftshilfe auf die früheren Kolonien
ausdehnte, verwandelte der Kalte Krieg auch das Gespenst der Revolte
von Kolonialvölkern gegen die Herrschaft der Weißen in die optimistischen, kooperativen Erwartungen weltweiter Modernisierung. Das waren die guten Zeiten der großzügigen Entlohnungen für die Prüfungen
und Opfer der Kriegsjahre.

Die guten Zeiten waren in den 1970er Jahren plötzlich vorbei. Craig
Calhoun erinnert uns daran, dass der nachfolgende politische Übergang
nicht von der wiedererstarkten Rechten ausging. Es war die jugendliche
Neue Linke, die zuerst die Kompromisse des Kalten Krieges mit der Forderung nach noch besseren Zeiten, aber ohne offizielle Heuchelei und
bürokratische Erstarrung in Frage stellte. Die damals herrschenden Kreise wiesen in der Tat überall – in West, Ost und Süd – viele Zeichen
von Bürokratisierung und Despotie unter der Maske heuchlerischer Verlautbarungen auf. Wichtig war aber, dass dieses vielgeschmähte Establishment der 1970er Jahre Spätstadien der unterschiedlichen politischen
Systeme repräsentierte, die aus den sozialreformistischen, antikolonialen
oder revolutionären Modernisierungsbewegungen der heroischen Vore-
poche hervorgingen. Bei allen lautstark bekundeten ideologischen Differenzen verließ sich die staatliche Kriegsgeneration auf das, was die Amerikaner das Dreieck von Big Government, Big Unions und Big Business
nennen (oder auf dessen funktionale Äquivalente in den sowjetischen
Industrieministerien und Nationalrepubliken). All diese politischen und
ökonomischen Verhältnisse bezogen ihre Macht und Legitimität aus den
Massenversorgungseinrichtungen des modernen Bildungs-, Wohnungs-,

Gesundheits- und Sozialwesens, aus lebenslangen Beschäftigungsverhältnissen und nicht zuletzt aus bequemen Mittelschichtkarrieren in den Verwaltungs-, Militär- und Berufshierarchien.

Natürlich fühlten sich viele machtlose Gruppen und Bevölkerungsteile in verschiedenen Ländern von diesem verwalteten Wohlstand ausgeschlossen. Es waren für gewöhnlich die ethnischen, religiösen, migrantischen und geschlechtlichen Minderheiten in den entwickelten Ländern, die nichtrussischen und subproletarischen Teile in der Sowjetunion und die Massen ländlicher Neuankömmlinge in den wuchernden Wellblechsiedlungen der Dritten Welt. Diese marginalisierten Gruppen konnten aber kaum eine politische Stimme erheben. Das änderte sich in den 1960er Jahren, als militante Studenten und intellektuelle Dissidenten darangingen, Methoden politischer Organisation zu verbreiten, zusammen mit den Ideologien und Parolen der Rebellion gegen »das System«.

Die systemkritischen Bewegungen gewannen an Boden, wo immer sie sich (oft ohne sich dessen vollständig bewusst zu sein) in latente Konflikte einschalten konnten, die aus vielen Faktoren entstanden – wirtschaftlichen Rezessionen, demographischen Übergängen, der wechselnden sozialen Geographie von Stadtvierteln, verdrängten ethnischen Erinnerungsformen, ja sogar der sektiererisch-religiösen Leidenschaften der von modernistischen Städte-, Wirtschafts- und Regionalplanern marginalisierten Teile regionaler Eliten. Diese antiautoritären Rebellionen, die das historische Revolutionsmodell von Grund auf veränderten, waren diffus, vorzugsweise gewaltlos und auf Forderungen nach größerer Freiheit vor bürokratischer Bevormundung und nach Anerkennung aller möglichen Statusgruppen orientiert (dem, was man heute Identitätspolitik nennt). Das bedeutete eine Abkehr von den marxistischen Begriffen der ökonomischen Klassenbasis sozialer Kämpfe. Was den disparaten Protesten der 1960er Jahre den Anschein einer Gemeinsamkeit gab, war die Allgegenwart des bürokratischen Establishments, dessen Kreise oft einem paternalistischen Big Boss unterstanden. Eine Zeitlang führten diese Verhältnisse zu den stark polarisierten »Wir gegen die«-Konfrontationen, die auf öffentlichen Plätzen und in einem spektakulären Rahmen stattfanden. Man erinnere sich an die Ereignisse von 1968 im Westen, an die gewaltigen Protestmärsche der Jahre 1978/1979 gegen den Schah im

Iran, an die Streiks von 1980 in Polen, an die Versammlungen von 1989 im gesamten Sowjetblock oder an die Erhebung von 2011 gegen den Big Boss in Ägypten.

Die Teilnehmer und Kommentatoren dieser überschäumenden Ereignisse und die mit ihnen sympathisierenden Wissenschaftler konzentrierten sich vor allem auf die aufständische Seite, auf der sich alle Energien und Hoffnungen fanden. Die damaligen Analysen übersahen jedoch oder hielten es für selbstverständlich, was die bekämpften Herrschenden taten – oder in Wirklichkeit ließen. In den meisten Fällen zeigten sich die bürokratischen Machteliten merkwürdig unentschlossen gegenüber dem Einsatz umfassender Repressionsgewalt. Das ist einigermaßen verblüffend. Natürlich verfügten die »Kapitalistenschweine« genauso wie die »kommunistischen Apparatschiks« über die nötigen Mittel und Leute, um aufrührerische Zivilisten im Stil der totalitären Zwischenkriegsjahre niederknüppeln. Schlimme Ausnahmen gab es in den stürmischen Jahren nach 1968 noch immer genug. Vergessen wir nicht die kurzen Rückfälle in den europäischen Faschismus in Spanien, Griechenland und der Türkei, die Diktaturen in Lateinamerika, die südafrikanische Apartheid, die Staatsstreiche und »Ausnahmezustände« in den arabischen Ländern und die innenpolitische Gewalt in sowohl kommunistischen als auch antikommunistischen ostasiatischen Ländern wie dem maoistischen China oder dem Südkorea der Militärherrschaft. Die unmittelbaren Ursachen für die Entfesselung staatlicher Gewalt gegen studentischen Protest waren lokaler Natur und von Fall zu Fall unterschiedlich. Repression trat aber für gewöhnlich in entlegeneren Weltregionen und semiperipheren Ländern auf, wo die Staaten innenpolitisch schwächer und oft neu konstituiert waren.

Dieser Gegensatz in den staatlichen Reaktionen auf Proteste enthält eine wichtige theoretische Einsicht. Im Westen und im sowjetischen Block – nicht aber in Lateinamerika, Mittelost oder Ostasien – hatte sich das politische Establishment in den 1970ern völlig bürokratisiert. Seine Institutionen und Regierungsmannschaften waren in den gewaltigen Kriegsanstrengungen des 20. Jahrhunderts geformt und im prekären Gleichgewicht des Kalten Kriegs diszipliniert worden. Ihre führenden Mitglieder verband noch die Erinnerung an die Episode mit den faschistischen Paramilitärs der europäischen Zwischenkriegszeit, an die stalinistischen Säuberungen oder an die im Amerika des 20. Jahrhunderts immer wieder auflodernde Gewalt der Rassen- und Arbeitskämpfe. Vielleicht bot die überwiegend friedliche und zivile Strategie der Neuen Linken, in ihrem Gegensatz zu den revolutionären Milizen der Alten Linken, den staatlichen Sicherheitsorganen keine eindeutigen Angriffsflächen. Vielleicht entwickelten die in hochinstitutionalisierten Umfeldern eingerichteten Politiker und Bürokraten eine konfliktscheue Haltung. Jedenfalls setzten »postmachiavellistische« Herrscher auf die bürokratische Grundtaktik des Aussitzens. Und das vermittelt eine wichtige, ja hoffnungsvolle Einsicht. Vorausgreifend könnten wir sagen, dass das Studium der Voraussetzungen von Gewaltmaßnahmen und ihrer Vermeidung in modernen bürokratischen Staaten für die Sozialwissenschaften vorrangige Bedeutung haben muss, wenn es um die Antizipation großer Krisen und möglicher Revolutionen geht.

In den 1970er und 1980er Jahren lieferte die herrschende Politik des Aussitzens und Ausweichens eine Notlösung, die bis vor kurzem funktionierte. Die Bewegungen der Neuen Linken flackerten auf und verglimmten wie Strohfeuer. Der Schaden war aber immens, besonders auf lange Sicht. Die Regierenden, diskreditiert und zeitweilig desorientiert, rückten ab von ihrem früheren Engagement für Modernisierung, Vollbeschäftigung und Sozialpolitik. Im Westen verfügten die politischen Systeme über die nötige Stärke und über die Mittel, dies auf kontrollierte Weise zu tun. Man sprach von einem neuen Zeitalter des Postindustrialismus, der Flexibilität und der Globalisierung. Im Ostblock geriet der Prozess außer Kontrolle, was bei den politischen und wirtschaftlichen Eliten zu panischen Reaktionen führte. Das Ergebnis war staatlicher Zerfall und eine gewaltige Ausplünderung. Die dissidente Neue Linke feierte ihren Pyrrhussieg über den Kommunismus. Anders jedoch als die Alte Linke, die eine organisierte (genauer gesagt: bürokratisch organisierte) Kraft war, vermochten sich die aufständischen Kräfte dieser neuen Generation nicht in den nötigen Institutionen und Politikformen auszudrücken, um die am Boden liegende Macht übernehmen zu können. Auch zerstörte die nachfolgende Entindustrialisierung zusammen mit scharfen Einschnitten im Bildungs-, Kultur- und Sozialbereich das Vertrauen der

Bevölkerung, was dieser neuen Generation systemkritischer Aufständischer den Boden entzog.

Währenddessen entstand auf der Rechten eine andere Art Volksbewegung. Die Neue Rechte übernahm von der ausgebrannten Neuen Linken viele Strategien und auch frühere Aktivisten. Diese Wende markierte das Ende einer langen Periode der Klassenpolitik mit ihren bekannten Symbolen, Strategien und Verhandlungsritualen. Die politische Reaktion hisste die Farben der Identität, die in die Politik eine schreckliche Emotionalisierung einführten – Identitätsfragen sind letztlich kompromisslos und nicht verhandelbar. Die Neue Rechte agierte in zwei Varianten, auch wenn sie in der Praxis oft zusammengingen: dem ethnopatriotischen oder patriotisch-religiösen Fundamentalismus und dem freiheitlichen Marktfundamentalismus. Beide riefen auf zur Verteidigung von Grundwerten, oder was auch immer als identitätsstiftende Grundlagen ihrer Gesellschaften reklamiert wurde. Man beachte, dass der Zorn beider Fundamentalismen auf die staatliche Bürokratie zielte, die ihnen zu säkular, zu abgehoben, zu undurchsichtig und zu besteuernd war. Es sagt einiges aus über christliche, muslimische, jüdische, buddhistische, hinduistische und andere moderne Fundamentalismen, dass ihre Vorurteile und Phobien praktisch überall mit dem Lob des Kleinbetriebs, des Kleinstadtlebens und der patriarchalen Familie verbunden waren.

Die Linke verschwand überall in der Versenkung und überließ ihren Platz im popularen Denken der Apathie oder der fundamentalistischen Empörung. Diese Wende in der Massenpolitik öffnete die Tür für konservative Teile der westlichen kapitalistischen Eliten. Der Neoliberalismus, ein weiteres Pseudonym, ging aus dem alten Credo moderner Kapitalisten hervor, dass es letztlich zum Nutzen aller sei, wenn sie beim Streben nach Gewinn und bei dessen Verwendung alles tun dürfen, was sie für richtig halten. Der globale Fortschritt, die vermeintlichen Gesetze der menschlichen Natur und die höhere Vernunft sind nur die geistigen Grundlagen des 19. Jahrhunderts, auf denen diese Überzeugung basiert. Der Fundamentalismus der neoliberalen Bewegung kommt auch darin zum Ausdruck, dass Kapitalismus nur die reine Form des unregulierten Marktes sein darf – genauso wie die wirkliche Religion für religiöse Fundamentalisten nur ihre eigene Überzeugung sein kann. Die

Geschichte zeigt aber, dass sich der Idealtypus des freien Marktes empirisch nie antreffen lässt; er ist eine ideologische Vorstellung. Mit Braudel und Schumpeter können wir feststellen, dass nachhaltige Gewinne ein gewisses Maß an Marktmonopolismus und staatlichem Protektionismus verlangen. Hegemoniale Monopolmacht war es in Wirklichkeit, die um die Wende zum 21. Jahrhundert die neue politische Macht und Finanzkraft der Vereinigten Staaten befördert hat. Michael Mann und Immanuel Wallerstein wandten sich damals öffentlich gegen das Projekt eines amerikanischen Weltreichs und brachten theoretische Argumente gegen seine Realisierbarkeit vor.[1] Dass diese Prognosen der Realität entsprachen, ist heute hinreichend belegt.

Die vierzigjährige Periode, die jetzt zu Ende geht, zerfällt in zwei etwa gleichlange Teile. Die 1970er und 1980er Jahre waren von der Krise und dem Zusammenbruch der linken Projekte des 20. Jahrhunderts und der politisch-ökonomischen Strukturen des nationalstaatlichen Entwicklungsmodells geprägt. In den nachfolgenden zwei Jahrzehnten, abgesteckt durch die symbolischen Daten 1989 und 2008, fand sich die Macht Nordamerikas befreit vom äußeren Druck des Kalten Krieges und von den inneren Zwängen des Sozialkompromisses. Das boomende Geschäft neokonservativer Leitartikel propagierte einen hemdsärmligen Glauben an die Rückkehr zur kapitalistischen Normalität, die als neue, grenzenlose Epoche der Globalisierung dargestellt wurde. Der Nach-1989er Triumphalismus bezog sich faktisch auf eine Normalität, wie sie vor 1914 erlebt worden war (und nicht in den 1950er Jahren, die zwar oft konservativ, aber von immer stärkeren Staaten geprägt waren). Damals, in einer Zeit unreifer linker Bewegungen und eroberter nichtwestlicher Völker, konnten die Kapitalisten größtenteils uneingeschränkt von nationalstaatlichen Forderungen oder sozialpolitischen Rücksichten agieren, und zwar erstmals in einem wirklich globalen Rahmen, vereinheitlicht durch neue Verkehrstechnologien und gesichert durch die militärisch-politischen Strukturen der Kolonialherrschaft.

---

1 Michael Mann, *Die ohnmächtige Supermacht,* übers. v. Thomas Atzert, Frankfurt/ New York 2003; Immanuel Wallerstein, *Absturz oder Sinkflug des Adlers? Der Niedergang der amerikanischen Macht,* übers. v. Britta Dutke, Hamburg 2004.

Die Aussichten der Globalisierung des 21. Jahrhunderts erschienen ihren Lobrednern noch glänzender. Die amerikanische Hegemonie hielt jetzt die imperialistischen Rivalitäten in Schach, die 1914 der damaligen Globalisierung ein Ende gemacht hatten. Die Auslagerung arbeitsintensiver Produktion aus dem Zentrum der Weltökonomie in billigere »Schwellen«-Regionen scherte sich nicht um nationalen Arbeits- oder Umweltschutz und zwang die Staaten und ihre Bürger zu »globaler Wettbewerbsfähigkeit«. Der Abbau staatlicher Regulation gab den führenden kapitalistischen Gruppen die Möglichkeit, sich auf das Einstreichen von Superprofiten aus den diabolischen Spielen des Finanzsystems zu verlegen. Selbst revolutionäre Volksaufstände mutierten in einer paradoxen Wiederkehr des Liberalismus des 19. Jahrhunderts von der Nemesis des Kapitalismus zu dessen demokratischer Propagierung in einstmals geschlossenen Ländern. Gefördert wurde die prokapitalistische Demokratisierung durch einen Schwarm nichtstaatlicher Organisationen, die sich begeistert in die Rolle globaler Endzeitmissionare begaben. An die Stelle des politisch und finanziell belastenden Kolonialismus von gestern trat in der jüngsten Epoche der Globalisierung die indirekte Kontrolle durch die mächtigen Kreditinstitutionen und das globale Netz der US-Militärbasen, zusammen mit der sanfteren Macht internationaler Berater, globaler Massenmedien und gemeinsamer Normen, die peripheren Nachwuchseliten von amerikanischen Universitäten durch prestigeträchtige Abschlüsse in Business und Government Administration eingepflanzt wurden. Hinzufügen sollten wir dieser Liste disziplinierender Institutionen die illegalen Möglichkeiten der Geldwäsche im globalen Archipel staatlicher Mikrokosmen, die als Steuerparadiese fungieren. Die wenigen verbleibenden »Schurkenstaaten« konnten auf der Achse des Bösen eine ideologisch nützliche Funktion als abschreckendes Beispiel ausüben.

Diese glänzenden Zukunftspläne kollidierten mit den strukturellen Realitäten des Weltsystems, das sich während des 20. Jahrhunderts von Grund auf verändert hatte. Es konnte keine Rückkehr zur imperialen Normalität der Epoche vor 1914 geben. Auch die für die moderne Zeit beispiellose Konzentration militärischer Stärke in einer einzigen Supermacht erfüllte nicht ihre geopolitischen Zwecke. Die grausamen Zwangspraktiken früherer Imperien mussten in unseren Tagen auf uns zurückschlagen. Vielleicht kamen die amerikanischen Gefängniswärter von Abu Ghraib nicht an die Gestapomethoden oder an die Praktiken von Saddams eigenen Folterknechten heran. Trotzdem riefen diese schändlichen Bilder einen Sturm nationalistischer Empörung im ganzen Mittleren Osten und Abscheu in der westlichen Welt hervor. Zusammen mit der Nach-68er-Aversion westlicher Gesellschaften gegenüber eigenen militärischen Opfern erlegten solche Episoden dem Einsatz von Gewalt politische Einschränkungen auf. Hinzu kommen die bloßen materiellen Kosten logistischer Überdehnung, die in der Epoche militärischer Hochtechnologie nicht zurückgingen, sondern steigen – Amerikas außenpolitische Feldzüge sind äußerst kostspielig geworden und politisch nicht mehr zu gewinnen.

Immanuel Wallerstein sieht noch eine andere Art von Zwängen für die US-Hegemonie und ihre neokonservative Globalisierung. Obwohl ständig von Steuersenkungen und schlankerem Staat die Rede ist, blieben die tatsächlichen Steuerlasten praktisch überall auf etwa demselben historisch hohen Niveau. Aber wie verträgt sich dies mit den Beschwörungen von Haushaltskrisen, Einsparungen im öffentlichen Dienst, sinkenden Renten und empfindlichen Finanzlücken im Sozial- und Bildungswesen? Hinter dieser Paradoxie entdecken wir die Realität fortgesetzter Umverteilung von Überschüssen auf offiziellen wie auch inoffiziellen Wegen. Die Umverteilung erfolgt in den USA inzwischen von unten nach oben, hin zu den Einwohnern stärkerer Bundesstaaten und vor allem zu den Eliten, die politische und finanzielle Entscheidungen treffen. Das Ergebnis war eine ungeheure Akkumulation von Reichtum in den Händen einer neuen Oligarchie. Es war relativ einfach zu sehen, wie sie es machten. Die Einschnitte in der sozialen Umverteilung (im weiten Sinne, auch für Konjunktur- und Beschäftigungspolitik) setzten die immer noch durch die gigantische Staatsmaschinerie fließenden Geldströme frei und lenkten sie in die Kanäle der Finanzoligarchien. Das konnte die skandalöse Form von Staatsbürgschaften annehmen, zur Rettung angeblich systemrelevanter Unternehmen, war aber vor allem die unablässige Kreditvergabe, die in den vergangenen Jahrzehnten ausgiebig dazu genutzt wurde, Haushaltslöcher von Bundesstaaten und einzelnen Familien zu stopfen.

Da liegt das Problem. Dass Staaten und Familien mit umfangreichen Krediten versorgt werden mussten, ist nicht nur schändlich (ja, veranlasst durch Gier und Schuldversklavung), es ist auch systemrelevant. Der Kapitalismus war in fernerer Vergangenheit ein Elitenunternehmen, notwendig für den märchenhaften Konsum der höheren Klassen und für die von den Staaten begonnenen kostspieligen Kriege. Im 20. Jahrhundert verlegte er sich um der massenhaften Nachfrage wie auch der politischen Legitimität willen auf den Massenkonsum. Auch setzte ihm das Eintreten der Bevölkerung in die Politik und das Bauen auf den Staat gewisse Grenzen, damit das Elend nicht auf ihn zurückschlug. Das war der sogenannte »Sperrklinkeneffekt«, der in der modernen Gesellschaft die historische Tendenz zunehmender Staatsfunktionen bewirkte.

Die Demokratisierung war eine reale, wenn nicht unausweichliche Tendenz der letzten zweihundert Jahre. Sie hat zur Folge, dass eine große Zahl von Menschen auch bei größtmöglicher Loyalität gegenüber der bestehenden Ordnung im Laufe ihres Lebens drei Dinge erwartet: eine langjährige Bildung, eine feste, gutbezahlte Beschäftigung und eine Altersversorgung. Hinzufügen ließe sich dieser Liste von Erwartungen ein Dach über dem Kopf, und auch die Versorgung mit Wohnraum war kostspielig. Die Tendenz zum eigenen Heim hat amerikanischen Hausbesitzern in den letzten Jahrzehnten finanzielle Belastungen auferlegt, die sie zu kleinen Kapitalisten machten, mit dem entsprechenden Wahlverhalten. Sie führte aber zwangsläufig zu einer Hypothekenblase, während sie jüngeren Generationen die Aussicht auf Wohneigentum buchstäblich verbaute. Im Jahre 2008 hat der Zusammenbruch der Immobilienmärkte in zahlreichen Ländern diesen Widerspruch unhaltbar gemacht.

Die Staaten wiederum benötigten qualifizierte und gesunde Bürger als Arbeitskräfte, ehrliche Steuerzahler und patriotische Rekruten. Im Laufe der Zeit mussten diese historischen Trends zwangsläufig Druck auf die privaten Gewinne ausüben. Die westlichen Kapitalisten reagierten mit ihrer eigenen Rebellion. Der neue Marktkonservatismus wurde zu ihrer ideologischen Plattform, die Globalisierung der Märkte zu ihrem strategischen Rammbock. Nach der politisch-ökonomischen Ideologie der Neuen Rechten sollte es durch Deregulation und Austeritätspolitik den Kapitalisten überlassen bleiben, die wirtschaftlichen Umwälzungen der 1970er Jahre, die nie wirklich abgeklungen waren, mit ihren eigenen Mitteln zu bewältigen. Globalisierung hieß zuerst und vor allem Flucht des Großkapitals über die regulierten Grenzen der Nationalstaaten. Kapitalflucht und sinkende Steuereinnahmen stellten die meisten Regierungen vor die Wahl zwischen drei unguten Alternativen: Geld zu drucken, Schulden zu machen oder durch direkte Polizeigewalt und langsame wirtschaftliche Erstickung Repression auszuüben. Jede der drei Alternativen war mit ihren eigenen Problemen verbunden. Selbst die Unterdrückung der Armen, Randgruppen und Rebellischen kostete eine Menge Geld, um die Loyalität ihrer Befürworter und vor allem der sie faktisch Ausübenden zu sichern. Woher aber sollten die Staaten das Geld nehmen, wenn schon so große Teile ihrer Finanzen an oligarchische Interessen vergeben waren?

Das waren die politischen und wirtschaftlichen Rahmenbedingungen der letzten Jahrzehnte. Über kurz oder lang mussten sich diese Probleme verschärfen. Wallersteins Theorie der Selbstbegrenzung kapitalistischen Wachstums trifft sich hier mit Michael Manns These von den heutigen Grenzen geopolitischer Ausdehnung. Ohne eine organisierte und wirksame Opposition kann die einseitige Akkumulation von Finanzmitteln exorbitante Ausmaße annehmen. Genauso wie sich aber das militärische Monopol der Vereinigten Staaten nie zur Erreichung ihrer imperialen Ziele voll ausspielen ließ, musste an einem bestimmten Punkt auch das Finanzmonopol wie ein Kartenhaus zusammenfallen. Die akkumulierten Summen von nominellem Geld waren nicht produktiv zu verwenden und erwiesen sich als fiktiv.

Dieses Gesamtbild bezieht sich vor allem auf den Westen und den früheren Ostblock. Würde es sich erheblich verändern, wenn wir die übrige Welt mit hineinnehmen? Natürlich fällt das chinesische Wirtschaftswunder aus dem Rahmen. Die Älteren von uns werden sich aber noch an Zeiten erinnern, in denen Experten allgemein abwinkten, wenn es um die Aussichten der wirtschaftlichen Entwicklung Ostasiens ging. Ihre aufgehenden Sterne waren die Philippinen, der Iran des Schah oder Nigeria und der Senegal mit ihren westlichen Institutionen, ihrer modernen Infrastruktur, ihren großen Binnenmärkten, gebildeten Technokraten und Mittelschichten. Dagegen würde es in den befestigten »Garnisonsstaaten« Südkorea und Taiwan oder in den verbliebenen Freihafenkolonien Hongkong und Singapur praktisch an allem fehlen – an nationaler Souveränität, Mittelschichten, Rohstoffen, moderner Bildung. Die ostasiatischen Staaten erschienen den damaligen Experten als belastet durch Übervölkerung, Flüchtlingselend, chronische Vetternwirtschaft, Korruption und andere vermeintlich starre asiatische Traditionen. Das kommunistische China mit seinen fanatischen Guerillakämpfern und maoistischen Wahnsinnsexperimenten wurde völlig abgeschrieben, fast wie heute Nordkorea. Ironischerweise wurden später dieselben Faktoren als Standarderklärungen für die Erfolgsgeschichte Ostasiens angeführt – sein Überfluss an billiger Arbeit, die schwachen Binnenmärkte mit ihren vielversprechenden Exportmöglichkeiten, das Glück, keine »Ressourcenfalle« wie Erdöl zu haben, und darüber hinaus die gleichen asiatischen Werte von Disziplin, Fleiß, Gehorsam und gemeinschaftlicher Solidarität. Selbst der autoritäre Charakter dieser Regime wurde nun als stabilisierend, anpassungsfähig und sogar zukunftsträchtig statt als verfilzt und korrupt angesehen.

Randall Collins verwies in seinen früheren Forschungen auf die einheimischen mittelalterlichen Traditionen des ostasiatischen Kapitalismus, der aus der wirtschaftlichen Organisation des buddhistischen Klosterlebens entstand.[2] Es ist inzwischen belegt, dass Ostasien über tausend Jahre hinweg oder noch länger eine eigene Weltregion, ja ein Weltsystem war, das über einen der seinerzeit ausgedehntesten und dynamischsten Märkte verfügte. Seine traditionellen Fertigkeiten, Güter und Sozialzusammenhänge kamen im 20. Jahrhundert auf einer Vielzahl historisch bedingter, oft gewaltsamer Wege wieder zum Tragen. Die Expansion des japanischen Imperialismus vor 1945 und später die amerikanischen Kriege zur Eindämmung des Kommunismus bahnten den Weg für eine Reihe von Entwicklungsdiktaturen. Georgi Derluguian zeigt, dass die schließlich erfolgte Einbindung des chinesischen Festlands in diesen dynamischen Exportkapitalismus vor allem durch ein Zusammentreffen welt- und innenpolitischer Zufälle bedingt war – und seien es solcher, die strukturell auf ihr Eintreten warten.

---

2 Randall Collins, *Macro-History. Essays in Sociology of the Long Run*, Stanford 1999.

Ideologen des freien Marktes wollen in den jüngsten ostasiatischen Beispielen den Beweis dafür sehen, dass ungebundene Märkte zu einem phantastischen Ausbruch an Unternehmertum führen. Solche Behauptungen beruhen auf keiner historischen Untersuchung und sind empirisch nicht zu belegen. Ostasien war lange der Musterfall des regulierten korporatistischen Staates. Wenn die Politik neoliberaler Deregulierung mit dem Wiederaufschwung Ostasiens etwas zu tun hat, dann dadurch, dass sie immer mehr produktive Tätigkeit aus dem Westen in Standorte mit billigerer Arbeit verlegte. Das bedeutet aber nicht, dass die Arbeit an den neuen Investitionsadressen nicht reguliert war. Es gibt viele andere Länder mit verarmten Bevölkerungsmassen, die anfangs dazu bereit sind, für niedrige Löhne lange zu arbeiten. Sie müssen aber zu diesem Zweck organisiert und diszipliniert werden. Organisiert und diszipliniert werden mussten auch die Ansprüche und Begehrlichkeiten lokaler Eliten. Hier konnte der Zusammenhang von formellen staatlichen Institutionen und von weniger formellen infrastrukturellen Möglichkeiten, das soziale Leben durch akzeptierte Methoden und Beziehungen zu regulieren, einen entscheidenden Unterschied ausmachen. Korruptionsskandale offenbaren ein zentrales Element in korporatistischen Staatsarrangements. Schmiergelder für Geschäfte bilden in solchen Staaten einen wichtigen Teil der Beamtenbezüge. Es gibt aber »anständige Zuwendungen und unanständige Zuwendungen«, wie es einst der New Yorker Politiker George Washington Plunkitt formuliert hat. Die Fähigkeit des Staates erweist sich in diesem Fall in der Auswahl von Beamten nach einem Leistungprinzip, das Loyalität gegenüber der Hierarchie und paternalistische Teilhabe durch »anständige Zuwendungen« einschließt. Das ist ein kalkulierbares institutionelles Umfeld, das kapitalistische Unternehmer attraktiv finden.

Bei all ihrer Besonderheit sind die kulturellen und wirtschaftlichen Traditionen Ostasiens nicht völlig einmalig. Wenn sich die globalen Kapitalströme auf die Suche nach neuen Produktionsstandorten begeben, können wir noch mehr wirtschaftliche Wunderheilungen erwarten. Indien und die Türkei erinnern bereits daran, dass die asiatische Wirtschaftsgeographie historisch nie auf China beschränkt war. Ein ganz anderes Feld von Möglichkeiten eröffnet sich heute durch den Linksruck

in Lateinamerika, mit der Vorreiterrolle Brasiliens. Was immer die ideologischen Verlautbarungen und Strategien der zivilen, sozialistischen,
nationalistischen oder indigenen Volksbewegungen sein mögen, sie de-
montieren im Endeffekt die traditionelle lateinamerikanische Politik
oligarchischer und militärischer Cliquen, die auf ausländischer Abhängigkeit beruht. Der hochumkämpfte und holprige Prozess, der den gesamten Kontinent übergreift, bringt heute bei all seinen Widersprüchen
wirkliche Nationalstaaten hervor. Wenn die Führer sozialer Bewegungen
an die Macht kommen, können sie sich nur halten, indem sie die lokalen
Machtbefugnisse von Provinznotabeln mit ihren paramilitärischen Kräften beschneiden, unter Einschluss der Drogenkartelle. Eine Möglichkeit
dazu ist die Einsetzung einer demokratisch-zivilen Aufsicht über Polizei
und Armee. Ein weiterer damit verbundener Weg, die neuen Demokratien zu festigen, ist die Einbindung ihrer Bürger in die zentral geförder-
ten Institutionen zur Verteidigung von Menschenrechten, Sozialfürsorge,
Landbesitz und Arbeitsplätzen. Das ist vielleicht noch kein Sozialismus.
Es ist eher ein neuer, entschieden besserer Kapitalismus. Im 21. Jahrhundert könnte Lateinamerika endlich zu sozialdemokratischen und korporatistischen Transformationen gelangen, die früheren westlichen Mustern
ähneln. Dies könnte die Fundamente für einen neuen wirtschaftlichen
Entwicklungsschub legen.

Auch eine anhaltende Rezession im Westen, in Japan und im früheren Ostblock könnte, solange sie nicht wirklich verheerend wird, für den
wirtschaftlichen Aufstieg der früheren Dritten Welt förderlich sein. In
der Vergangenheit haben die Länder der Peripherie und Semiperipherie
von Turbulenzen im Zentrum oft profitiert. Solche Krisen senkten die
Kosten für die Einfuhr moderner Technologie, lockerten die politischen
Kontrollen über die Weltmärkte und eröffneten einträgliche Nischen für
Hersteller mit niedrigeren Arbeitskosten. Nicht zufällig setzte der damalige importsubstituierende Industrialisierungsschub auf dem europäischen Kontinent und in Lateinamerika in den 1930er und 1940er Jahren
ein. Die exportorientierte Industrialisierung Ostasiens nach den 1970er
Jahren wurde durch Standortverlagerungen aus dem sich deindustriali-
sierenden Zentrum gefördert, und der Abfluss von Ressourcen aus den
früheren Sowjetrepubliken dürfte zusammen mit deren Exportmärkten

für den wirtschaftlichen Aufschwung Chinas und besonders der Türkei von Bedeutung sein.

Wir alle sind uns einig, dass eine kleiner werdende Schere sozialer Ungleichheit als Perspektive wünschenswert und auch realistisch ist. Für Wallerstein würde dies auf kürzere Sicht das Elend verringern und auf mittlere oder längere Sicht die Möglichkeit einer Welttransformation zum Besseren vergrößern. Michael Mann sieht darin eine wichtige Quelle anhaltender Marktvitalität oder sogar die Grundlage für eine egalitärere und gedeihlichere kapitalistische Weltordnung, die dem Modell des sozialdemokratischen Aufschwungs in Europa nach 1945 entspricht. Das wären gute Aussichten, aber lassen sie sich mit der politischen Ökonomie des Kapitalismus vereinbaren, die sich am privaten Profit orientiert? Weder für Wallerstein noch für Collins widerspricht der »Aufstieg der Anderen« ihrer Hypothese einer kommenden Abdankung des Kapitalismus. Die neuen kapitalistischen Player auf den Weltmärkten oder die mobilen, weltweit konkurrierenden gebildeten Mittelschichten würden vielmehr die Probleme des Kapitalismus verschärfen.

Bisher haben wir uns darauf beschränkt, die nähere Vergangenheit in die nähere Zukunft zu extrapolieren. Wie steht es mit strukturellen Veränderungen, sei es innerhalb des High-Tech-Kapitalismus, im globalen Weltsystem oder in der Ökologie des Planeten?

Systemgrenzen oder unablässige Produktivitätssteigerung?

Michael Mann zeigt sich optimistisch, was das Überleben des Kapitalismus angeht, aber eher pessimistisch im Blick auf die Umweltkrise. Der »Aufstieg der Anderen« eröffne dem Kapitalismus zumindest in absehbarer Zukunft praktisch endlose neue Grenzen. Die globale Demographie und mit ihr große Teile der Weltpolitik und Weltökonomie, die sich heute durch das massive Wachstum in ärmeren Ländern und die daraus resultierende weltweite Migration in die Städte tiefgreifend verändern, werde sich am Ende stabilisieren. Mann ist skeptisch, was die

Existenz systemübergreifender Strukturen und Zyklen betrifft. Er geht von einer kaleidoskopischen Kombinatorik der vier inkongruenten und unterschiedlich geformten Machtstrukturen aus – der ideologischen, wirtschaftlichen, militärischen und politischen. Seine Prognose bleibt prinzipiell unterbestimmt und enthält sich konkreter Vorhersagen, außer dass der Kapitalismus nicht totzukriegen sein wird, besonders bei einer pragmatischeren liberalen Labour-Politik.

Mann begreift dies aber in einer differenzierten Sicht, die von Max Weber ausgeht. Er zeigt anhand seines vierdimensionalen Machtmodells, dass bestimmte Ereignisse zu Wendepunkten werden, wenn sich die bestimmenden Machtquellen überlagern. Zu Beginn des 20. Jahrhunderts geschah dies mit der Verbindung von Weltkrieg und Wirtschaftskrise, die durch Ideologie und Politik verschärft wurde. Im 21. Jahrhundert manifestiert sich in der Verbindung des zügellosen kapitalistischen Wachstums mit den Blockierungen von pluralistischer Politik und nationaler Selbstbezogenheit die ökologische Krise. Es gebe ein gewisses Maß von Kontingenz, aber innerhalb der strukturellen Tendenzen, die durch die historische Entwicklung der vier Machtquellen bestimmt werden. Weil es vielfältige Ursachen gibt, träten auch unvorhersehbare Überlagerungen auf. Hier stimmt Mann nicht überein mit Collins und Wallerstein, was die Bedeutung der Krise in den ökonomischen Institutionen des Kapitalismus angeht. Es seien vielmehr die Umweltprobleme, die in die Katastrophe führen, wenn die Politik nicht dagegen mobilisiert. Die große Kontingenz besteht also für ihn in der Überlagerung der ökologischen (das heißt im weitesten Sinne ökonomischen) und der politischen Sphäre.

Craig Calhoun stimmt mit Mann darin überein, dass äußere, vor allem ökologische Bedrohungen des Kapitalismus von zentraler Bedeutung sind. Wie wir alle geht auch er davon aus, dass die Zukunft nicht restlos vorherbestimmt ist und deshalb offen für politisches Handeln. Er stellt aber auch fest, dass systemimmanente Risiken bedrohlicher sind, als Mann annimmt. Der Kapitalismus könne nur überleben durch eine Erneuerung gesellschaftlicher Institutionen, die ihn einerseits ermöglichen und fördern, andererseits aber die Kosten und Schäden kompensieren, die er heute auf die Gesellschaft abwälzt. Die Frage sei also, ganz im Sinne von Collins und Wallerstein, ob der Kapitalismus diese global eskalierenden Kosten überhaupt aufbringen kann. Das sei nicht bloß rhetorisch gemeint. Die Sozialwissenschaftler sollten die Entwicklungskapazitäten des Kapitalismus beobachten und beziffern, um festzustellen, ob die Kosten durch die Schaffung neuen Reichtums aufgebracht werden und ob die politischen Mechanismen der Verteilung dieses Wohlstands auf die global vernetzten sozialen Strukturen stärker oder schwächer werden.

Mann und Calhoun gehen beide davon aus, dass eine schwere ökologische Krise bald eintreten könnte und einen ökonomisch noch funktionsfähigen Kapitalismus bedroht. Collins und Wallerstein sehen in der Umweltkrise eine längerfristige Gefahr, während die des Kapitalismus unmittelbarer bevorstünde. Für Collins deuten die ökologischen Projektionen übereinstimmend auf das Eintreten einer großen Krise um das Jahr 2100. Mann sieht das Überleben mancher Länder schon um 2030–2050 durch schwere ökologische Schäden bedroht. Collins und Wallerstein erwarten aber die voll ausbrechende Krise des Kapitalismus in den Jahrzehnten um 2040. Sie nehmen also an, dass wir mit ihr konfrontiert sein werden, bevor die Umweltbelastung an ihre Grenzen stößt. Wenn man ihre Sicht übernimmt, könnte man darüber spekulieren, ob eine sozialistische Lösung der kapitalistischen Krise zu einer Veränderung der politischen Strukturen führt, die einen vernünftigen Umgang mit der Umweltkrise ermöglicht, anders als unter den Bedingungen eines Kapitalismus, der weiterwirtschaftet wie bisher. Mann sieht das anders. Jede größere Kapitalismuskrise würde die Bruttoinlandsprodukte erheblich verringern und damit die Umweltkrise abmildern (sofern die Erderwärmung nicht zu weit fortgeschritten ist). Er sieht drei Verantwortliche für den Klimawandel – nicht nur den Kapitalismus, auch den Nationalstaat und den Normalbürger mit seinem Massenkonsum. Eine Lösung für die Krise müsse alle drei zügeln und reformieren. Ob nun Kapitalismus oder Sozialismus (oder etwas anderes) als praktikable Lösung aus der Krise hervorgehen werde, beide müssten jedenfalls ganz neue Formen annehmen.

Zweitens betonen Mann und Calhoun stärker die kapitalistische Dynamik außerhalb der westlichen Welt. Global ist für Mann nicht das Ende des Kapitalismus, sondern die ökologische Krise. Gerade deshalb könne man aber nicht sagen, dass mit dem Niedergang des Kapitalismus und der geopolitischen Hegemonie in Europa und den USA die globale Führungsrolle auf andere triumphierende Weltregionen wie Ostasien oder auf eine Gruppierung übergeht, wie sie heute unter Bezeichnungen wie derjenigen der BRICS gehandelt wird. Umweltforscher gingen gegenwärtig davon aus, dass die schlimmsten ökologischen Katastrophen in China, Südasien und Afrika anfangen werden. Durch diese Projektion werde die Aussicht auf eine globale Schwellen-Führungsrolle als einer Alternative zur westlichen in Frage gestellt.

Die ökologische Krise könnte, so Mann, das Ende für alle bedeuten. Weniger plakativ formuliert, müssen wir nicht zwei Alternativen in Betracht ziehen, sondern drei – die finale Krise des Kapitalismus als Weltsystem, den Niedergang der älteren kapitalistischen Hegemone mit ihrer Ablösung durch neue und den globalen ökologischen Schock und die daraus resultierenden Veränderungen, die wir uns noch nicht vorstellen können. Collins and Wallerstein sprechen sich für die erste Möglichkeit aus, Mann für die dritte.

Immanuel Wallerstein und Randall Collins interpretieren das Bild auf unterschiedliche, aber miteinander kompatible Weisen. Sie betrachten den Kapitalismus als ein globales System oder, wenn man so will, als eine hierarchische Ökologie wirtschaftlicher Nahrungsketten und Marktnischen. Wie jedes komplexe System habe er seine miteinander zusammenhängenden Strukturen und Entwicklungstendenzen, müsse deshalb auch seine Grenzen haben. Auch wenn die Systemgrenzen durch neue Produktionsgeographien und -technologien ausdehnbar sind, ließen sie sich nicht völlig aufheben. Wie die Institutionen und Eckdaten der Welt nach dem Kapitalismus aussehen werden, könne man heute nicht genau sagen. Craig Calhoun erinnert an dieser Stelle daran, wie viel in solchen globalen Übergängen von den umkämpften politischen Optionen abhängt. Collins und Wallerstein beharren aber darauf, dass der Kapitalismus an seine Grenzen stößt, und sie sagen voraus: Es wird einen globalen Übergang geben. Beide machen auch deutlich, welche strukturellen Prozesse zu diesem Übergang treiben, legen also ihre Hypothesen zur kritischen Begutachtung vor, mit der Möglichkeit empirischer Überprüfung. Georgi Derluguian führt das Beispiel der Sowjetunion als eine theoretische und empirische Überprüfung dessen an, was in den früheren Vorhersagen von Collins und Wallerstein haltbar und unhaltbar war. Die Entwicklung des Sowjetblocks mache deutlich, wie ein großer Systemkomplex an die Grenzen des eigenen Erfolgs stößt und durch eine Verbindung struktureller Defizite und rein zufälliger Faktoren zugrunde geht.

Die Unterschiede zwischen den Vorhersagen (oder Zukunftsannäherungen) von Mann einerseits und Collins und Wallerstein andererseits entsprechen den zwei Seiten des von der evolutionären Anthropologie konstruierten Entwicklungsmodells menschlicher Gesellschaften – dem Gegensatz zwischen der »Belastbarkeit« einer Humanökologie und ihrer »Produktivitätssteigerung«. Nach diesem Modell tendierten alle bisherigen Gesellschaften dazu, ihre Umwelt bis an die Grenze ihrer Belastbarkeit auszuschöpfen. Diese kritischen Situationen ließen drei ungeheuer verschiedene Möglichkeiten zu. Die erste war schlicht und einfach der Tod. Eine in der Geschichte ständig wiederkehrende Katastrophe war die partielle oder völlige Auslöschung menschlicher Gruppen durch Hungersnöte, Epidemien und genozidäre Kriege. Das ist der tragische Zyklus malthusianischer Anpassungen der Demographie an die Zahl der ernährbaren Menschen. Die Phasen des Bevölkerungsrückgangs schufen die nötigen Voraussetzungen, um die produktive Tätigkeit auf unveränderter Basis wieder aufzunehmen, bis die Belastbarkeit der Umwelt erneut ausgeschöpft war – mit dem Ergebnis einer weiteren krisenhaften Phase. Die zweite Möglichkeit ist die Diversifizierung. Sie veranlasste unsere Vorfahren zur Entdeckung und adaptiven Besiedlung neuer geographischer Grenzregionen in der nördlichen Tundra und auf tropischen Inseln, in Steppen, Wüsten, Gebirgen und Wäldern – bis die menschliche Gattung den ganzen Planeten ausgefüllt hatte. Die dritte Möglichkeit schließlich ist das, was wir den Fortschritt nennen, die qualitative Intensivierung des gesamten technologischen Werkzeugs, mit der die Menschen aus ihren Ressourcen immer mehr herausholen können. Dieser letztere Ausweg war die Haupttriebkraft der evolutionären Innovation in menschlichen Gesellschaften.

Die komplexen Klassengesellschaften und frühen Staaten entstanden in jenen ertragreichen Gebieten, die man nicht einfach aufgeben konnte, zum Beispiel in den von Wüsten und Gebirgen umgebenen fruchtbaren Tälern. Der Begriff des »Einhegungseffekts« *(caging effect)* wurde ursprünglich von Michael Mann in seiner Studie zu den alten Reichen, Märkten und Religionen geprägt.[3] Er besagt, dass man nicht mehr wegziehen konnte. Historisch wurden dadurch bestimmte Gruppen hineingezwungen in die qualitativ neuen, ausgedehnteren und entwickelteren Formen der Gesellschaftsorganisation (d.h. in die neuen Zivilisationen), die die Ausbeutung der seit jeher besiedelten Gebiete und den Handel mit den Überschüssen intensivieren konnten. Das Wort »hineingezwungen« soll betonen, dass viele Menschen sonst keine Sklaven, Leibeigene oder Abgabenpflichtige geworden wären – sie wurden aber »eingehegt« durch die fehlenden Auswege und durch die Zwangsgewalt der Krieger- und Priestereliten. Die Intensivierung der Produktionstechniken wurde in der Vergangenheit nie allein vollzogen, sondern in Verbindung mit einer größeren politischen und ideologischen Umstrukturierung. Diese Transformationsprozesse waren immer sehr konfliktträchtig.

Im vorliegenden Buch vertritt Michael Mann die Position, dass der Kapitalismus resistent bleibt. Einmal mehr stimmt Calhoun im Prinzip zu, betont aber stärker die Form, in der er sich verändern müsse. Er betont auch den Unterschied zwischen dem Kapitalismus überhaupt und seiner unverhältnismäßig finanzialisierten Form, die die Systemrisiken verschärft habe. Nach Auffassung von Mann hat der Kapitalismus praktisch unerschöpfliche Fähigkeiten der Selbstintensivierung, sowohl durch produktive Innovationen wie auch durch Globalisierung und Vertiefung der Konsummärkte. Wenn ihm etwas ein Ende machen könne, sei es entweder ein ausbrechender Krieg, der im Atomzeitalter an die Grenzen der Zerstörungskraft geht, oder die planetarische Krise der natürlichen Umwelt. Deren Kausalketten seien größtenteils unabhängig von der Dynamik des Kapitalismus, die Umweltkrise sei also kontingent (das heißt unvorhersehbar vom Standpunkt einer immanenten Analyse des Kapitalismus). Vor allem das unterscheidet die Positionen Manns und

---

3 Michael Mann, *Geschichte der Macht,* Bd. I: *Von den Anfängen bis zur griechischen Antike,* übers. v. Hanne Herkommer, Frankfurt/New York 1990, S. 71ff. Siehe auch den zusammenfassenden Essay von Randall Collins, »Market Dynamics as the Engine of Historical Change«, *Sociological Theory,* Jg. 8, 1990, H. 2, S. 111–135.

Calhouns von den Projektionen von Collins und Wallerstein. Die Umweltkrise ist aber, so Mann, eine Folge der kapitalistischen Entwicklung, überdeterminiert von politischen und kulturellen Faktoren. Durch einen Bumerangeffekt könne der Kapitalismus deshalb seinen eigenen Sturz herbeiführen, auch wenn dies aufgrund von Kausalitäten, die dies durchkreuzen, nicht in dieser Form eintreten müsse.

Randall Collins und Immanuel Wallerstein erklären, dass der Kapitalismus an seine strukturellen Grenzen stößt. Zu beachten sei aber seine außerordentliche Fähigkeit, seine politische Ökonomie auszudehnen und zu intensivieren. Der Kapitalismus habe das erste wirkliche Weltsystem hervorgebracht, das den gesamten Planeten mit seinen Bevölkerungen und Produktivkräften umfasst. Die im 19. Jahrhundert betriebene Vernichtung landwirtschaftlicher und gewerblicher Arbeitsplätze habe in der westlichen Welt nicht, wie Karl Marx vorhersagte, zu Verelendung und Revolution geführt, weil die Entwicklung moderner Management-, Fach- und Bürotätigkeiten in den privaten und staatlichen Verwaltungseinrichtungen das komfortable Polster einer modernen Mittelschicht schuf. Im 21. Jahrhundert gingen aber die geographischen und inneren Reserven zur Neige. Wenn das Modell der Auswirkungen oligarchischer Überakkumulation und des Elends der Mittelschichten epochenübergreifende Gültigkeit habe, werde die finale Krise des Kapitalismus faktisch eine Abfolge unterschiedlicher Krisen in einer längeren Periode des Niedergangs sein.

Letztlich sind wir uns aber einig, dass uns Michael Mann dazu zwingt, drei Imponderabilien zu berücksichtigen – den Klimawandel, Pandemien und nukleare Kriege. Es sind keine Imponderabilien hinsichtlich der Gefahren, die sie für die Menschheit darstellen. Es sind Imponderabilien in Bezug auf den zeitlichen Ablauf der Katastrophen. Unser Wissen über jede von ihnen ist beträchtlich. Es gibt aber so viele Unsicherheiten und Auffassungsunterschiede bei denen, die sich mit diesen Fragen beschäftigt haben, dass wir nicht genau wissen können, was geschieht. Der Klimawandel ist eine Tatsache – außer für jene, die ihn aus politischen oder ideologischen Gründen bestreiten. Auch wird alles, was ihn verursacht, noch beschleunigt und nicht verlangsamt. Die politischen Differenzen zwischen reicheren und ärmeren Ländern hinsichtlich der zu ergreifenden Maßnahmen lassen ein Abkommen, das die Risiken abmildern würde, zumindest zum jetzigen Zeitpunkt als unerreichbar erscheinen.

Die irdische Ökologie ist aber so komplex, und diese Veränderungen sind so weitreichend, dass wir nicht wissen, wie sich die Welt darauf einstellen wird. Es ist klar, dass der Meeresspiegel steigen wird und bereits steigt. Weite Landstriche sind also von Überflutung bedroht. Es ist auch klar, dass sich die Durchschnittstemperaturen in vielen Teilen der Welt verändern werden und bereits verändern. Das kann aber dazu führen, dass sich Landwirtschaft und Energiegewinnung in andere Regionen verlagern, was die akuten Schäden in den betroffenen Gebieten ausgleichen könnte.

Gleiches könnte für die Pandemien gelten. Die gewaltigen Fortschritte der Medizin in den letzten hundert oder mehr Jahren, die so viele Krankheiten unter Kontrolle brachten, haben gleichzeitig eine Situation geschaffen, in der die alten Feinde der Menschheit, die Keime, neue Wege fanden, dagegen resistent zu werden. Auch hier scheint unser Wissen groß. Wenn aber alles gesagt und getan ist, erweist es sich als erbärmlich gering. Wie schnell werden wir lernen, in diesem Wettlauf gegen die Zeit? Und wie viel müssen wir verlernen, wenn wir überleben wollen?

Bleibt das Gespenst der Vernichtung durch Atomwaffen. Seit dem Ende des Kalten Krieges und dem vermessenen Streben nach amerikanischer Unipolarität ist ihre Weiterverbreitung praktisch unabwendbar geworden. Es besteht vielleicht keine unmittelbare Gefahr in Form zwischenstaatlicher Kriege. Tatsächlich gilt eher das Gegenteil – Atomwaffen sind vor allem Defensivwaffen; sie erhöhen nicht, sondern verringern die Wahrscheinlichkeit zwischenstaatlicher Kriege. Es bleiben aber verschiedene Unwägbarkeiten. Die Motivationen nichtstaatlicher Akteure sind nicht die gleichen wie die offizieller Verantwortungsträger. Zweifellos wären manche von ihnen geneigt, sich Atomwaffen (genauso wie chemische und biologische) zu beschaffen und diese einzusetzen. Die begrenzte Fähigkeit vieler Staaten, den Schutz solcher Waffen vor Diebstahl oder Erwerb zu gewährleisten, könnte ihre Beschaffung durch nichtstaatliche Akteure erleichtern. Und die Möglichkeit des verbrecherischen Staatsagenten – eines der Fiktion entstiegenen Dr. Seltsam – ist nie auszuschließen.

Es ist durchaus möglich, dass die Welt den globalen Übergang überstehen wird, ohne dass eine dieser Katastrophen eintritt. Es ist aber auch möglich, dass dem nicht so ist. Viel wird davon abhängen, wie die neuen politischen Strukturen aussehen und wie schnell sie sich herausbilden werden. Es ist denkbar, dass sie die geeigneten Maßnahmen ergreifen, um die Wahrscheinlichkeit globaler Katastrophen zu verringern, vielleicht sogar auszuschließen. Seien wir uns darüber klar, dass es keine bloßen Naturkatastrophen sind. Hunger, Pest oder Atomterrorismus sind für die Menschheit eminent politische Herausforderungen. Deshalb sprechen wir von Imponderabilien. Nach wirksamen Gegenmaßnahmen zu suchen, bedeutet, politische Entscheidungen zu treffen. Eine verbreitete Reaktion auf diese Gefahren ist die Rückwendung nach innen in stark protektionistischer und fremdenfeindlicher Form. Wir begegnen dieser Tendenz fast überall. Wer also nach einem relativ demokratischen und egalitären System sucht, muss an der Entwicklung politischer Strategien arbeiten, die diesem Trend entgegenwirken.

Übergänge

Wir alle sind uns einig, dass sich die gewohnten Strukturen der politischen Weltökonomie in den kommenden Jahrzehnten erheblich und auf nicht unmittelbar vorstellbare Weise verändern werden. Politiker, soziale Bewegungen und Medienkommentatoren werden ihre Probleme haben, wenn sie sich in den kommenden Jahren an altbekannte Weisheiten halten. Staaten und ehemals führende Unternehmen werden ihre Machtbasen geschwächt finden, während bewährte Methoden aus dem politisch-ideologischen Repertoire nicht mehr greifen oder immer neue Probleme aufwerfen. Demonstranten werden sich empören wie eh und je. Sie werden aber nicht mehr so genau wissen, gegen wen sie protestieren, was sie fordern, wie sie sich organisieren und mit wem sie sich verbünden sollen. Unser theoretisches Wissen von früheren historischen Übergängen wird uns nur unvollkommene Ratschläge geben. In den vor uns liegenden Jahren werden unsere Theorien erhebliche Korrekturen und Ergänzungen verlangen (aber ist das nicht die Natur wissenschaftlicher Erkenntnis?). Zum Teil liegt es daran, dass viele der Probleme und Perspektiven in der menschlichen Geschichte beispiellos sind. Vor allem aber wissen wir, dass historische Übergänge auf verschiedenen Ebenen zugleich stattfinden. Weiterzumachen wie bisher wird in Zeiten des Übergangs unmöglich. Die imperiale Hegemonie der Vereinigten Staaten gerät sichtbar ins Wanken, wie die geopolitische Theorie seit langem vorhergesagt hat. Ihre größten Produktivitätsreserven, ihre Finanzen und das politische Entgegenkommen Chinas und der Europäischen Union erschöpfen sich. Eine große Frage ist, wie plötzlich oder allmählich der kommende Niedergang der westlichen Welt vor sich geht. Unsere größten Hoffnungen liegen vielleicht in einem ausgehandelten (also nicht-destruktiven) Vergleich in der Aufteilung der Macht und des Wohlstands zwischen dem historischen Westen und dem aufsteigenden Rest der Welt.

Der Hauptpunkt der Übereinstimmung ist, um es noch einmal zu sagen, dass die Zukunft nicht in jeder Hinsicht vorherbestimmt ist. Politische Kämpfe mit offenem Ausgang spielen eine wichtige Rolle bei der Wahl der Wege und gemeinsamen Ziele. Auch die Sozialwissenschaft kann in den kommenden Jahren etwas bewirken. Makrohistorische Theorien warnen vor künftigen katastrophalen Möglichkeiten. Eine Katastrophe mittleren Grades ist Zerfall und Involution (das heißt, dass es im Prinzip weitergeht wie bisher, nur in verminderter, verkrüppelter und verschlimmerter Form). Hier kann das Schicksal der Sowjetunion als nächstliegendes Beispiel dienen. Eine andere abscheuliche Möglichkeit ist eine faschistoide Diktatur, die sich auf soziale Bewegungen ressentimentgeladener Bürger stützt und auf einem militaristischen, hochgradig übergriffigen Polizeistaat beruht. Der Faschismus des 20. Jahrhunderts hat leider gezeigt, dass er zumindest für einige Jahrzehnte eine politische Ökonomie aufbauen konnte, in der große Gruppen von der Unterdrückung anderer großer Gruppen profitierten. Das äußerst bösartige und größenwahnsinnige Naziregime ging erst durch einen äußeren Krieg zugrunde, nicht durch innere politische Transformation oder Revolution.

Die gleichen Theorien zeigen aber auch, dass durchaus die Möglichkeit hoffnungsvollerer Wege durch die Wirren der vor uns liegenden Jahre besteht. Unsere Hoffnungen ergeben sich aus der theoretisch begründeten Feststellung, dass die menschlichen Reaktionen auf große strukturelle Krisen in der Vergangenheit dazu tendierten, qualitativ neuartige und ausgedehntere kollektive Gewalten herauszubilden. Dieser Trend entwickelte sich durch periodische Zusammenbrüche und durch Ausbrüche von menschlicher Erfindungskraft (wenn auch keineswegs immer friedlich), die schließlich den Weg für neue Perioden von Stabilisierung und Wohlstand bahnten.

Die menschliche Gattung steht nun vor einer weiteren Sequenz dieser Art, und diesmal betrifft es die gesamte Menschheit, die den Planeten bewohnt. Unser verstorbener Freund und Kollege Giovanni Arrighi pflegte zu sagen, dass Systemprobleme nach Systemlösungen verlangen. In seinem theoretischen Modell vollzog sich die Entwicklung des historischen Kapitalismus durch verschiedene aufsteigende Wellen von räumlichen Expansionen und Umstrukturierungen.[4] Die europäischen Kapitalisten hatten anfangs sich und ihre Unternehmen dadurch gesichert, dass sie in den konstitutiven Wirren des 16. Jahrhunderts ihre eigenen Nationalstaaten schufen, mit den sie aufrechterhaltenden Armeen, Flotten und Besteuerungsapparaten. Stärker analytisch formuliert, erzielte der Kapitalismus seinen historischen Durchbruch mit der Internalisierung der Protektionskosten. Die nächste Welle brachte seine Vertiefung und ungeheure koloniale Expansion, beruhend auf der Internalisierung der Produktionskosten oder auf dem, was als die von England betriebene industrielle Revolution der 1780er bis 1840er Jahre bekannt ist. Diese Epoche führte aber auch zu vielfältigen Krisen. Sie entsprangen aus den Konjunkturzyklen, aus der Institutionalisierung revolutionärer und reformistischer Bewegungen und aus der konkurrenzförmigen Geopolitik des Industrieimperialismus, die 1914 fast dem Kapitalismus den Garaus gemacht hat. Die amerikanische Hegemonie des 20. Jahrhunderts half diese Krisen zu zähmen, indem sie eine weitere Komplexitätsebene hinzufügte – die Internalisierung der Transaktionskosten. Es war die akute Notwendigkeit einer Stabilisierung des kapitalistischen Systems gegen alle möglichen Gefahren, die nach 1945 die imposante und hochentwi-

---

4 Giovanni Arrighi, *The Long Twentieth Century. Money, Power and the Origins of Our Times,* aktualisierte Neuausgabe, London 2010.

ckelte Architektur moderner Staaten, Wirtschaftsunternehmen und internationaler Organisationen bestimmte.

Logischerweise wäre also die epochale Errungenschaft, die für das 21. Jahrhundert zu realisieren bleibt, die Internalisierung der gesellschaftlichen und ökologischen Reproduktionskosten auf wirklich planetarischer Ebene. Betrachten wir eine Tatsache, die zu gewaltig ist, um Eingang in die politischen Diskussionen zu finden. Während der letzten zehntausend Jahre lebte die Mehrheit der Menschen in Dörfern. Die Erfindung der Dorfgemeinschaft (ihre wiederholte Erfindung, genauer gesagt) markierte eine wichtige Reorganisation der menschlichen Gattungskompetenzen. Sie ermöglichte das, was die Archäologen die neolithische Revolution nennen, die Entwicklung von Agrargesellschaften. Das dörfliche Leben erlaubte mittelgroßen Gruppen von Nichtverwandten eine feste und umfassende Organisation ihrer gemeinsamen Angelegenheiten. Es regelte alles, was die soziale Reproduktion betraf – die Arbeitsteilung, die traditionelle Ressourcenverwaltung, die alltäglichen Probleme und Konflikte, die Tradierung der Kultur und der Fertigkeiten und die ideologischen (sogar kosmischen) Riten der Gruppensolidarität, von den hochgradig spirituellen bis zum gewöhnlichen Dorftanz. Kurz, die Dorfgemeinschaft organisierte die funktionalen und emotionalen Aspekte des menschlichen Lebens von der Geburt bis zum Tod. Selbstverwaltete Dörfer fungierten auch als tributpflichtige Grundeinheiten für alle nachfolgenden komplexen Gesellschaften, von den Stammesfürstentümern bis hin zu Stadtstaaten und Großreichen.

Der Kapitalismus ging aus einer noch dörflichen Welt hervor. Der Markt und seine geopolitische Dynamik begann die Dorfgemeinschaften bald zu zersetzen. Ihre Mitglieder wurden andernorts als Arbeitskräfte, Siedler und Soldaten gebraucht. Auch die Dorfbewohner selbst fanden es oft unmöglich, in ihren ärmlichen und beengenden Nestern zu bleiben. Die Ursachen des Dorfsterbens tragen viele Namen – Modernisierung, Urbanisierung, Industrialisierung, agrarische Übervölkerung, Alphabetisierung oder Imperialismus und militärische Revolution. Der Endeffekt war überall der gleiche, zuerst in der westlichen Welt, dann in Japan, in der Sowjetunion und heute weltweit – die Entvölkerung der ländlichen

Regionen, deren einst zahlreiche Bewohner in die Städte zogen oder, häufiger noch, in die Slums.

Der Übergang vom Dorf zur Stadt als organisierendem Mittelpunkt menschlichen Lebens ist irreversibel. Seine Folgen helfen zu erklären, warum die Krise des Kapitalismus so schwer zu lösen ist. Irgendetwas muss kommen und in den neuen Agglomerationen der Menschheit umfassend für normative Ordnung, soziale Regulation, öffentliche Sicherheit und Wohlfahrt sorgen. Noch dazu müssen diese Aufgaben nicht nur in einem weitaus größeren Rahmen, sondern auch besser erfüllt werden, als es die Dörfer taten. Vergessen wir nicht, dass Dörfer Nähe und Geborgenheit boten, deren Kehrseite die zudringliche Beaufsichtigung und soziale Einhegung der Individuen war. Auch die schützende Trägheit der Traditionen, die Ungleichheiten von Alter und Geschlecht in den patriarchalen Haushalten und das stigmatisierende Misstrauen oder die gewalttätige Ranküne gegenüber Fremden und Außenseitern waren Bestandteil des Dorflebens.

Die moderne Geschichte der Massenmigrationen, der demographischen Übergänge und der Bildung neuer politischer Gemeinschaften verursachte gewaltige Kosten und traumatische Wunden. Die überseeische Auswanderung europäischer Siedler verbesserte das Verhältnis von Demographie und Ressourcen um den Preis der Vertreibung, Versklavung und schlichten Ausrottung kolonialer Eingeborenenvölker, denen es an Gewehren fehlte und an Abwehrkräften gegenüber den Viren, die von den Eindringlingen eingeschleppt wurden. Die Entstehung moderner Nationen beinhaltete oft die Unterdrückung und Vertreibung der »nicht-nationalen« Minderheiten. Nach 1914 ließ die radikale Mutation des Nationalismus zu den militaristischen, aggressiv populistischen Kulturen des Faschismus die gleichen historischen Faktoren zum Holocaust eskalieren. In einer anderen Form radikaler Eskalation opferte die sowjetische Kollektivierung der Landwirtschaft Millionen von Menschenleben für die Industrialisierung und für ein modernes Leben für die Kinder der Überlebenden. Erst nach 1945 wurden die früheren Bauern und Arbeiterklassen der westlichen Welt und des Sowjetblocks in den Wohlstand und in die soziale Sicherheit ihrer Nationalstaaten integriert. Alles in allem summierten sie sich auf mehrere hundert Millionen von Menschen.

Aber gibt es heute die Mittel, geschweige denn den politischen Willen, mehrere Milliarden von Menschen aus dem globalen Süden zu integrieren? Enthusiasten der Globalisierung begrüßen unseren Einzug in das globale Dorf. Dieser Optimismus bedarf der nüchternen Einschätzung. Der Kosmopolitismus ist ein altes Projekt, das seine liberalen und sozialistischen Versionen besaß.[5] Er ist aber nicht nur ein Komplement zu einer Welt stabiler Staaten. Und es gibt andere, konservativere Leitbilder der Globalisierung, die sich aus imperialistischen Ansprüchen, Nationalismen, einwanderungsfeindlichen Aversionen, religiösen Fundamentalismen und ihren Verbindungen ergeben. Die Möglichkeit von globaler Governance und menschheitlicher Identität kann in den kommenden Jahrzehnten durchaus in den Brennpunkt der politischen Auseinandersetzungen rücken. Den Ausgang vorherzusagen wäre zu früh. Systemische Krisen im Weltmaßstab werden Zerstörung, Ängste und üble Reaktionen säen. Sie werden aber auch kollektive Bewältigungsstrategien hervorrufen, die auf eine stärker demokratische, organisatorisch flexible und fähige Global Governance zielen. Die Menschheit kann dem katastrophalen Rückfall in die Komplexität und Weitläufigkeit ihrer kollektiven Organisation noch immer entgehen. Vielleicht konnten genügend Lehren aus den revolutionären und sozialreformistischen Bewegungen des 20. Jahrhunderts den neokonservativen Verheerungen der letzten Jahrzehnte widerstehen. Oder es könnte etwas grundlegend Veränderndes in der komplexen und widersprüchlichen Architektur der modernen Staaten liegen. Jedenfalls ist dies ein weiterer fruchtbarer Gegenstand für die Sozialwissenschaften.

Wir zögern, die politische Struktur einer besseren Zukunft als »den Staat« zu bezeichnen, geschweige denn als »globalen Staat«. Denn das ist die größte Unbekannte. Stellen wir nur einige Beobachtungen zu den Formen der Politik in einer hoffnungsvolleren Zukunft an. Die meisten von uns zweifeln daran, dass die bestehenden internationalen Organisationen in ihrer Summe ein Modell solcher Strukturen ergeben. Die Vereinten Nationen, die Europäische Union, der IWF, Davos, G-8, G-20

---

5 Mehr dazu bei Craig Calhoun, *Nations Matter. Culture, History and the Cosmopolitan Dream*, New York 2007.

und andere Clubs dieser Art gehören zur Epoche der kapitalistischen Integration und der US-Hegemonie. Gegenwärtig werden diese Institutionen durch politische Manipulation und technokratische Abgehobenheit geschwächt oder kompromittiert. Einige von uns sehen aber die einzige Lösung für die ökologische Krise in einem viel stärkeren Netzwerk zwischenstaatlicher Beziehungen – einer Art Super-UNO. Andere zweifeln daran, dass sich diese politische Integration schnell genug herstellen lässt. Sie ist auch nicht frei von ihren eigenen Problemen. Die Epoche des relativen Weltfriedens und Wohlstands nach 1945 hat aber einen wichtigen Präzedenzfall geschaffen, der sich als dauerhafter erweisen könnte als seine politischen Institutionen.

Die sich verändernden Strukturen und Richtungen künftiger Politik werden für Überraschungen sorgen. Die Mehrheit der Menschen hält es für am wahrscheinlichsten, dass sich das bisher Erlebte fortsetzen wird. Tatsächlich war das unaufhaltsame Anwachsen der Nationalstaaten in der gesamten Moderne eine fundamentale Realität. Aber wenn nun die neue Verbindung scheinbar bekannter Faktoren auf planetarischer Ebene etwas ganz anderes ergibt? Genau das meint Randall Collins, wenn er an die neueste technologische Arbeitslosigkeit denkt. Auch wenn keiner von uns den Anarchismus für eine besonders realistische Strategie hält, müssen wir zugeben, dass der systemkritische Geist von 1968 auf der Linken wie auf der Rechten zu seinem nachhaltigsten Erbe gehört. Vielleicht fordert uns das dazu auf, die Werte und organisatorischen Alternativen nichtstaatlicher Bewegungen, die an den Rändern hartnäckig fortleben, ernster zu nehmen. Die großen verändernden Mobilisierungen der Völker und Mächte waren in der Moderne mit Kriegen und blutigen Revolutionen verbunden. Anarchistische oder libertäre Stimmen konnten in diesen Situationen politisch wenig bewirken. Aber wenn nun die Zukunft für einen Ausnahmezustand nichtmilitärischer Art sorgt, durch eine erschreckende Vernichtung sei es biologischer Arten, sei es mittelschichtspezifischer Arbeitsplätze? Was veranlasst uns zu dem Glauben, dass Staaten oder Staatengemeinschaften der Aufgabe gewachsen sein werden, Milliarden von Menschen für das altruistische Unternehmen zu organisieren, Bäume zu pflanzen und neue Technologien zu entwickeln, sich um die Kinder oder die Alten, ja um die Erhaltung des

Lebens zu kümmern? Eine Dynamik der Selbstorganisation könnte zur Forderung des Tages werden – wer weiß? Dies könnte sogar eine gemeinsame Grundlage schaffen, auf der die Feindschaft zwischen den Volksbewegungen, die einander heute auf der Rechten und auf der Linken bekriegen, überbrückt werden kann. Wir könnten hier eine weitere sich verschiebende Front sozialwissenschaftlicher Erforschung der Entwicklungen gegenwärtiger Ideologie und demokratischer Politik ausmachen.

Sozialwissenschaft in einer Zukunft des Wandels

Trüben politische Hoffnungen unseren theoretischen Blick? Wir antworten darauf: Zuzugestehen, dass es einen Zusammenhang zwischen unseren Hypothesen und unseren Hoffnungen gibt, ist in der Sozialwissenschaft ein Gebot intellektueller Redlichkeit, zumal in der Beschäftigung mit unserer eigenen Zeit. Gesellschaftstheorie wird oft mit Brillen unterschiedlicher Schärfe verglichen, durch die wir Formen menschlichen Handelns wahrnehmen können. Sind die Linsen so geschliffen, dass sie die eigene Überzeugung widerspiegeln und alles ausblenden, was ihr widerspricht, führt dies zu einer ideologisch verengten Sicht. Solche Brillen, oft in der politischen Diskussion aufgesetzt, funktionieren wie Scheuklappen. Theorie ist etwas anderes, sie muss überprüfbar sein. Was in der Sozialwissenschaft einer Überprüfung entspricht, wurde kontrovers diskutiert. Wir sind methodologische Pluralisten, weil wir allen Versuchen misstrauen, den einzig richtigen Weg sozialwissenschaftlichen Vorgehens zu dekretieren. Wir sind aber keine Relativisten. Die verschiedenen Arten von Problemen und Untersuchungsebenen überlassen den Wissenschaftlern die Wahl der Untersuchungsmethoden. Experimente und statistische Korrelationen haben einen wichtigen Platz im sozialwissenschaftlichen Werkzeugkasten, sie können aber kein Universalschlüssel sein. Bei der Untersuchung lokal begrenzter sozialer Umfelder ist strenge ethnographische Beobachtung oft aufschlussreicher. Auf der makrohistorischen Ebene, auf der wir selbst arbeiten, ließe sich die wichtigste Methode mit dem Zusammensetzen der Teile eines riesigen Puzzles vergleichen. Ein weiterer Test für makrohistorische Theorie ist die Gegenprobe – das Aufzeigen alternativer Wege, die in einem historischen Moment *nicht* beschritten wurden. Wir müssen also zeigen, wie wir von einer historischen Situation zur anderen gelangen und worin das Spektrum der strukturellen Möglichkeiten bestand, einschließlich der Faktoren, durch die sich die Dinge gewendet haben. Das ist vielleicht in unserer Art Forschung die größtmögliche Annäherung an ein Experiment.

Historische Sozialwissenschaft hat sich von Anfang an mit Konflikten, Übergängen und Umbrüchen befasst. Daraus ergibt sich die Hauptfrage dieses Buches: Was wird, wenn die Zukunft von großen Krisen beherrscht wird? Soziale Landschaften sind wechselhaft und oft von Turbulenzen beherrscht, vielleicht eher wie Wetterkarten. Lokale Ereignisse sind ihrem Wesen nach zufällig, auch wenn wir sie nachträglich erklären können, indem wir feststellen, welche Strukturen sich verändert hatten oder zusammenbrachen und welches Handeln, das sich aus bestimmten Positionen ergab, die Möglichkeiten, die sich boten, verwirklicht hat. Ereignisse lassen sich nicht langfristig vorhersagen – wohl aber strukturelle Konfigurationen. Bleiben wir beim Wettervergleich. Es wäre unsinnig, vorhersagen zu wollen, dass es nächstes Jahr in Chicago am 13. Januar schneit. Das ist die »kurze« Zeit der zufälligen Ereignisse. Es wäre aber trivial vorherzusagen, dass es in Chicago im nächsten Januar schneit. Diese Aussage bezieht sich auf die längerfristige Zeit der Strukturen. Wie sieht es aber in einigen Jahrzehnten aus, wenn das Klima in Chicago dem des wirbelsturmanfälligen Florida gleicht oder, was eine andere Möglichkeit wäre, dem der sibirischen Tundra?

Wer in diesem Buch exakte Zukunftsszenarien erwartet, mag enttäuscht sein. Die Enttäuschung ist unbegründet. Mangelnde Präzision bedeutet bei gesellschaftlichen Vorhersagen, dass wir es mit einer gewissen Handlungsfreiheit innerhalb eines Spektrums strukturell verfügbarer Optionen zu tun haben. Die Optionen sind eher begrenzt in Zeiten der Normalität, aber auch dann gibt es politische Möglichkeiten, zwischen besseren und schlechteren Lösungen zu wählen. Sie werden aber ungeheuer erweitert in Zeiten der Krise, wenn die gewohnten Mechanismen versagen. Diese Zeiten verlangen nach einer bewussten Strategie des Systemwandels. Menschen gestalten ihre Zukunft selbst, in der Verbindung und Auseinandersetzung mit anderen Menschen, wenn auch unter Bedingungen, die sie sich nicht ausgesucht haben. Sozialwissenschaft sollte diese Bedingungen erhellen und die sich bietenden Möglichkeiten – zumal dann, wenn sie sich so schnell eröffnen, wie sie vertan sind.

In dieser Hinsicht verhalten wir uns kritisch gegenüber den heutigen Sozialwissenschaften, die von strukturellen Möglichkeiten geschichtlichen Wandels bewusst abstrahieren. Unsere Kritik richtet sich in gleichem Maße gegen zwei ganz unterschiedliche Tendenzen, die seit den 1980er Jahren die Sozialwissenschaften beherrschen – den Postmodernismus und die neoklassische Ökonomie. Beide widerspiegeln, jede auf ihre Weise, die pseudonyme Folgezeit nach der Krisendekade der 1970er Jahre, den Niedergang linker Bewegungen und die Erneuerung amerikanischer Führungsansprüche durch das neokonservative Globalisierungsprojekt.

Verschiedene intellektuelle Strömungen vor allem in den Geisteswissenschaften, zusammengefasst unter dem Etikett des Postmodernismus, verhielten sich äußerst skeptisch gegenüber allen großen Theorien oder dem, was sie »Herrennarrative« nannten. Sie priesen den Zweifel, die Ironie, das Erleben, die Dekonstruktion von Glaubenssätzen und die minuziöse Interpretation kultureller Praktiken. Diese intellektuelle Bewegung erwuchs direkt aus den Revolten von 1968 und aus den demographischen Veränderungen, die durch das Eintreten von Frauen und Minderheiten in den Wissenschaftsbetrieb entstanden. Das neue Interesse an den Formen, in denen Menschen sich selbst und ihre sozialen Welten denken, trug zu einem kritischen Bewusstsein bislang unausgesprochener und unreflektierter Glaubensangelegenheiten bei. Die postmodernistische Bewegung wirbelte viele stille Wasser auf, aber sie wurden dadurch nicht klarer.

Auf der anderen Seite fiel das Feld der Sozialwissenschaften unter die Herrschaft der neoklassischen Ökonomie und ihrer formalistischen Nachahmer in anderen Fächern. Die Verhältnisse, die dieser Situation zugrunde lagen, waren nicht allzu verschieden vom früheren Einfluss der Astrologie. Eine gesunde Prise Swiftscher Ironie mag hier durchaus am Platz sein. In vormoderner Zeit war die Astrologie, nicht anders als heute die Ökonomie, eine anerkannte Wissenschaft. Sie erfreute sich offener

Ohren bei den Herrschern praktisch aller Kulturen in Ost und West. Sie war ein lohnendes Geschäft, ist doch der höchste Lohn denen gewiss, die Experten auf dem Gebiet der größten Unsicherheiten und Ängste sind. In den imperialen und feudalen Strukturen, die auf familialer Grundherrschaft beruhten, waren die größten Ängste unter den Eliten mit der dynastischen Erbfolge und dem wechselnden Kriegsglück verbunden. In nicht viel anderer Form entspringen Ängste von Kapitalisten aus unsicheren Investitionsentscheidungen, launischen Märkten und möglichen Widerständen, auf die ihre Operationen in der Bevölkerung stoßen. Die Astrologie fungierte wie die neoklassische Ökonomie als eine ideologische Disziplin, die dem praktischen Denken der herrschenden Klassen entsprach. Zu ihrer Blütezeit war sie aber mehr als nur die Widerspiegelung einer Herrenideologie. In ihrer besten Form war sie eine hoch mathematisierte Disziplin auf der Basis jahrhundertelanger empirischer Beobachtungen, die zur Grundlage der modernen Astronomie wurden. Da sich die Vorhersagen immer nur als halbwegs richtig erwiesen, bedurften sie der subtilen Nachjustierung durch politisches Gespür und Fingerspitzengefühl. Ein erfolgreicher Astrologe musste das Geschick eines klugen Höflings beweisen. Nicht viel anders verhält es sich heute mit dem Geschäft von Unternehmensberatern oder Regierungsvolkswirten.

In Zeiten der Krise und der politischen Polarisierung, die sich daraus ergibt, finden Ökonomen und politische Wissenschaftler eine Fülle von Möglichkeiten, es anders zu machen. Es wird ganz neue Fronten für bahnbrechende Forschungen geben, etwa in der alternativen Organisation von Märkten. Die Ablehnung der Möglichkeiten des Marktes war ein großer theoretischer und politischer Irrtum der linken Bewegungen des 20. Jahrhunderts. Wir haben großen Respekt vor dem geistigen Vermächtnis Schumpeters. Aber was wird der künftige Nutzen seiner Theorie des Unternehmertums sein? Wer oder was könnte in der Zukunft die Rolle des Unternehmers spielen, auch über die Krise des Kapitalismus hinaus? Können unternehmerische Energien dafür genutzt werden, für produktivere Märkte und weniger Zerstörung zu sorgen?

Nicht weniger ernst nehmen wir Karl Polanyis Gedanken der »fiktiven Waren«, die sich nicht handeln lassen – wie Boden, Geld und menschliches Leben. Im 21. Jahrhundert bedeutet »Boden« im weiteren

Sinne die Umwelt, »Geld« ist das globale Finanzwesen und »Leben« steht für die Internalisierung der sozialen Reproduktionskosten durch die öffentliche Versorgung mit angemessener und bezahlbarer Gesundheitsfürsorge, mit Bildung, Wohnraum, Renten und nicht zuletzt innerer Sicherheit unserer Städte. Lässt sich eine postkapitalistische Weltwirtschaft in Bereiche einteilen, die unterschiedlichen Prinzipien gehorchen – dem Vorrang der gesellschaftlichen Reproduktion im Bereich der öffentlichen Güter, im weiteren Sinne, und dem der Wirtschaftlichkeit im Bereich der Konsumgüter und Dienstleistungen? Darüber hinaus können auch postkapitalistische Wirtschaftssysteme nicht statisch sein. Eine periodische Wiederkehr von Marktwirtschaft und Privateigentum dürfte es in diesem oder jenem Maße durchaus geben. Die Welt könnte ein weiteres Hin und Her zwischen kapitalistischen und nichtkapitalistischen Wirtschaftsformen erleben. Auch das wird man dann zu bewältigen haben.

Politisch nicht weniger schädlich als die Ablehnung des Marktes ist die der Leitungsfunktion des Staates. Nicht zufällig hat die neokonservative Restauration nach den Zusammenbrüchen der politischen Linken in den letzten Jahrzehnten des 20. Jahrhunderts durch Deregulierung und Globalisierung immer wieder die Staatsfunktionen in Frage gestellt. Die Kapitalisten misstrauten zunehmend dem »sich in alles einmischenden Staat«, aus dem einfachen Grund, weil sich moderne Staaten potentiell von gewöhnlichen Bürgern – durch demokratische Wahlen, Volksaufstände oder beides –, vereinnahmen und für die unkapitalistischen Zwecke von Marktregulierung und Umverteilung einsetzen lassen. Der Sozialstaat musste nach 1945 um des errungenen Friedens willen in einem gewissen Maße toleriert werden. In den 1970er Jahren sahen aber viele Kapitalisten, besonders in den Vereinigten Staaten, ihre Stunde gekommen, die Linke auszuschalten und den Nachkriegskompromiss aufzukündigen. Heute ist es eine wichtige theoretische Frage, ob der moderne bürokratische Staat unser Gemeinwesen gut, schlecht oder überhaupt durch unsere Krisenzeit und den sich abzeichnenden Systemwandel steuern kann. Diese große Frage zerfällt in viele untergeordnete Fragen, praktische Probleme und theoretische Paradoxien, die es zu erkunden gilt. Sozialwissenschaftler haben noch einiges an theoretischer Arbeit vor sich, um diesen Herausforderungen gerecht zu werden.

Ausklang

Dieses Autorenquintett hat sich zusammengefunden, um das Spektrum möglicher Entwicklungen zu erkunden, auf die die Welt zusteuern könnte. Wir haben viele Überlegungen aus früheren Schriften gebündelt und auf die Zukunft projiziert. Dieses Quintett soll aber ein mehrstimmiges sein. Unsere Hoffnung war, Kontrapunkte zu setzen und uns gegenseitig dazu anzuregen, unsere jeweiligen Themen in ihren gesamten Implikationen durchzuspielen. Wir haben die Komplikationen, Bedenken und Differenzen, die sich ergaben, mit einbezogen. Wir haben nicht die dramatischen Töne vermieden, auch keine kräftigen Paukenschläge. Sie schienen uns gerechtfertigt durch das Gewicht der zentralen Themen und ihre gewaltigen Dimensionen. Die kommenden Jahrzehnte werden alles andere als normal sein – alles andere als normal vom Standpunkt der letzten fünfhundert Jahre. Der Weg der Menschheit wird eine Wende nehmen, aber es muss keine zum Schlechteren sein.

In diesem Finale erklingt ein zunehmend optimistischer Ton. Eine große Krise und Transformation, wie auch immer sie aussehen mag, ist nicht das Ende der Welt. Auf der Basis des gesammelten Wissens der Soziologie gibt es keinen Grund zu der Annahme, dass die Geschichte jemals zu Ende geht, solange es durch gesellschaftliche Organisation verbundene Menschen gibt. Die schlimmsten Szenarien, die des weltweiten Atomkriegs oder des ökologischen Kollaps, erscheinen glücklicherweise als abwendbar, gerade deshalb, weil der gemeinsame Untergang seit einigen Jahrzehnten allgemein als eine reale Gefahr erkannt wird. Das Ende des Kapitalismus ist keine Katastrophe, die sich damit vergleichen ließe. Eine Krise in den Grundstrukturen der modernen politischen Weltökonomie ist beileibe kein Weltuntergang. Letztlich ist das Ende des Kapitalismus ein Anlass zur Hoffnung. Ja, es birgt seine Gefahren. Erinnern wir uns, dass sich die Versuche des frühen 20. Jahrhunderts, mit antikapitalistischen Alternativen eine Antwort auf die Krise zu finden, in totalitären Tendenzen und bürokratischer Erstarrung erschöpften. Vergessen wir auch nicht, dass diese antikapitalistischen Projekte direkt von den Staatsmaschinerien und Führungsmannschaften der Weltkriege hervorgebracht wurden. Die entscheidenden politischen Triebkräfte müssen in den kommenden Jahrzehnten die weltweite Entmilitarisierung und die Institutionalisierung demokratischer Rechte sein. Durch einen Engpass in der politischen Ökonomie des Kapitalismus gelangen wir an historische Wendepunkte, an denen das, was lange utopisch schien, seine technisch realisierbaren Grundlagen in einer neuen Form politischer Ökonomie finden könnte. Es könnte uns auch zu einem besseren Umgang mit den Gefahren für unsere Biosphäre verhelfen und mit vielen anderen Aufgaben, vor denen die Menschheit in diesem Jahrhundert steht.

Wer die Befürchtung hegt, dass der Postkapitalismus zu einer Periode tödlicher Stagnation führen wird, liegt mit Sicherheit falsch. Wer die Hoffnung hat, dass er ein dauerhaftes Paradies hervorbringen wird, das keine eigenen Krisen kennt, irrt sich wahrscheinlich auch. Nach der Krise – und, wie einige von uns vorhersagen, dem postkapitalistischen Übergang um die Mitte des 21. Jahrhunderts – wird eine Menge geschehen. Zu hoffen ist, dass sich vieles zum Guten wendet. Wir werden es sehen, und zwar früh genug.